הנגב והבדואים
נוודות, שטחי מחייה וסוגיית הקרקעות, 1800-1967

מאת רות קרק

תחריט מ- 1880 של בדואים ליד הבאר בבאר-שבע

2023

הנגב והבדואים:
נוודות, שטחי מחייה וסוגיית הקרקעות, 1800-1967

מאת רות קרק

Published by ISRAEL ACADEMIC PRESS, New York
(A subsidiary of MultiEducator, Inc.)
Email: info@Israelacademicpress.com

ISBN # 978-1-885881-78-6

© 2023 Israel Academic Press

© 2023 All rights reserved by the author Ruth Kark

Photo credits:

The right of Ruth Kark to be identified as author of this work has been asserted (with exceptions in the case of the reading excerpts that are reprinted here with permission) in accordance with the US 1976 Copyright 2007 Act and Israel's חוק זכויות יוצרים, תשס"ח. No part of this book may be reproduced or utilized in any form or by any means, electronic or mechanical, or by any information storage and retrieval system without the prior permission of the publisher. The only exception to this prohibition is "fair use" as defined by U.S. copyright law.

—2—

תוכן עניינים

תודות 6
מבוא 7
הקדמה 7
הגדרת האזור הנחקר 19
המקורות 21
רקע היסטורי על הבדואים בנגב 24
1. **אספקטים יישוביים מרחביים: מצב יישובי הקבע באזור המוגדר (1850-1948)** 28
ניתוח על-פי תעודות מקוריות וספרות מקורית בת-התקופה 29
נוסעים וחוקרים במאה התשע-עשרה 30
תחילת המאה העשרים 61
ערב ותקופת מלחמת העולם הראשונה 70
מקורות רשמיים מתקופת המנדט 73
חוקרים ומחקרים מתקופת המנדט 77
ניתוח על-פי מפות מקוריות בנות התקופה 85
תפרושת שבטי הבדואים על-פי המפות 87
התפתחות יישובי הקבע על-פי המפות 87
התפתחות התפרושת של מבנים בודדים על-פי המפות 91
ניתוח על-פי מקורות שניוניים פוסט-מנדטוריים 96
2. **תהליכי שינוי בחקלאות** 109
מקורות ראשוניים 112
חוקרים וסוקרים מהמאה התשע-עשרה 112
תעודות משלהי התקופה העות׳מאנית 120
מקורות מתקופת מלחמת העולם האשונה ותקופת המנדט 121
ניתוח על-פי מפות 131
ניתוח על-פי מקורות שניוניים פוסט-מנדטוריים וראשית מדינת ישראל 132
שטחים ראויים לעיבוד ומעובדים בנגב בתקופה העות׳מאנית ותקופת המנדט 139
3. **מעמד היסטורי משפטי של הקרקעות** 154
סיווג הקרקעות בשלהי התקופה העות׳מאנית ומצב קרקעות הנגב 154
הגדרות הקרקע העות׳מאנית 154
המואת בארץ ובנגב וחלק מפסקי הדין הרלבנטיים בבית המשפט העליון 156
ניתוח על-פי תעודות מקוריות וספרות מקורית בת-התקופה 160

—3—

תעודות ומקורות משלהי התקופה העות׳מאנית	160
מקורות יהודיים בתקופה של ערב ובתקופת מלחמת העולם הראשונה	176
סיווג הקרקעות בתקופת המנדט ומצב קרקעות הנגב	177
ניתוח על-פי תעודות מקוריות וספרות מקורית בת-התקופה	178
מקורות מהתקופה העות׳מאנית	178
מקורות מתקופת המנדט	179
מקורות מנדטוריים נוספים	185
הקרקעות בנגב בתקופת ראשית מדינת ישראל	203
ניתוח על-פי מקורות ארכיוניים ראשוניים	203
ניתוח על-פי מקורות שניוניים	208
סיכום	220
ביבליוגרפיה ורשימת מפות	222
הערות	238

תוכן המפות

מפה 1. מפת הנגב הצפוני, 2022 19
מפה 2. גבולות המחקר על רקע הדמאת לוויין לאנדסאט, 2000 20
מפה 3. מפת תפרושת היישובים והשבטים הבדואים בפלשתינה בשנת 1596 25
מפה 4. מפת תפרושת האוהלים בנגב בסוף תקופת המנדט, 1946 – 1947 27
מפה 5. מפת זטצן, 1806 – 1807 32
מפה 6. מפת מסלול רובינסון, 1838 37
מפה 7. מפת מסלול ואן דה ולדה, 1852 40
מפה 8. מפת מסלול גרן, 1863 43
מפה 9. מפת טריסטראם, 1964 45
מפה 10. מפת מסלול פאלמר, 1870 49
מפה 11. מפת השדה של אזור באר שבע שהוכנה על ידי
סוקרי הקרן לחקר ארץ-ישראל (PEF), 1874 50
מפה 12. מפת מסלול הקרן הבריטית לחקר ארץ-ישראל (PEF), 1880 55
מפה 13. מפת מסלול האל, 1883-1884 58
מפה 14. מפת מסלול מוסיל, 1895-1902 64
מפה 15. מפת פישר, 1910 65
מפה 16. מפת השטח המיושב הקבוע כפי שמופיע במפות פישר
מ- 1890, 1910 ו- 1911 על רקע מפת המשקעים והדמיית לווין 66
מפה 17. מפת ניוקומב, 1909-1914 71
מפה 18. חלק ממפת אינדקס הכפרים והיישובים בפלשתינה, 1942 76
מפה 19. מפת שבטי הנגב של עארף אל עארף, 1934 80
מפה 20. מפת המצב היישובי בצפון הנגב בסוף תקופת המנדט
לפי מפות היסטוריות 90
מפה 21. ממוצעים רבשנתיים של כמות הגשם השנתית בנגב הצפוני,
1931 – 1960 110
מפה 22. תהליך השינוי המרחבי בארץ ישראל, 1800-1914 111
מפה 23. שחזור מיקום מוערך של שטחי חקלאות בצפון הנגב בעזרת GIS
על חלק ממפת פאלמר ודרייק, 1871 115
מפה 24. סימון שטחי חקלאות בנגב בעזרת GIS על מפת מוסיל, 1902 118
מפה 25. מפת תפרושת הגידולים בנגב של אפשטיין, 1939 124
מפה 26. מפת בסיס מנדטורית עם סימון האזורים בנגב הבלתי ראויים
לעיבוד והאזורים הראויים לעיבוד ללא השקייה ובהשקיה, 1938 146
מפה 27. קטע מוגדל ממפת תפרושת האוהלים בנגב בסוף תקופת המנדט,
1946 – 1947 197

—5—

תודות

רבות ורבים תרמו בעצה ובמעשה למחקרי רב השנים שהוביל לכתיבת ספר זה. ברצוני להודות מקרב לב לאביב אופנהיים, ליאור אורקין, דורית אילון, עמנואל ארליך, ד״ר מרטה בן-אסא ז״ל, ד״ר עדנה ברומי פרלמן, פרופ׳ משה ברור ז״ל, ד״ר איל ברלוביץ, פרופ׳ איל ג׳ינאו, ד״ר אמיר גלילי, קרינה דוקס, ד״ר שי ווינאפל, ד״ר חבצלת יהל, ד״ר רבקה ירמיאש, פרופ׳ נעם לוין, פרופ׳ עמנואל מרקס ז״ל, ענבל נגבי, מדי נחמיאס, ד״ר נדב סולומונוביץ, תמי סופר, נועה סינגרמן, אליפה סעדיה, אחמד פהום, מאשה פודולסקי, יוסי פולק, פרופ׳ רועי פישל, ד״ר סת׳ פרנזמן, שלמה ציזר, מרים קוטשינסקי, מיכל קידרון, רחל קנגיסר, פרופ׳ גדעון קרסל, ד״ר איתמר רדאי, זינה שהאבי, חיים שוורץ, ושרה שנטל.

תודות אף לפרופ׳ יצחק רייטר על הערותיו החשובות והמועילות לכתב היד, ולאנשי הוצאת ״איזראל אקדמיק פרס״, לאיימי ערני ומרק שולמן על ההשקעה והעזרה בהוצאתו לאור של הספר בעברית.

מבוא

הקדמה

התעניינותי בהיסטוריה של ההתיישבות בנגב החלה לפני מעל חמישים שנה, לאחר שירות צבאי בנח״ל, סיום לימודי התואר הראשון בהיסטוריה של המזרח-התיכון וגיאוגרפיה, והקמת משפחתי. כתבתי במסגרת לימודי לתואר השני תיזה על ״ההתיישבות החלוצית היהודית בנגב, 1880 – 1948״. התיזה התפרסמה כספר בהוצאת הספרים של הקיבוץ המאוחד בשנת 1974 ובמהדורה שניה בהוצאת אריאל בשנת 2002. בנוסף, פרסמתי בשנת 2003 בהוצאת אריאל ספר על ״המצפות הראשונות בנגב״. בספריי ייחסתי חשיבות רבה, מעבר לעבודה בארכיונים (חלקם לא ידועים) ולאיתור חומר רלבנטי שהופיע בדפוס, לעבודת שדה אשר כללה בדיקת היישובים והאתרים בשטח והחומר הארכיוני שבידם, מפגש וראיונות בלתי אמצעיים עם אנשי המשקים החקלאיים שנטלו חלק בייסוד היישובים בנגב ועם אנשי מפתח שפעלו לקידום רכישת הקרקעות וההתיישבות היהודית בנגב בתקופת המחקר.[1]

הספר עסק בהתיישבות היהודית בנגב עד שנת 1948 והווה מבוא גיאוגרפי-היסטורי למה שהתרחש בנגב הישראלי לאחר הקמת מדינת ישראל. למרות התמקדות החיבור בהתיישבות היהודית בנגב, מניעיה, תהליכיה והשלכותיה, לא הוזנחה בחינתן של התפתחויות כלליות פוליטיות ויישוביות בארץ ובנגב. אלו כללו דיון מחד בחילוף הממשל מעות׳מאני למנדט בריטי ויחס ממשלים אלו לאזור ולהתיישבות היהודית בו. בנוסף, עסקתי בנושא הבדואים בנגב וביחסי הגומלין שלהם עם ההתיישבות היהודית בנגב. בסופו של החיבור ערכתי השוואה בין ההתיישבות בנגב לתהליכי התיישבות בארץ ישראל כולה בעת החדשה, והשוואתם לאזורי ספר נוספים בעולם כגון אוסטרליה, ניו זילנד, דרום-אפריקה, טורקסטן הרוסית, ארגנטינה, ארצות הברית וקנדה.

מניעיה של ההתיישבות היהודית בנגב בתקופה שלפני קום מדינת ישראל היו אסטרטגיים-פוליטיים. לאחר מלחמת 1948 נבע עיקר הדחף לפעילות התיישבותית יהודית בנגב מיוזמות ממלכתיות, לחצים דחופים שנוצרו עם גל העלייה הגדול של ראשית שנות החמישים, ושיקולי פיזור אוכלוסייה ובטחון. נראה כי מניעי ואופי ההתיישבות היהודית בנגב ובאזורי ספר אחרים בארץ

ישראל בתקופה שלפני הקמת המדינה, והצלחתה הפוליטית מנקודת הראות היהודית-ציונית, היא שהביאה להכללת הנגב בתחומי המדינה היהודית בהחלטת האומות המאוחדות בנובמבר 1947. אלו השפיעו ומשפיעים עד היום על אחדות מן התפישות הקרקעיות וההתיישבותיות במדינת ישראל, וכן על תפישות המתיישבים היהודיים בהווה בשטחי יו״ש ובעבר בחבל עזה. בנגב קיים ביטוי לכך במצבם העגום של הבדואים, מאבקם על הקרקעות וההכרה ביישוביהם.

אחרי סיום הדוקטורט שלי התמקדתי במחקרים ובכתיבת ספרים ומאמרים על הגיאוגרפיה ההיסטורית, התרבותית, היישובית והקרקעית של המזרח התיכון, ארץ-ישראל ומדינת ישראל במאות ה-19 וה-20. בין התחומים בהם התמקדו מחקריי ופרסומיי, היו הנושאים של יזמות והכנסת חידושים טכנולוגיים למזרח התיכון, מוזיאולוגיה, ביוגרפיה וגיאוגרפיה, ספרדים ומזרחים בארץ-ישראל ותרומתן של משפחות ספרדיות ליישוב בארץ-ישראל, היסטוריה עירונית והעיר המזרח תיכונית המסורתית והמתפתחת, ערי חוף ופנים וירושלים ויפו בעת החדשה, ההיסטוריה ההתיישבותית והקרקעית של אזורים שונים בארץ (נגב, עמק חפר, יהודה), המשאע (אחזקה משותפת של קרקעות) ביישוב הכפרי, והפרטה של קרקעות בארץ ישראל. תחום נוסף למחקר ופרסום היה ארצות המערב וארץ הקודש (דיפלומטיה, מילנריזם ומשיחיות, מיסיונים, תיירות, קרקע והתיישבות ואדמות ונכסים של הכנסיות הנוצריות, ויחס מדינת ישראל למיסיונים הנוצריים וליהודים המשיחיים). תקופת מלחמת העולם הראשונה בארץ-ישראל זכתה אף היא להתעניינות. חקרתי ופרסמתי על מוזיאונים היסטוריים ואתנוגרפיים בארץ-ישראל ובמדינת ישראל. עסקתי גם במיעוטים, כולל הכפר הערבי המסורתי, ונוצרים ארמנים. זכו לתשומת לבי אף הסוגיות של נשים ומגדר, כולל ״העבריות החדשות״, פעילות נשים במושבות ובערים, ונשים ערביות יזמיות כפריות ובדואיות.

בשני העשורים האחרונים ״חזרתי לנגב״ לעריכת מחקרים מעמיקים, כתיבה ופרסום בדגש על הבדואים בנגב. בין היתר פרסמתי ביחד עם קולגות שלי עשרות מאמרים. אלו עוסקים בבדואים ובאי הלימתם לעמים ילידים בעולם, בגיאוגרפיה היסטורית השוואתית של הבדואים במזרח התיכון ובנגב בשלהי התקופה העות׳מאנית, בתקופת המנדט הבריטי, ובראשית הקמתה של מדינת ישראל, בשטחי המחייה של הבדואים בנגב, בנשים בדואיות בנגב, בדואים מהנגב וממשל במלחמת העולם הראשונה וב- 1948, בבדואים ובחוק השלום, במוזיאון הבדואי בנגב, ועוד.

חשוב להזכיר כי מאז פורסם ספרי "תולדות ההתיישבות היהודית החלוצית בנגב עד 1948", בשנת 1974 (ובמהדורה מצולמת בשנת 2002), נערכו מחקרים לא מעטים על הנגב שהוסיפו רבות להבנת האזור. בין אלו שני כרכי הספר החלוצי "ארץ הנגב" בעריכת יהודה גרדוס ואבשלום שמואלי, "ספר באר-שבע" בעריכת יהודה גרדוס ואליהו שטרן, "אטלס הנגב" בעריכת אליהו שטרן, יהודה גרדוס, אבינעם מאיר, שאול קרקובר וחיים צוער, ו"יישוב הנגב, 1900 – 1960" בעריכת מרדכי נאור. כמו כן הופיעו בדפוס בעיקר בעברית, אנגלית, ערבית וגרמנית, חיבוריהם של אבו סיטה, אבו סעד, אבו עג'אג', אבו ראס, אמארה, חליל אבו רביעה, סראב אבו רביעה, עארף אבו רביעה, אבנרי, אורן, אילת, אשכנזי, ביילי, בלאס, בלייקלי, בן-דוד, בר דרומא, ברור, ברסלבסקי, בר-צבי, אורנה גורן, חיים גורן, גזית, גלבר, גלילי, גל-פאר, גרדוס, גרוסמן, דוכן-לנדוי, דותן, דינרו, דקל, דרורי, וייצמן, וינשל, זנדברג, חלימה, טבת, טובי, טל-קריספין, יהל, יפתחאל, כהן, כנעני, כץ, לוין-שנור, מאיר, מיכאלי, מרקס, נאוי, נאור, נסאסרה, עארף אל עארף, סולומונוביץ, סטיין, סיידל, עמירן, פורת, פוירשטיין, פישל, קורסון, קידר, קרסל, קרק, רובינשטיין, רודד, רייטר, רייכמן, ריכטר, שטרן, שילוני, שמואלי, ורבות ורבים נוספים.

רוב הפרסומים החדשים על הבדואים בנגב, היו של חוקרים מתחומי ידע שונים הכוללים היסטוריה, גיאוגרפיה, גיאוגרפיה היסטורית, סוציולוגיה ואנתרופולוגיה, דמוגרפיה, פולקלור, משפטים ועוד. לרוב התמקדו המחקרים בנושא מסוים ספציפי כגון התיישבות, עיור, תכנון, נשים ומגדר, משפט נוהגי, שרעי ומדינתי, ועוד. מטרת ספר זה הינה להציג יריעה רחבה בכל הנוגע לבדואים בנגב בדגש על נוודות, קרקע והתיישבות בשלהי התקופה העות'מאנית, בתקופת המנדט, ובימי ראשית מדינת ישראל.

בתחילת הספר מובא רקע היסטורי על הבדואים בנגב במאתיים השנים האחרונות. פרקים נוספים מוקדשים לבחינה מעמיקה של אספקטים יישוביים מרחביים ומצב יישובי הקבע בנגב הצפוני (1850-1948). בפרקי המשך נבדקו בשיטתיות ומוצגים תהליכי השינוי בחקלאות שהתרחשו לאורך הזמן, והמעמד ההיסטורי משפטי של הקרקעות בנגב מאז חקיקת חוק הקרקעות העות'מאני בשנת 1858. לדיון בנושאים אלו, למרות שרובו היסטורי, השלכות רבות בתחומים רבים של חיי הבדואים בנגב עד להווה, ובמיוחד בתחום המשפטי הנוגע לתביעות בעלות של הבדואים על קרקעות ולפסקי דין רבים ביחס לתביעות אלו.

לצורך המחקר שקדם לכתיבת ספר זה אותרו ונבדקו, ובמידה והיו רלבנטיים נותחו והושוו מקורות מגוונים רבים מסוגים שונים, המתייחסים לנגב. בין אלו נכללו אלפי תעודות ארכיוניות מקוריות בנות התקופה במעל עשרה ארכיונים בארץ ובעולם, מאות מפות היסטוריות בנות התקופה שלפי חלקן הוכנה סידרה של מפות בעזרת GIS, ומאות מקורות (ספרים, מאמרים, קטעי עיתונות, עבודות מחקר) בשפות שונות שהופיעו בדפוס, או נמסרו כעבודות לתואר שני ושלישי בנושא. כל אלו שימשו לעריכת סינתזה וניתוח גיאוגרפי-היסטורי של המצב ההיסטורי, היישובי, הקרקעי והחקלאי בנגב ובעיקר בנגב הצפוני.

שבטי הבדואים בנגב בהם עוסק ספרי, הנם במקור שבטי רועים נוודים שהיגרו לנגב בעיקר במאתיים השנים האחרונות ממדבריות מחצי האי ערב, מחצי האי סיני, ממצרים ומעבר-הירדן. במהלך המאה ה-19 ותחילת המאה ה-20, מפאת חולשת השליטה של האימפריה העות׳מאנית על הבדואים, הם חיו באוהלים כנוודים, וניהלו מלחמות רבות, כולל בין השבטים השונים, על שטחי המחייה שלהם שניתן לדעתי לכנותם כנזילים. כלכלתם התבססה בעיקר על מרעה, פשיטות וגביית מסי חסות מהאזורים המיושבים. מלחמות השבטים על השליטה בשטחי המחיה שלהם בנגב הסתיימו בסוף המאה התשע-עשרה וראשית המאה העשרים. במחצית הראשונה של המאה העשרים, חלקם החלו לעבור לאורח חיים נוודי למחצה.

בכל הנוגע למצב יישובי הקבע בנגב הצפוני בכלל מתחילת המאה ה-19 ועד 1931 לפחות, לא מוזכר במקורות שנבדקו כל ישוב קבע ואף לא קרוב אליו, פרט לבאר שבע שנוסדה בשנת 1900. ברוב המקורות מודגש המצב ההפוך, בו אין כל ישוב קבע בנגב הצפוני. מתוך חלק מהמקורות עולה מצב של תנודות חריפות במספר תושבי האזור עקב תנאי אקלים קשים שאינם מאפשרים בניית יישובי קבע ויציבות של האוכלוסייה. גם אם החוקרים שחקרו את החברה הבדווית בנגב בתקופת המנדט מעטים, ניתן לסכם ולומר על פי המחקרים אשר יוצגו להלן כי החל משנות השלושים של המאה ה-20, החל תהליך ההתנחלות של הבדואים בנגב בצורה לא אחידה ולא סדירה, בנייה לא הייתה באופן סדיר וגם לא באופן קשיח, ואף לא היו יישובי קבע. יישובי הקבע היחידים שהיו בתת-מחוז באר שבע בסוף 1946 הם העיר באר שבע ו-510 נפשות בכפרים יהודיים. גם אם אין אחידות בין החוקרים, ברור לחלוטין שהתנודות החריפות

באוכלוסייה, כמו גם תהליכים של פלישת פלאחים לשטחי מרעה ונדודי השבטים הבדואים לעתים לעבר הירדן, מדגישים את המצב הבלתי יציב והנזיל בתחום האוכלוסייה. לכך ישנה השפעה עד היום על שלילת התביעות של הבדואים בפסקי הדין של בית המשפט, ביחס לבעלותם על קרקעות.

על-פי מגוון מקורות ראשוניים הכוללים ספרות נוסעים וחוקרים רציניים מהמאה ה-19 ותחילת המאה ה-20, דוחות שונים של שני ממשלים ומקורות נוספים (עיתונות התקופה ועוד), ניתן לומר מספר דברים על הדגם היישובי בנגב בשנים 1800 עד 1945: המבנה הראשון באזור המתואר הינו מבנה משטרה בודד שאינו קשור כלל לכל מערכת יישובית קיימת (מצודת על ואדי פתיס). בתחילת המאה ה-20, בשנת 1900, הוקמה עיר חדשה בבאר שבע, גם היא ביוזמה שלטונית, על אדמה שנקנתה על ידי הממשלה מהבדואים (כדי למנוע מחלוקת עתידית).

לפחות עד שנת 1931 לא מוזכר במקורות שנבדקו כל ישוב בשטח הנסקר ואף לא קרוב אליו, בשנת 1945 מופיעים בנתונים ארבעה כפרים שגם הם מרוחקים מרחק גדול מהשטח הנסקר. ברוב המקורות מודגש המצב ההפוך, בו אין כל ישוב בשטח הנסקר ולעיתים אין אנשים כלל. מתוך חלק מהמקורות עולה מצב של תנודות חריפות במספר תושבי האזור, עקב תנאי אקלים קשים שאינם מאפשרים בניית יישובי קבע ויציבות של האוכלוסייה.

ניתוח מרחבי מפורט ושיטתי של השינויים ההתיישבותיים במפות היסטוריות של האזור בתקופה של כמאה וחמישים שנה מתחילת המאה ה-19 ועד לאמצע המאה ה-20 (מכיבוש נפוליאון ועד לקום מדינת ישראל), שהינו ייחודי למחקרנו על הנגב, מלמד אותנו רבות על תהליכי השינוי במצב היישובי בתחום המחקר. על פי מפות אלו ומקורות נוספים לא היה אף יישוב כפרי וותיק בנגב עד לסוף תקופת המנדט. היישובים הכפריים הוותיקים הסמוכים ביותר לגבול המשבצת הנחקרת הנם דהריה בצפון מזרח, הוג׳ בצפון, ודיר אלבלח ואבסאן במערב. כמו כן היו שני יישובים כפריים חדשים (כופח׳ה ומוח׳רקה) שנוסדו באדמות השולטאן עבדול חמיד השני בסוף המאה ה-19, והחווה היהודית ברוחמה שנוסדה לפני מלחמת העולם הראשונה.

על-פי 17 מפות נבחרות, נערכו 4 טבלאות המפרטות אספקטים יישוביים שונים. אנו למדים כי במפות בודדות המהוות מיעוט מכלל המפות, מופיעים פחות מעשרה מקומות בסימון של יישוב\כפר\עיר\אתר, וכן שתי תחנות משטרה בתחום המשבצת הנחקרת. בבחינה מדגמית של 5 סדרות של מפות אנו רואים כי קיימת

בתחום השטח שהוגדר ונבדק, עלייה הדרגתית במספר המבנים הבודדים בשטח מחמישה מבנים בודדים בשטח כולו בשנת 1880, ל-566 בשנת 1945-6. בהתאם לכך, קיימת אף עלייה מסוימת בצפיפות הממוצעת לקמ״ר ממספר כמעט אפסי לפחות ממבנה אחד לקמ״ר. בסך הכל בולט המספר הקטן של היישובים (שחלקם נופל מחוץ למשבצת המחקר על-פי מפות מדידה מודרניות). מהיישובים ה״חדשים״ לפי גזית, נראה כי רק מוח׳רקה וכופח׳ה, הכפרים שנוסדו על ידי השולטאן עבדול חמיד השני, מצויינים ככפרים במפות מוסיל מתחילת המאה העשרים ובמפות מלחמת העולם הראשונה. במפה משנת 1939 מופיעים שני מקומות נוספים, אל שועוט וא-רוויבה כמקומות עם הרבה בתים ורחובות.

מבחינת אורחות חיי הבדואים ונושא קיום או אי קיום חקלאות על ידם בנגב הצפוני בהתבסס על ספרות הנוסעים ובמיוחד החוקרים האירופים והאמריקאים שעברו בארץ-ישראל במחצית השנייה של המאה ה-19 ותחילת המאה ה-20, עולה כי הבדואים בנגב (או כפי שאחדים מהם מכנים אותם ה״ערב״) מתפרנסים בעיקר מגידול גמלים וצאן, המצריך נדידה עונתית, ומפשיטות על האזור החקלאי המיושב.

יש לציין כי מתוך המקורות עולה תמונה כללית יותר של היעדר עיבוד אינטנסיבי (רצוף לאורך זמן ובמרחב גדול) בנגב בכלל ובנגב הצפוני בפרט, הן במאה ה-19, והן בתמורת השלטון העות׳מאני והבריטי. ממקורות נוספים וביניהם מקורות רשמיים עות׳מאניים, ספרות נוסעים ומפות מהתקופה העות׳מאנית, כמו גם תעודות, מסמכי ממשל ופרסומים מתקופת המנדט, ומחקרי חוקרי הבדואים מן העשורים האחרונים, עולה תמונה דומה לפיה הבדווים באזור זה התפרנסו בעיקר מגידול מקנה ורעייה, המצריכים נדידה עונתית, וכן מפשיטות על האזור החקלאי המיושב ולא מחקלאות, לפחות עד לתקופת המנדט הבריטי.

נראה כי מתוך המידע הטמון במגוון גדול של מקורות ראשוניים שונים ובהם מקורות ארכיוניים, פרסומים רשמיים, דוחות שונים, תיאורי נוסעים ומאמרים בני הזמן מתקבלת תמונה שרב בה הנסתר על הגלוי בנושא החקלאות הבדואית. ככל הנראה הגידול העיקרי אכן היה שעורה, בעיקר בחלק הצפון מזרחי של שטח המחקר שהוא שטח גשום יותר, עם זאת קשה לשרטט מתוך המקורות היכן נגמר העיבוד על ידי בדואים ומהיכן מתחיל העורף החקלאי המסורתי של עזה שעובד על ידי חקלאים (פלאחים) מאזור עזה, ח׳אן יונס וכדומה. בנוסף לכך, לא ניתן להבין במדויק מה הייתה כמות השטח המעובד, כיוון ששלל מקורות שונים הנחשבים

אמינים והשייכים לעתים לאותו מנגנון, נותנים נתונים שונים לחלוטין שיכולים להעיד אולי על תנודות אקלימיות חריפות ביותר (כפי שמעיד מושל הנגב עארף אל עארף), או על הערכות שאין להן כל בסיס מוצק.

מתוך בחינת המקורות של חוקרים בני התקופה ניתן לומר כי חקלאות בנגב החלה משנות השישים של המאה התשע עשרה ונעשתה בכלים פשוטים ובצורה ספוראדית בלבד. החקלאות הייתה לא רצופה מבחינת שנים: יש שנים בהן נעשה עיבוד רצוף של הקרקע ולעומת זאת היו שנים בהן לא נעשה עיבוד כלל, לעתים יותר משנתיים רצוף בשל תנאי האקלים. בנוסף ניתן לומר כי החקלאות הייתה לא רציפה בשטחה: החקלאות התקיימה בכתמים, לעיתים תוך מרחק גדול בין אזור מעובד למשנהו בשל תנאי הקרקע. העיבוד נעשה עם גמלים, במחרשות וכלי עיבוד פשוטים ולכן גם הייתה שטחית וכמות היבולים הייתה זעומה. בנוסף לכך החקלאות אינה רצופה בזמן, אלא תלויה לחלוטין בתנאי האקלים המשתנים. לכן כל חקלאות גידולים, הייתה קיימת באזור המחקר בצורה מועטה, ספוראדית ומשתנה שינויים קיצוניים משנה לשנה.

התחלה ממשית וקבועה של עיבוד חקלאי קבוע והתנחלות למחצה של הבדואים בנגב הייתה בתחילת המאה העשרים, וגם זאת לא ככלל, אלא בשבטים ואזורים מסוימים. התהליך התחזק בתקופת המנדט הבריטי, ומגיע לשיאו בתקופת מדינת ישראל. קביעת העיתוי המדויק של תהליך ההתנחלות (שלהי התקופה העות'מאנית, תחילת, אמצע או סוף תקופת המנדט?), דורשת מחקר נוסף. בנושא החקלאות והעיבוד רב הנסתר על הגלוי בכל הנוגע לכמות השטח המעובד וכמויות היבולים וההבדלים בין החוקרים גדולים באופן יחסי. בנוסף ניתן לומר כי חלק מהחוקרים המאוחרים מבססים את קביעותיהם על עובדות בעייתיות ביותר שאחיזתן במציאות לעתים מוטלת בספק. לא התייחסתי כאן לחקלאות היהודית בנגב, ולניסיונות שנעשו בשלושת המצפות שנוסדו בשנת 1943, שאולי לפיהם ניתן לחשב יבולים לדונם, ושטחים. לדעתנו קיימים מקורות נוספים מן המאה התשע-עשרה ותחילת המאה העשרים, שלא נוצלו כאן מפאת חוסר הזמן המוקצה, לפיהם ניתן להגיע לחישובים יותר מדוייקים של כמויות וסוגי גידולים, השטחים שנדרשו להם, ושנות גשם ובצורת. לא התייחסתי כאן ליישובים היהודיים שנוסדו בשנים שלאחר מכן עד לייסוד מדינת ישראל.

מבחינת גודל השטח המעובד, קיים להערכתי חוסר בהירות גדול המונע מאתנו להגיע למסקנות חד משמעיות בנוגע לנושא זה. אין אחידות באומדני

השטח המעובד לשנה בין החוקרים בני התקופה ולכן קשה לקבוע קביעה ברורה בנושא זה. האומדנים נעים בשנים מסוימות בין 750,000 דונם בנגב כולו, ל-814,000 דונם, ועד מעל לשני מיליון דונם. רוב שטחי העיבוד היו בחלק הצפון מערבי של הנגב. לדעתי קיימים מקורות נוספים מן המאה ה-19 ותחילת המאה ה-20, לפיהם ניתן להגיע לחישובים יותר מדויקים של כמויות וסוגי גידולים, השטחים שנדרשו להם, רצף רב-שנתי של הגידולים, והצלבת הנתונים עם מידע על שנות גשם ובצורת. ב- 1934-5 נמצאו על-פי מקור מנדטורי בעיבוד חקלאי 2.1 מיליון דונם שעובדו לסירוגין (שנה כן ושנתיים לא). רוב השטח הוקצה לשעורה (1.7 מליון) ולחיטה (0.4 מליון). בריטים ציינו במקורות רבים רשמיים ומחקריים כי רוב אדמות הנגב הנן לא ראויות/ניתנות לעיבוד, למעט בהשקיה שלא הייתה קיימת.

בנושא המעמד ההיסטורי-משפטי של הקרקעות בנגב בולט מיעוט החומר ההיסטורי הנוגע לתקופות שקדמו לקום מדינת ישראל. נראה כי לא ידוע היקף החומר בנושא בארכיון המדינה העות׳מאני באיסטנבול, שראיתי רק כעשרים וחמש תעודות מתוכו. חומר נוסף אותו בדקתי במלואו מצוי בארכיון מדינת ישראל, בתוך ארכיונו של מושל מחוז ירושלים עלי אכרם ביי בשנים – 1906 1908. יש לציין כי חלק זה הוא הפחות שלם מכל קטעי הספר. השלמתו דורשת הקצאת זמן רב נוסף לאיתור חומרים מקוריים ומחקריים רלבנטיים. בבדיקה לעומק של האיזכורים המתייחסים לנושא זה בספרים ומאמרים שהופיעו בדפוס, מתקבל הרושם כי הרוב מתבסס על ״מיחזור״ של מה שנכתב. הכוונה היא שפרסומים חדשים יותר מצטטים שוב ושוב מה שנכתב בפרסומים מוקדמים יותר. רוב החוקרים לא נעזרו במקורות ראשוניים מן המאה התשע-עשרה ותחילת העשרים.

מה שהובא על ידי הינו פרי מאמץ לאיתור מקורות מן הסוג הזה, תוך התמקדות ככל האפשר בחלוקה אדמיניסטרטיבית מרחבית, במדיניות הממשל, ובתפישות הבדואים וגופים מיישבים פוטנציאליים יהודיים, בהתייחס למעמדן ההיסטורי-יישובי ומשפטי. כמו כן נאספה אינפורמציה רלבנטית ראשונית הנוגעת לנושאי בעלות על הקרקעות ולהתייחסות למושגים כגון מואת, ג׳יפתליק, מירי, מלכ, מתרוכה, מחלול, וקף, אדמות מדינה, אדמות השולטאן, וכו׳ במידה והם מופיעים בהם. לפי התיעוד העות׳מאני, רצון הממשל העות׳מאני לערוך סקר ומדידה, לשם יישוב הבדואים והגדלת הכנסות האוצר, ורישום

הקרקעות של חלק מהנגב על שמם לא התממשה. מטרות אלו לא התממשו גם בתקופת המנדט. בשנת 1947 נחשבו רוב הקרקעות של תת-מחוז באר שבע (10.5 מיליון דונם מתוך סך-הכל של 12,577,000 דונם) כאדמות מדינה ריקות ושוממות, מהקטגוריה של מואת, שהממשלה הבריטית וממשלת המנדט בפלשתינה יכולות להקצותן או לעשות בהן כראות עיניהן. באותה עת נאמד שתהיינה תביעות פרטיות לכשני מיליון דונם שעובדו מפעם לפעם, אולם לא ניתן לסיים דבר עד לעריכה של הסדר קרקעות באזור. תביעות אלו לא התממשו.

גם אם החוקרים שחקרו את החברה הבדווית בנגב בתקופת המנדט הם מעטים, ניתן לסכם ולומר על פי המחקרים שנבדקו כי החל משנות השלושים החל תהליך ההתנחלות של הבדואים בנגב בצורה לא אחידה ולא סדירה, בנייה לא הייתה באופן סדיר וגם לא באופן קשיח, נושא הבעלות על הקרקע היה ככל הנראה מושג נזיל שלא עבר לידי בעליו באופן חוקי (מבחינת חוקי המדינה) אלא בתהליכים של השתלטות אלימה בין הבדואים לבין עצמם, על אדמות שמעמדן המשפטי היה מואת והיו שייכות למדינה (ראו להלן בסעיף העוסק במעמד המשפטי של הקרקעות). חשוב לציין כי חלק מחוקרים אלו ואחרים באותה תקופה, מרבים לצטט מקור אחד עיקרי והוא שני ספריו של מושל נפת באר-שבע ומחוז עזה בתקופת המנדט עארף אל עארף.

דומה כי כמות המחקרים על נושא דפוסי התנחלות הבדואים בנגב רבה מאוד וניתן להגיע מהם למספר מסקנות עיקריות: מוסכם על רוב החוקרים כי תהליך חדירתה של האימפריה העות'מאנית לנגב החל בעשור האחרון של המאה התשע עשרה והביא לתחילתו של תהליך התנחלות הבדואים בנגב. עם זאת ישנה מחלוקת מהי השנה המדוייקת ויש אף חוקר אחד של הבדואים בנגב (יוסף בן דוד) שטוען בחלק ממחקריו שתחילת ההשפעה של חוק הקרקעות החלה עוד לפני כן בשנות השישים של המאה התשע עשרה. כל החוקרים אחידים בדעתם כי על פי חוקי הקרקעות העות'מאניים ויורשיהם הבריטים לא הייתה לבדואים, ככלל, כל אחיזה חוקית בקרקע מאחר והקרקע לא הייתה רשומה על שמם בספרי האחוזה. תהליך הבנייה של מבני קבע החל לטענת רוב החוקרים בשנות השלושים של המאה העשרים בצורה ספוראדית, לא קשיחה, לא אחידה ולעתים קרובות אף לא למגורים. ביחס למספר האוכלוסייה קיימות שאלות וסתירות אפילו במיפקדים המנדטוריים האמורים להיות המקור המהימן ביותר. גם אם אין אחידות בין החוקרים, ברור לחלוטין שהתנודות החריפות באוכלוסייה, כמו

גם תהליכים של פלישת פלאחים לשטחי מרעה מדגישים את המצב הבלתי יציב והנזיל בתחום האוכלוסייה.

ה״בעלות״ על הקרקעות הייתה נזילה וללא תוקף או הכרה חוקית מבחינת חוקי המדינה על ידי השלטונות, היות והקרקע לא נרשמה על שם איש, אלא אירעה בתהליכים של השתלטות אלימה בין הבדואים לבין עצמם. חשוב לציין כי חלק מחוקרים אלו ואחרים באותה תקופה, מרבים לצטט מקור אחד עיקרי והוא שני ספריו של מושל באר שבע והנגב בחלק מתקופת המנדט עארף אל עארף. כל החוקרים אחידים בדעתם כי על פי חוקי הקרקעות העות׳מאניים ויורשיהם הבריטים לא הייתה לבדואים, ככלל, כל אחיזה חוקית בקרקע מאחר ורוב הקרקע לא הייתה רשומה על שמם בספרי האחוזה. בשורה התחתונה ניתן לומר כי נרשמו בטאבו בתת-מחוז באר שבע עד לסוף תקופת המנדט כ-200,000 דונם בלבד, רובם נרשמו על שם יהודים וייתכן שחלקם נרשמו על שם אפנדים ולא על שם בדואים.

ניתן לסכם אם כן באשר לנגב בכלל ולנגב הצפוני בפרט כי בתקופה העות׳מאנית ותקופת המנדט הבריטי:

- הבדואים הנוכחים בנגב היום הגיעו לנגב רק במאה חמישים עד מאתיים השנים האחרונות מסעודיה, עבר הירדן, מצרים וחצי האי סיני. הבדואים בנגב חיו באוהלים ומאהלים, ונדדו עמם בנגב וגם לאזורים אחרים, כולל עבר הירדן ועוד.
- העות׳מאנים וגם הבריטים ראו את אדמות הנגב כאדמות הממשלה וכמואת. הייתה נכונות מצד העות׳מאנים לרשום קרקעות בנגב על שם השבטים הבדואים, אך מדיניותם לא צלחה. הבריטים חשבו שכיוון שכך, הם יכולים להקצות את אדמות הנגב כראות עיניהם לבדואים, ליהודים, ולבריטניה. בסופו של דבר, עד לסוף תקופת המנדט לא הייתה לבדואים אחיזה חוקית בקרקע, או, למעט מקרים בודדים, רישום בספרי האחוזה. כך היה המצב גם בעשור הראשון לאחר הקמת מדינת ישראל.
- הרוב הגדול של קרקעות הנגב נמנו על הקטגוריה של מואת. פרט לכ-200,000 דונם שנרשמו בתקופת המנדט (64,000 מתוכם על שם ערבים, כנראה בדואים, אפנדים ואחרים), לרבות יהודים פרטיים וקק״ל. בתת-מחוז באר שבע לא נרשמו בטאבו כל קרקעות על שם הבדואים, עד לסוף תקופת המנדט.

- השבטים הבדואים השתלטו בכוח, ותוך כדי מלחמות מול שבטים אחרים ומול יישובי הקבע הכפריים, על שטחי המחייה שלהם בנגב. לא היו כמעט יישובי קבע בנגב עד לסוף תקופת המנדט. הממשל העות'מאני היה זה שהקים עיר חדשה ויישוב קבע ראשון בנגב בשנת 1900.

- לא הייתה לבדואים חקלאות קבע רציפה בנגב עד לאמצע תקופת המנדט, היו עיבודי בעל לסירוגין, בעיקר של שעורה וחיטה. העיבוד נעשה עם מחרשת עץ או ברזל וגמל, כך שבכל מקרה לא ניתן היה לעבד שטחים גדולים בכל עונה חקלאית, בעיקר בחלקים הצפון מערביים של הנגב הצפוני. רוב אדמות הנגב נחשבו בתקופת המנדט כבלתי ניתנות לעיבוד. ישנם אומדנים ונתונים על עיבודים בנגב כולו, במחזורים של שנתיים עד חמש שנים, הנעים בין כ-750,000 דונם עד מעל שני מיליון דונם.

מפאת היותם חברה נוודית, מספר הבדואים בנגב השתנה מעת לעת. בשלהי התקופה העות'מאנית הגיע מספרם ל-65,000 נפשות. במפקד הבריטי שנערך בשנת 1931 הגיע סך כל האוכלוסייה כולל הבדואים בתת-מחוז באר שבע ל-47,981 נפשות. על פי ההערכות ערב מלחמת 1948 שהו בנגב כ-65,000 בדואים שחיו בכ-95 מסגרות שבטיות. מרבית הבדואים הצטרפו ללחימה כנגד המדינה היהודית, ועזבו את הנגב במהלך המלחמה או עם נסיגת צבאות המדינות הערביות. לבדואים ששמרו על ניטרליות ולאלה ששיתפו פעולה עם היהודים, הותר לשוב לנגב, גם אם יצאו ממנו, וזאת בשונה מהמדיניות הישראלית הכללית ששללה שיבת פליטים ערבים. לאחר המלחמה הושמו הבדואים תחת ממשל צבאי, בשטח של כ-1.1 מיליון דונם, באזור המכונה אזור הסייג. מדובר על שטח בצפון מזרח הנגב שעיקרו משתרע במשולש באר-שבע, דימונה וערד, עם מובלעת לכיוון רהט של היום.[2]

בדצמבר 1948 נערך ע"י הצבא, יחד עם המחלקה לסטטיסטיקה מפקד פרימיטיבי של הבדואים בנגב. במפקד זה נרשמו 3,200 נפש. לנפקדים נמסרו תעודות זהות צבאיות כחולות. מפקד שני נערך בסוף 1949 בשיתוף פעולה בין המחלקה לרשום התושבים והממשל הצבאי, נרשמו בו 18,215 נפש. מפקד שלישי נערך בשנת 1950 על ידי הממשל הצבאי. מפקד רביעי נערך בערך ביוני 1951 לקראת הבחירות לכנסת השנייה, במפקד זה היו רשומים 15,491 נפש. מפקד חמישי נערך במאי 1954. מפקד זה כלל את כל הבדואים בנגב והיה מפקד בקורת. במפקד זה נפקדו 11,463 נפש, בדואים בעלי אזרחות ישראלית שחיו במחנות אוהלים בכ-18 מסגרות שבטיות.[3]

באוקטובר 1950 דיווח מ.ש. קומיי ממשרד החוץ בירושלים לא. אילת ציר ישראל בבריטניה באותה עת, כי *"במהלך הלחימה, ובמיוחד לאחר שכוחות ישראל הבקיעו, רוב הבדואים מהנגב הצפוני נעלמו לתוך סיני או הלאה יותר דרומה. לאחר כיבוש באר שבע לא היו יותר מ 5,000 באזור, והם קיבלו את השליטה של שלטונות ישראל. בנובמבר 1948, עוד 9,500 הותרו לחזור והסטטוס שלהם הוסדר על ידי הנפקת תעודות זהות ותעודות קצבה. באפריל 1949, עוד 3,000 קיבלו אישור חזרה באותה דרך, כך שזמן קצר לאחר הסכם הפסקת האש הישראלי-מצרי, ס"ך ה"בדואים הישראלים" שחיים תחת החוק והמדינה הגיע ל 17,500."* [ההסכם היה ב- 22 באוקטובר 1948. ר.ק.].[4]

מספרה הכולל של אוכלוסיית הבדואים בנגב עלה בחמישים השנה שבין שנת 1949 לשנת 2009 ל- 159,000 נפש ויותר. מסתבר כי הילודה הטבעית בקרב הבדואים בישראל הנה בין הגבוהות בעולם.[5]

ב-2019 היו בנגב כ-268,000 בדואים, כשליש מהם בישובים בלתי פורמאליים (פזורה, יישובים לא מוכרים), עניים, ללא שירותים הולמים ותחת איום פינוי בכפיה. בינואר 2021 עלה מספרם על פי נתוני מאגר הנתונים המקוון של אוניברסיטת בן גוריון בנגב ל- 278,616 נפשות.[6]

מדינת ישראל פתחה בשנת 1971 בהליך הסדר בעקבות החלטה לעודד את הבדואים בנגב להגיש תביעות בעלות על הקרקע. בסיום הליך ההסדר נרשמו כ-3,300 תביעות לגבי שטח בגודל של כ- 800,000 דונם. כ-60% מתוכן הוגשו על ידי תובעי בעלות באזור הסייג וכ-40% על שטחים שאינם מוחזקים על ידי תובעי בעלות, רובן בשטחים שנתפסו בתקופת ראשית מדינת ישראל על ידי המדינה במערב הנגב. מאז ועד היום היו לא מעט יוזמות מצד השלטון להסדיר את המחלוקות. בשנת 2008 הוגש דו"ח ועדת גולדברג, ובו המלצה לקדם הליך חלופי בדרך של חקיקה. הצעת חוק שהוגשה לכנסת בנושא הוקפאה בשנת 2013. כל המאמצים לא צלחו מאז ועד היום והוויכוח על הקרקע עומד בעינו. רוב התביעות שכן הוגשו על ידי הבדואים לבית המשפט נכשלו במישור המשפטי. קרקעות הנגב נחשבו כאדמות מדינה גם בימי ראשית מדינת ישראל, ולמיטב ידיעתי כך נקבעו כאדמות מואת אף בפסקי הדין בבית המשפט המחוזי הישראלי בבאר שבע ובפסקי הדין הרלבנטיים למואת, בדגש על הנגב, בבית המשפט העליון בישראל.[7]

הגדרת האזור הנחקר

הספר, המתבסס על מחקר מעמיק, מתמקד בנגב הצפוני. גבולותיו נקבעו כדלהלן:

קווי אורך 192 (מזרח) – 140 (מערב) על פי הרשת החדשה ו- 142 (מזרח) – 90 (מערב) על פי הרשת הישנה

קווי רוחב 546 (דרום) - 601 (צפון) על פי הרשת החדשה ו- 46 (דרום) – 101 (צפון) על פי הרשת הישנה

ההבדלים בין קווי האורך (X) בין הרשת הישנה לחדשה הם 50 ק"מ, ובקווי הרוחב בין הרשת הישנה לחדשה הם 500 ק"מ. נהוג לרשום קודם את קואורדינטת קו האורך (X) ואחריה את קואורדינטת קו הרוחב (Y). ראו מפות 1 ו- 2 להלן:

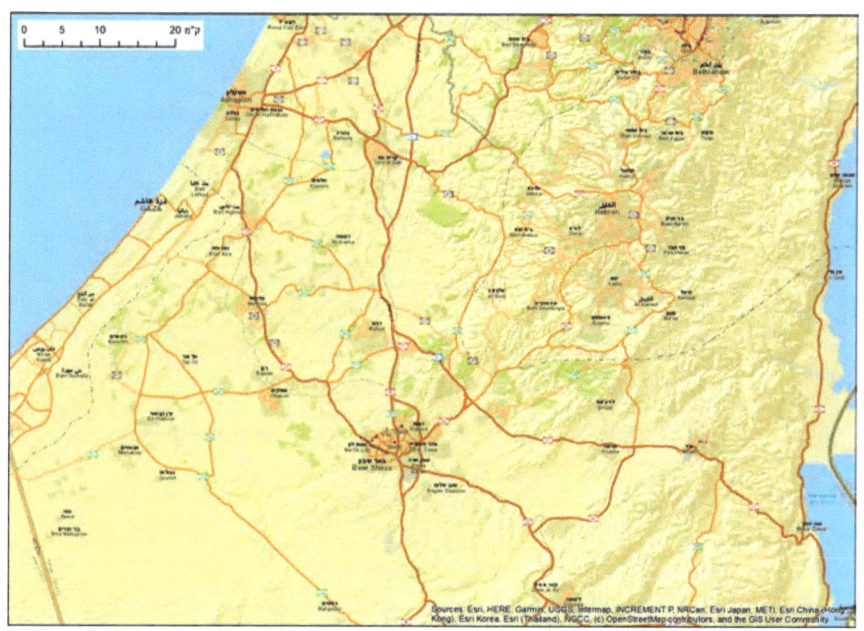

מפה 1. מפת הנגב הצפוני, 2022
מקור: Environmental Systems Research Institute (ESRI), 1: 400,000, 2022.

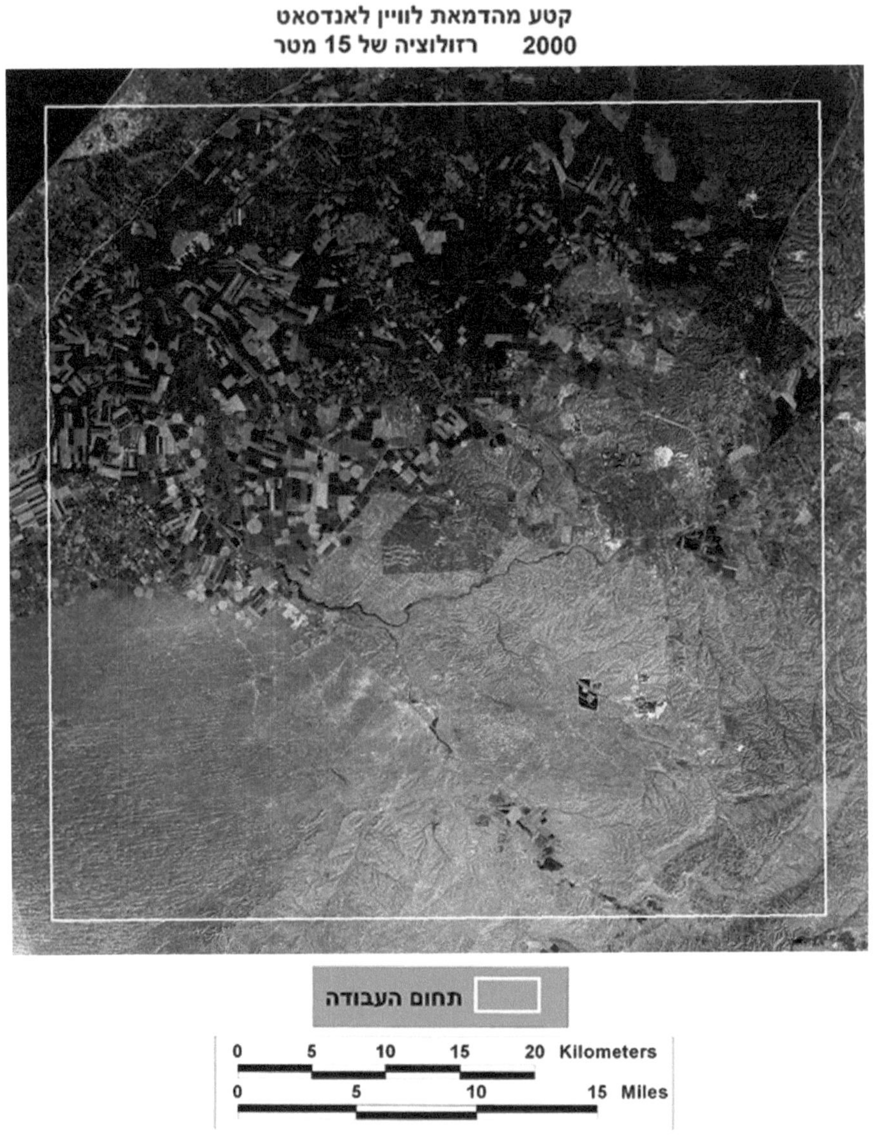

קטע מהדמאת לוויין לאנדסאט
2000   רזולוציה של 15 מטר

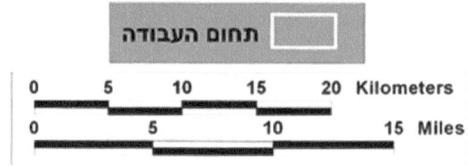

מפה 2. גבולות המחקר על רקע הדמאת לוויין לאנדסאט, 2000 (הוכן על ידי פרופ' נעם לוין)

המקורות

מאמרים וספרים לא מעטים עוסקים בשלושים השנים האחרונות בבדואים בנגב, מוצאם, תהליכי התיישבותם, והשאלה הקרקעית. החסרון העיקרי של חלק ממחקרים אלו שהופיעו בדפוס הנו הסתמכותם יותר על מקורות משניים שהופיעו בדפוס, רובם מתקופת המנדט וראשית מדינת ישראל ופחות על מפות ותעודות מקוריות בנות התקופות – עות׳מאנית ומנדט שקדמו לקום מדינת ישראל. בחלקם נמצא הסתמכות חוזרת על מספר מקורות מועטים, ובעיקר ״מיחזור״ כאלו שהופיעו בדפוס. הדוגמא המובהקת ביותר לעניין זה הנם ספריו החשובים של עארף אל עארף, מי שהיה בשנים 1928 – 1939 קצין מחוז של ממשלת המנדט בבאר-שבע, ובשנים 1939 – 1942 קצין מחוז בעזה. חלק מן המחקרים העדכניים יותר התבסס אף על תיעוד בעל-פה על כל מעלותיו וחסרונותיו המחקריים (אבו רביע, אופנהיים, אמארה, נצאצרה, אשכנזי,ביילי (Bailey), בן דוד, חואלדי, יפתחאל, מאיר, מרקס, סואעד, פורת, פישל, קדר, קרסל, ועוד).

אי לכך, שם מחקר זה דגש מיוחד על הסתמכות ביקורתית על מקורות ראשוניים ארכיוניים וכאלו שהופיעו בדפוס מתחילת המאה ה-19 ועד לשנות השישים של המאה ה- 20, וכן על ניתוח מפות פרטני ומדוקדק של הנגב באותה תקופת זמן.

ספר זה מתבסס ברובו על מקורות ראשוניים ארכיוניים מסוגים שונים (תכתובות, פרוטוקולים, סקרים, סקירות, ספירות ומיפקדים, חוזים, מפות, תוכניות, פסקי דין ועוד), על עיתונות התקופה בשפות שונות, ספרות נוסעים, יומנים וספרי זכרונות, ועוד. כמו כן גם על מקורות משניים וספרות מחקרית שאף היא בחלקה מתבססת על חקר ארכיוני. אלו כוללים בעיקר עבודות מוסמך ודוקטור, ספרים ומאמרים מסכמים שהופיעו בדפוס, לרבות מקורות פלסטיניים, וכולל מאמרים שלי על הבדואים בנגב שנכתבו עם קולגות. התרכזתי בעיקר בתקופה שמאז חקיקת חוק הקרקעות העות׳מאני בשנת 1858 ואילך. הושם בה דגש על התקופה של המאה ה-19 מתחילתה ועד המחצית הראשונה של המאה ה-20.

לצורך הכתיבה עברתי על מאות תיקים ארכיוניים, ובהם אלפי תעודות. בין הארכיונים אותם בדקתי נכללים:

הארכיון הציוני המרכזי, ארכיון מדינת ישראל (כולל ארכיון יד יצחק בן-צבי, וארכיון עלי אכרם ביי המושל העות׳מאני של מחוז ירושלים), ארכיון צה״ל, ארכיון ההגנה, ארכיון הספריה הלאומית, ארכיון הכשרת הישוב, ארכיון הלשכה המרכזית לסטטיסטיקה, ארכיון הרשות לרישום והסדר זכויות מקרקעין, ארכיון אוניברסיטת בן גוריון בנגב, ארכיון מכון טרומן, ארכיון זלמן ליף, ארכיון קיבוץ רוחמה, ארכיון משפחת בן-אסא, ארכיון רות קרק, ארכיון המדינה העו׳תמאני, ארכיון הקרן הבריטית לחקר ארץ ישראל וארכיון המדינה הבריטי. כל אחת מהתעודות, עבודות מוסמך או דוקטור, הספרים והמאמרים ופסקי הדין אליהם התייחסתי בספר מצוטטים במלואם בהערות שוליים בסוף הספר.

המחקר כולל, בין היתר:

- פרסומים שהופיעו בדפוס בעבר ובהווה. בין אלו חשובים במיוחד מקורות של ספרות חוקרים ונוסעים שעברו באזור וכתבו עליו במאה ה-19 ותחילת המאה ה- 20.
- תעודות מקוריות בנות התקופה העות׳מאנית ותקופת המנדט בארכיונים וספריות בארץ ובחו״ל (חוזים, תכתובות, דוח״ות, איסוף רשימות בעלות שמיות מפורטות במידה ותמצאנה, אדמות מדינה ואדמות השולטאן עבדול חמיד II, ועוד).
- מפות היסטוריות מודפסות ומשורטטות ביד בארץ ובחו״ל ולעתים דוח״ות או טיוטות של דוח״ות אשר נלוו למפות (למשל טיוטות ופרסומי הסקר של הקרן הבריטית לחקירת ארץ-ישראל משנות השבעים של המאה ה-19, המצויות בארכיון הקרן הבריטית לחקירת ארץ ישראל בלונדון).
- כיו״ב מסמכים נוספים העשויים לסייע למחקר ולפרוייקט.

לצורך מחקרי על הנגב במשך עשרות שנים, אותרו למעלה מ-350 מפות היסטוריות בארכיונים בארץ ובחו״ל, ספריות של מפות, ואוספים פרטיים. חלק מהמפות הללו מהוות גיליונות השייכים לסדרת מפות, כמו למשל 26 הגיליונות של מפת ה-PEF, ולעתים גם מפות יחידניות ששורטטו ביד, וטיוטות של מפות וסדרות שונות. בסיוע שיטת הממ״ג (מערכות מידע גיאוגרפיות – GIS) נבחנו האלמנטים היישוביים והחקלאיים השונים המופיעים עליהן, תוך התייחסות

לאזור המחקר בנגב הצפוני. נלקח בחשבון בפן היישובי גם סימון המרחק, נתון משמעותי ביותר ביחס להגדרת המואת (ראו להלן). בסעיף 6 בחוק הקרקעות העות'מאני, נקבע כי: "קרקע מתה (מוואת) היא זו, שאינה מוחזקת בידי איש ולא הוקצתה לשימוש הציבור ולא הונחלה לבני איזה כפר. לקרקע כזו נחשבת קרקע הרחוקה מן הכפר או מן העיר במידה כזו, שהקול הרם ביותר שמשמיע אדם מן המקום המיושב הקרוב ביותר, לא יישמע שם. ושיעורו של מרחק כזה הוא מיל וחצי או כדי הליכה במשך חצי שעה."

סיכום ביניים

לצורך הכנת הספר אותרו ונבדקו, ובמידה והיו רלבנטיים נותחו והושוו מקורות מגוונים רבים מסוגים שונים. בין אלו נכללו אלפי תעודות ארכיוניות מקוריות בנות התקופה במעל עשרה ארכיונים בארץ ובעולם, מאות מפות היסטוריות בנות התקופה שלפי חלקן הוכנה סידרה של מפות בעזרת GIS, ומאות מקורות (ספרים, מאמרים, קטעי עיתונות, עבודות מחקר) בשפות שונות שהופיעו בדפוס, או נמסרו כעבודות לתואר שני ושלישי בנושא. כל אלו שימשו לעריכת סינתזה וניתוח גיאוגרפי-היסטורי של המצב ההיסטורי, היישובי, הקרקעי והחקלאי באזור שנקבע כאזור המחקר.

רקע היסטורי על הבדואים בנגב

תהליכי הפשיטות של השבטים הנודדים על יישובים והחרבתם מתועדים בהרחבה בכתבי חוקרים שונים שאת דבריהם אפרט עם ציוני מקור מדויקים בהמשך. שבטי הבדואים בנגב בהם אני עוסקת, היגרו לנגב בעיקר במאתיים השנים האחרונות מחצי האי ערב, חצי האי סיני, מצרים ועבר-הירדן.[8]

במהלך המאה ה-19 הם חיו באוהלים כנוודים, וניהלו מלחמות רבות, כולל בין השבטים השונים, על שטחי המחייה שלהם שניתן לדעתי לכנותם כנזילים. כלכלתם התבססה בעיקר על מרעה, פשיטות וגביית מסי חסות. במחצית הראשונה של המאה ה-20, חלקם עברו לאורח חיים נוודי למחצה.[9]

הוטרוט ועבדול פתח מביאים בספרם על הגיאוגרפיה ההיסטורית של ארץ ישראל בשלהי המאה ה-16, נתונים המתייחסים לשבטים בלוא (מחוז) עזה בשנים 1596 - 1597, אשר כלל גם את כל השטח של הנגב הצפוני ממישור חוף הים התיכון במערב ועד לים המלח בדרום מזרח והר חברון בצפון מזרח.[10] מה שברור מהנתונים המובאים בספר של הוטרוט ועבדול פתח ומהסיכום שלהם הוא כי פרט לשבט אחד [אשר כבר לא מצוי כיום בנגב. ר.ק.], היו במאה ה-16, שבטים אחרים באזור מחייה זה (נגב צפוני מזרחי), בהשוואה למאות ה-19 וה-20. השבטים באזורי המחייה וכן יישובי הקבע שהיו קיימים בסוף המאה ה-16 הוקמו על אדמות האימפריה העות'מאנית שהוענקו כ"הפקדים" בעיקר לאנשי צבא עות'מאניים לצורך גביית מס ומתן שירותים. שטחי המחייה של 5 מתוך 6 השבטים הנודדים שנדדו במחוז עזה, היו בחלק המזרחי של הנגב הצפוני, בשוליים המערביים של דרום הר חברון. החלק המערבי של הנגב הצפוני וכן מישור החוף מדרום ומצפון לעזה היה מיושב בצפיפות בכפרים בסוף המאה ה-16.

הוטרוט ועבדול פתח מציינים את שמות, מיקום שטח המחיה, ופרטי ששת השבטים בסוף המאה ה-16 במחוז עזה.

The 6 tribes in Liwa Gaza in 1596-7 were: Qurays (tayifat Haytam) in the north west and 'Urban Tawayif Bani 'Atiyya, Tawayif 'Urban Bani 'Ata, 'Urban Bani Hutaym (Haytam), 'Urban Bani Sawalima, 'Urban Jaram in the north east. From then onwards many of the villages disappeared, tribes had changed territory and the whole economic picture of the country [Palestine] had undergone a change.[11]

One interest was increased through the observation of a great number of deserted villages in Palestine, many of whose names are to be found on the topographical maps.[12]

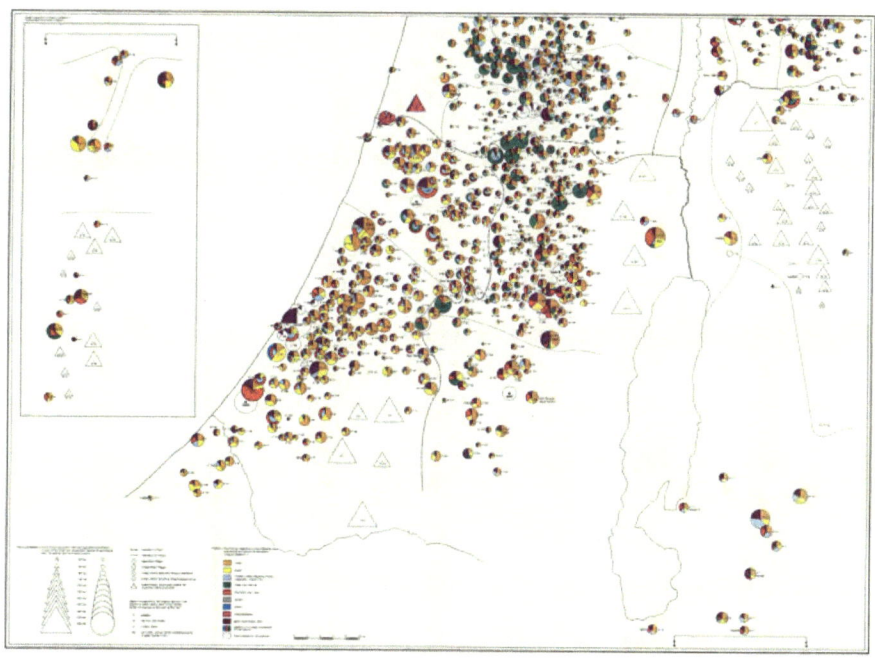

מפה 3. מפת תפרושת היישובים והשבטים הבדואים בפלשתינה בשנת 1596 שהכינו החוקרים הוטרוט ועבדול פתח (המשולשים בחלק הדרומי מזרחי של המפה מציינים את השבטים הבדואים. ר.ק.).

מקור: Wolf-Dieter Hutteroth and Kamal Abdulfattah, *Historical Geography of Palestine, Transjordan and Southern Syria*, Palm & Enke, Erlangen, **1977**, Map No. 5.

סך כל האוכלוסייה בלוא (מחוז) עזה לפי הוטרוט ועבדול פתח היה בשנת 1596-7 11,390 נפשות. הם מתייחסים במחקרם גם לשנים נוספות ומציינים כי בשנת 1525-6 מספר הנפשות עמד על 5,586 עם עלייה לשיא של 13,964 נפשות בשנת 1558-9, ולאחר מכן חלה ירידה מתמדת באוכלוסייה עד למאה ה-19.

לפי ניתוח תוצאות מחקרם של הוטרוט ועבדול פתח, שבדק גם את היישוב בארץ-ישראל על-פי הסקר של ה-Palestine Exploration Fund (PEF) בשנות השבעים של המאה ה-19 ומפות מנדטוריות מהמאה ה-20, הם מסיקים שעם החלשות האימפריה העות׳מאנית במאות ה-17 עד סוף ה-19, התחזקה התופעה של פלישות בדווים לשטחים המיושבים, אשר גרמה בסופו של דבר לנטישת כפרים רבים, במיוחד באזורי ספר שגבלו בשטחי המחייה של הבדואים הנוודים. הכפרים נחרבו לחלוטין, ולא היו קיימים עוד עד לתחילת או אמצע המאה ה-20. נטישת התושבים והחרבת היישובים קשורה לדעתם קשר ישיר להתערערות מצב הביטחון באזור בשל פשיטות הולכות וגוברות מצד שבטים בדואים.[13]

גם משה שרון מצא במחקרו כי במאות ה-17 ועד מחצית המאה ה-19 נמשך הרס יישובי הקבע, והפיכת אזורי מרעה לשדות קרב וסיכון בדרכים בארץ ישראל, מפאת פלישות הבדואים מעבר הירדן במזרח, וסיני וממצרים בדרום:

> *References to the desolation and destruction of the country are frequent in the itineraries from the period under discussion and thereafter... The fertile plains were turned into grazing areas and battlefields for the Bedouins.*[14]

בשלהי התקופה העות׳מאנית ובתקופת המנדט הבדואים היו מאורגנים ב-7 מטות שכללו 95 שבטים. אולם, קביעת מספרם הייתה נושא בעייתי. הלמוט מיוזם, אחד ממנהלי מפקד 1946, קבע שתוצאותיו ביחס לבדואים אינן מהימנות והעריך את מניינם בין 57,000 ל-65,000.[15] נתון שהתקבל גם על-ידי חוקרים אחרים. לפי תצלומי אויר של הנגב נערכה מפת תפרושת האוהלים בנגב משנת 7 -1946 שיש לה חשיבות רבה לניתוח המצב היישובי בנגב בסוף תקופת המנדט, כפי שניתחו סתי פרנזמן, נעם לוין ורות קרק.[16]

מפה 4. מפת תפרושת האוהלים בנגב בסוף תקופת המנדט, 1946 – 1947
(כל אוהל מוצג כנקודה אדומה, וכך גם מיקבץ של אוהלים בנקודות אדומות. ר.ק.)
מקור:
Palestine, Distribution of the Nomad Population in Beer Sheva Sub-District,
1:250,000, Survey of Palestine, 1946-1947.

סיכום ביניים

שבטי הבדואים בנגב בהם אני עוסקת, הגרו לנגב בעיקר במאתיים השנים האחרונות מחצי האי ערב, חצי האי סיני, מצרים ועבר-הירדן. במהלך המאה ה-19 ותחילת המאה העשרים, הם חיו באוהלים כנוודים, וניהלו מלחמות רבות, כולל בין השבטים השונים, על שטחי המחייה שלהם שניתן לדעתי לכנותם כנזילים. כלכלתם התבססה בעיקר על מרעה, פשיטות וגביית מסי חסות. במחצית הראשונה של המאה ה-20, חלקם עברו לאורח חיים נוודי למחצה.

1. אספקטים יישוביים מרחביים:
מצב יישובי הקבע באזור המוגדר (1850 – 1948)

בפרק זה ייסקר מצב יישובי הקבע, בנגב הצפוני. במסגרת זו ייבחנו מקורות ראשוניים שונים ובהם תעודות ומקורות ארכיוניים, ספרות נוסעים וחוקרים בני התקופה, וכן ניתוח מפות בנות התקופה ומקורות נוספים. על מנת להדגים את רצינות חוקרי התקופה המוקדמת, אפרט להלן גם את שיטות המחקר של חלק מהחוקרים בני התקופה מראשית המאה ה-19 ועד למחצית המאה ה-20 (זטצן, רובינסון וסמית', ואן דה ולדה, גרן, פאלמר, טירוויט-דרייק, האל, תומסון, מוסיל ועוד).

אתייחס להלן למבחר תיאורים של הנגב הצפוני במקורות בני התקופה של חוקרים אמריקאים ואירופים שעברו בשטח. הציטוטים המקוריים או תרגומם יופיעו באיטליקס. אני רואה חשיבות מיוחדת להתייחסות למקורות ראשוניים בני התקופה המדוברת מאנשים שביקרו בשטח באותן שנים שתצוינה.

יש להדגיש כי אין להתייחס אל החוקרים שמובאים להלן כאל נוסעים וצליינים פשוטים שבאו לאושש את אמונותיהם הנוצריות, ללא הכשרה מדעית או טכנולוגית. על רקע תקופתם היו אלו חוקרים רציניים ביותר, אשר עשו לעיתים שנים של הכנה ולימוד המקורות הקיימים לפני ביקורם בארץ. הם ערכו חקירה שיטתית ומדויקת ככל האפשר ונעזרו באמצעים כגון מצפן, רישומי שטח יומיים ועוד, כפי שיצוין להלן – במיוחד לגבי החוקר זטצן בראשית המאה ה-19, סקר הקרן הבריטית לחקר ארץ-ישראל (PEF) בשנות השבעים של המאה ה-19, החוקר מוסיל בסוף המאה ה-19 וראשית המאה ה-20 ואחרים. פרופ' חיים גורן כינה את עבודת אחדים מהם במאמר שפרסם בשם: "ראשית המחקר המדעי של הנגב".[17]

החוקר בנג'מין ריילי טוען במאמרו משנת 2015, בו דן בין היתר בטיעונים קיימים לגבי נוסעים מערביים שחקרו את אזור חצי האי ערב בין השנים 1800 – 1950, ומתמודד מול דעות שונות לגבי חוסר האמינות המושרשת של מקורות אלו, כי הנוסעים בערב ידעו וקראו היטב את עבודות המחקר של כל קודמיהם, ולא רק את אלו של בני ארצם. בין השנים 1890 – 1920 עיקר הנוסעים התמקדו באזור צפון חצי-האי ערב (ובכלל זה אזור ארץ-ישראל).[18]

למרות טיעונים של חוקרים שונים על חוסר אמינות של עבודות הנוסעים לערב, והעלאת ספקות בדבר מהימנות עבודות אלו כמקורות לחקר חצי האי

ערב, נמצא כי דיווחים שונים בעבודותיהם היו מדויקים. ריילי מזכיר כי אדוארד סעיד ואחרים תקפו את 'התיאורים המיתיים' וההנחות האוריינטליסטיות שאולי השפיעו על השיפוט של הכותבים בנושאים מסוימים והטילו ספק בהיות עבודותיהם מקורות מהימנים לחקר חצי האי-ערב.

לפי ריילי, רוב הנוסעים לערב הכירו עבודות אחרות של בני דורם, וכן של מקורות היסטוריים וגאוגרפיים יווניים, רומיים ואסלאמיים על ערב, וידעו כי עבודותיהם ייקראו היטב גם כן כשיגיע תורם. חלק מאותם כותבים היו ביקורתיים וידעו לבקר לפחות עבודה אחת קודמת של כותבים מן העבר, כך שלא הסכימו עם מה שנעשה לפניהם באופן מוחלט. הנוסעים לערב פרסמו מאמרים באגודות גאוגרפיות, רבים הרצו באגודה הגיאוגרפית המלכותית הבריטית (הרויאל גיאוגרפיקל סוסייטי), פרסמו את הכתבים בפומבי ולאחר מכן דנו בהם באופן ביקורתי. חלק קיבלו עידוד, כמו גם תגמולים שניתנו לכתיבת עבודות מדויקות בנוגע למחקר של אותם הנוסעים. מתוך ממצאים אלו קבע ריילי כי יש להתייחס לספרות נוסעים מערביים לערב באופן רציני כמקורות מהימנים. ניתן לאמץ מסקנה זו גם לגבי הנגב.

המחקר הגיאוגרפי-היסטורי מחויב בהבחנה ברורה בין מקורות ראשוניים בני התקופה לשניוניים, וכן בהפניה מדויקת לאסמכתאות. אחד העקרונות המרכזיים המנחים את הכתיבה שלהלן הינו מתן אסמכתאות מדויקות למקורות המובאים, על-מנת לאפשר לכל קורא/חוקר נגישות אליהם ואפשרות לבדקם. להלן ייבדקו מספר מקורות ראשוניים של חוקרים בני התקופה מתחילת המאה ה-19 ואילך, בהם ישנה התייחסות, הן לתחום המחקר, והן לשיטות המחקר שלהם ומידת הדיוק.

ניתוח על-פי תעודות מקוריות וספרות מקורית בת-התקופה

בפרק זה ייסקר מצב יישובי הקבע בנגב הצפוני. במסגרת זו ייבחנו מקורות ראשוניים שונים ובהם תעודות ומקורות ארכיוניים, ספרות נוסעים, מפות בנות התקופה ומקורות נוספים.

במסגרת המחקר נעשה חיפוש שיטתי בכתביהם של נוסעים שעברו בארץ ישראל בכלל ובנגב בפרט במהלך המאה התשע עשרה והמחצית הראשונה של המאה העשרים. בין אלו נסקרו ספריהם של: וולני, יוהאן לודויג בורקהארדט

(שני ספרים), קונסטנטין בזילי, ט.א. לורנס ואחרים. במקביל נערכה סקירה שיטתית של רבעון הקרן הבריטית לחקירת ארץ ישראל (PEF) בין השנים 1869 – 1948 כאשר בין היתר נבדקו בכתב העת מאמריהם של מקאליסטר (בהמשכים- בעשור הראשון של המאה העשרים), ג׳נינגס ברמלי (בהמשכים - במהלך העשור הראשון של המאה העשרים) פיליפ בלדנספרגר (בהמשכים - במהלך העשור האחרון של המאה התשע עשרה והעשור הראשון של המאה העשרים) לאונרד וולי, קולונל ניוקומב, ג.א. קירק, א. אפשטיין ואחרים. בנוסף, נעשתה בדיקה בכתב העת של הקרן הגרמנית לחקירת ארץ ישראל (ZDPV) בשנים 1890 – 1911.

נוסעים וחוקרים במאה התשע-עשרה

אולריך יספר זטצן (1767 – 1811)

במאמר מקיף ומעניין, על הנגב במאה ה-19, ציטט חוקר הבדווים בנגב יצחק ביילי בהרחבה את מה שכתב זטצן בשנת 1807, וכן ספרות נוסעים נוספת ותיעוד בעל-פה ביחס למלחמות הבדווים בנגב. ביילי דן בשבע מלחמות שנמשכו ברובן מספר שנים כל-אחת, בפלישות, גבולות ושטחי מחיה, ואף צירף מספר מפות. לדעתו הבדווים ניצלו את חולשת האימפריה העות׳מאנית לטובתם.[19] כפי שאפרט להלן חלק מהחוקרים והנוסעים שביקרו בנגב במאה ה-19 וראשית המאה ה-20, מזכירים את המלחמות הרבות על שטחי מחייה בין המטות והשבטים.

החוקר הגרמני הנודע **אולריך יספר זטצן** (Ulrich Jasper 1811 – 1767 Seetzen) ערך ביקור בנגב בראשית המאה ה-19. בדקתי את דיווחו המקורי של זטצן משנת 1805 – 1806 שהודפס בשנת 1810 ומצוי בארכיון בבריטניה,[20] וכן את ארבעת הכרכים של זטצן (שהיה גם רופא שהתאסלם וידע את השפה הערבית. שמו המוסלמי היה ״מוסה אל חכים״, כלומר ״משה הרופא״).[21]

כיון שהיה אחד מראשוני החוקרים שתיארו את האזור בו אנו עוסקים, נעמוד על מיומנותו כחוקר והמכשור בו השתמש. זטצן עסק בתחילה רבות, לצד לימודי רפואה, בתחומים של חקר הטבע ברחבי אירופה. היה בוגר אוניברסיטת גטינגן בחבל סקסוניה תחתית שבגרמניה. סביב תמורת המאות 18-19, כחלק מהתעניינות הולכת וגוברת בעולם המדעי בתחומי האסטרונומיה מחד, ומסעות המחקר לאפריקה ולמזרח התיכון מאידך, רקם זטצן את תכנית המסע שלו לאזורים אלה. תחומי ההתעניינות המוצהרים שלו היו זואולוגיה, בוטניקה,

מינרלוגיה, חקלאות, טכנולוגיה, סטטיסטיקה, מסחר וגיאוגרפיה מתמטית ופיזית. תכניתו הייתה להתערות בחברה המקומית מבחינת ההליכות, מנהגים, התנהלות יום-יומית, מלבוש, שפה ודת, ואף צבע עור פניו, כל זאת לאחר בחינה מדוקדקת של ספרות החוקרים-הנוסעים שקדמו לו. לצורך כך נעזר במכשירים אסטרונומיים יקרים (כגון טלסקופ, כרונומטר (שעון מדויק), סקסטנט (מכשיר מכני-אופטי למדידת זוויות), מכשיר למדידת גבהים, מצפן, ועוד), וכן התייחס למטלות ושאלות מחקריות שקיבל מאת חוקרים שונים.

ב-13 ביוני 1802 יצא למסעו במזרח התיכון. מטרתו העיקרית הייתה להגיע לחלקיה הפנימיים של אפריקה דרך מצרים. טרם צאתו קיבל לידיו את מפת פאולוס של פלשתינה, בה הכניס תוך כדי סיוריו בשטח תיקונים רבים, כפי שעולה גם מיומנו משנת 1805-1806 שראה אור ב-1810. לפי יומן זה ציפה לתגליות מינרלוגיות, וכן של צמחיה ובעלי חיים, בדרך הלא ידועה מחברון להר סיני וקהיר. הוא שהה בקונסטנטינופול חצי שנה כדי להתאקלם, ובחלב שהה למעלה משנה בכדי להשיג שליטה על השפה הערבית. דרך עמק נהר האורונטס הגיע ב-1805 לדמשק, בה ראה את הבסיס ליציאתו למסעות בחורן, בגולן, בצפון ארץ-ישראל ובעבר הירדן וים המלח.

אגודת ארץ-ישראל הבריטית (Palestine Association) פרסמה מכתב ארוך של זטצן מה-16 ביוני 1806, המתאר את מסעותיו לאורך בקעת הירדן מהבניאס עד ים המלח והאזורים הגובלים לה ממזרח.[22]

זטצן עצמו ביקש מחברי אגודת ארץ-ישראל לתקשר עמם בדבר כל מידע שקיים ברשותם הנוגע למצב הנוכחי של האזורים אותם תיאר במכתבו. כחלק מפרסום מכתבו של זטצן על ידי אגודת ארץ-ישראל הבריטית, צורפה מפה של האזורים בהם ביקר. זטצן היה הראשון להפיק מפה שהתבססה על תצפיות שדה של כל אזור בקעת הירדן, אשר פורסמה ב-1810. לפני יציאתו למסע לסיני דרך הנגב, נמסר לו בחברון כי מלבד חורבות העיר הקדומה עבדה [עבדת. ר.ק.], בכל מהלך דרכו בערביה פטראה [כולל באר שבע וסביבתה. ר.ק.], לא ימצא כל מקום יישוב, ויפגוש רק מספר שבטים של ערבים נודדים.

> *I was told, likewise, that at the distance of two days journey and a half from Hebron, I should find considerable ruins of the ancient town of Abde; but that for all the rest of the journey, through Arabia-Petraea, I should see no place of habitation, I should meet with only a few tribes of wandering Arabs.*[23]

מפה 5. מפת זטצן, 1806 – 1807
מקור: U.J. Seetzens Original Charte von Peraea, dem Todten Meere und dem südlichen Palaestina, in: Ulrich Jasper Seetzen, Reisen durch Syrien, Palästina, Phönicien, die Transjordan-Länder, Arabia Petraea und Unter-Aegypten (herausgegeben und commentiert von Professor Dr. Fr. Kruse), G. Reimer, Berlin, 1854-1859, end of Vol. 4.

אל הנגב יצא שוב בשנת 1807 לבוש כמקומי, ללא מתרגמים בשיירה שנעה דרומה דרך חברון ובאר שבע, לעזה, ובהמשך דרך מדבר תיה עד לקהיר. הוא מצא כי אפילו באזור עזה הפורה יותר נודדים בדואים רבים ואין כל זכר לתרבות כפרית. בדרכו הקפיד לעדכן כל העת את מפת פאולוס, שהייתה אז לדעתו המפה "הטובה ביותר". משם המשיך לערב – למכה, למדינה, ופנימה אל עמקי חצי האי. כוונתו של זטצן הייתה להמשיך לאחר מכן מערבה לאפריקה, אותה רצה לחצות ממזרח למערב, אולם בשנת 1811, במהלך מסעותיו פנימה אל חצי האי ערב, מצא את מותו. ככל הנראה נרצח בשל חשדנות המקומיים כלפיו (התיאור מסוכם מתוך המבואות של זטצן כרכים א' ו-ד', שנכתבו שניהם על ידי Prof. Dr. Kruse, שעמל במשך כ-30 שנה על הוצאת כתביו של זטצן).

זטצן היה ראשון המבקרים האירופיים של העת החדשה בכרנב (ממשית), בבאר שבע ובעבדת, והאירופי הראשון מאז סוף ימי הביניים שחצה את מדבר התיה מצפון לדרום בדרכו למנזר סנטה קתרינה בסיני. חשיבותו בתולדות המחקר של ארץ ישראל נפגמה מעט משום שרשימותיו המלאות יצאו לאור בגרמנית רק ארבעים שנה לאחר מותו, ולכן לא זכה להערכה המגיעה לו כגדול המגלים של ארץ ישראל.[24]

כתביו פורסמו רק בשנות החמישים של המאה ה-19 במספר כרכים, עשרות שנים לאחר ביקורו בארץ ומותו. לפי ספרו עבר זטצן בדרכו ביוני 1806 במסלול בנגב המזרחי. במסלול נוסף באמצע מרץ 1807 מירושלים לקהיר, עבר מערבית יותר, דרך חברון ובאר שבע בדרכו לסיני. מבדיקה איכותנית וסכמטית של המפה והטקסט הנלווה הוסף המידע להלן [ר.ק.]. ב-22 במרץ 1807 עבר בקרבת העיר ההרוסה חורה, כאשר בסביבה היו מספר שדות שעורה ויתר השטח בור, כמעט ללא אבנים על הקרקע. זטצן נפגש עם בדואים וביקר במאהלים של שבטים שונים בנגב הצפוני, כולל של עטייה (Atijeh) מסעף של בני עוקבה (Beni Ökubeh). הוא ציין כי עבר כשעתיים מזרחית מחורבות באר שבע, וכי בהן ובסביבתן לא נמצא כל יישוב פרט ל-5 ולפי אחרים 7 בארות, כאשר שתיים מהן היו בשימוש. תיאורו של זטצן מתחילת המאה ה-19 מכיל מידע על חורבות בלבד באזור, ללא ציון יישובי קבע כלשהם.[25] כך גם בהמשך מסלולו בנגב לא פגש באף בית או כפר:

> The wells of Szabéa (Beer or Bir Siba) are located several hours east of the village. There are still five or seven wells, of which only two are usable.

It was on March 27 [1807] *when we finally made our way to Sinai... That day the road has always crossed the fertile plains of Gaza, where many Bedouins are wandering, and where almost never a trace of rural culture is found...*

Since all the way to Sinai there is not a single village, not a single inhabited house. For six hours we had moved eastwards.[26]

אדוארד רובינסון (1794 – 1863)

החוקר האמריקאי החשוב וממניחי המחקר המודרני של ארץ ישראל **אדוארד רובינסון** (Edward Robinson 1863 – 1794), אשר ביקר בארץ-ישראל פעמיים (1839, 1852) בליווי המסיונר האמריקאי שעבד בלבנון עלי סמית', עבר בשטח שבין עזה לבאר-שבע במחצית המאה התשע עשרה, וכן בשטח שבין באר שבע לבין דהריה וחברון בסוף שנות השלושים של המאה ה- 19, ולא נתקל באזור באף יישוב קבע.

רובינסון נולד במדינת קונטיקט שבארצות הברית, למד באוניברסיטה והתמחה במיוחד בשפות קלאסיות. בתחילה הוציא לאור מהדורה חדשה של האיליאדה ובהמשך התרכז בחקר התנ"ך והוציא לאור מילונים לעברית מקראית. בשנת 1838 יצא למסע מחקר בארץ-ישראל, לאחר שלמד היטב את ספרות המחקר באזור עד כה.

למסע התלווה תלמידו לשעבר עלי סמית', ששימש מיסיונר בלבנון וידע היטב ערבית מדוברת. סמית' היה למעשה מזרחן ובלשן, שלמד תיאולוגיה ופעל מטעם המיסיון האמריקני במלטה ובבירות. במשך שנים רבות ריכז סמית' ממקורות שונים את שמותיהם של מקומות בארץ, תוך תקווה כי יוכל לבקר בהם בעתיד ולבדוק את דיוק איתורם כפי שנקבע בעבר. בעזרתו של סמית' בא רובינסון בקשרים עם בני הארץ ויכול היה להשתמש במידע שקיבל מהם לצרכי המחקר. רובינסון חילק שבחים לסמית', זקף לו הצלחות רבות במסע שבו היה שותף מלא. עבודתם נערכה בהרמוניה ובשיתוף פעולה מלא, כאשר בכל ימי המסע ניהלו שניהם יומן נפרד על מנת לאמת במקביל את מהימנות התיאורים ודיוק ההנחות של כל אחד מהם.

הציוד שנטלו עמם לצורך עבודתם המדעית כלל שני מצפני כיס, טרמומטר, טלסקופ, חוטי מדידה, ספרי תנ"ך באנגלית ובעברית וחומרים כתובים ומפות

קודמות של חוקרים אחרים. מדי ערב עם תום סיורם, ישבו לסכם את רשימותיהם, שנכתבו מדי שעה במהלך סיוריהם.

מסעם החל בסיני, והם הגיעו מעקבה דרך מרכז הנגב, אזור שלא נחקר דיו קודם לכן, לבאר שבע ומשם צפונה לכיוון ירושלים. רובינסון היה מהחלוצים בחקר השרידים הביזנטיים בהר הנגב הצפוני.

בניגוד לרוב הנוסעים שקדמו להם, ערכו רובינסון וסמית׳ את מסעם באופן שיטתי לאורכה ולרחבה של הארץ והשתדלו להגיע גם למקומות נידחים ובלתי ידועים לנוסעים מאירופה. אף שהירבה בזיהוי שמות מקומות, היה רובינסון זהיר מאוד בקביעותיו, ושעה שביקר ברוחייבה שבנגב, לא היה מוכן לזהותה עם רחובות בנגב המקראית מבלי שתימצאנה לו הוכחות חותכות יותר מאשר צלילו של השם. יחד עם זאת, חלו בעבודתו מספר טעויות בזיהוי מקומות, כאשר מהמפורסמות בהן בנגב הייתה זיהוי חורבות ניצנה כעיר העתיקה עבדת.

רובינסון הפך לחלוץ המחקר המלומד והביקורתי של ארץ-ישראל בשנות ה-30 של המאה ה-19. בעקבותיו נאמר כי המחקר האמריקאי שלו ושל סמית׳ נמשך על-ידי חוקרים מגרמניה, ולאחריה על-ידי צרפתים ואנגלים. במקורות רבים שהתפרסמו מאמצע המאה ה- 19 ועד היום, מתוארת חשיבות תרומתו של רובינסון לגאוגרפיה הפיסית של ארץ הקודש וזיהוי אתרים מקראיים.

ספרו ״מחקרים תנ״כיים בארץ-ישראל״, בן שלושת הכרכים, שראה אור בלונדון בשנת 1841 (ומהדורה שנייה שלו בבוסטון בשנת 1856) בעקבות המסע ב-1838, התקבל בהערכה רבה בחוגים המדעיים, ונאמר עליו כי הוא עולה בחשיבותו על כל המחקרים שקדמו לו. בשנת 1852 יצא למסע נוסף בארץ בליווי עלי סמית׳, בו השתדלו לבקר באותם מקומות שלא ביקרו קודם לכן. בעקבות המסע זיהו אתרים חדשים ורובינסון כתב כרך עב-כרס נוסף.[27] רישומיו היו בסיס למפה חדשה של ארץ-ישראל מ-1840, שהוכנה על-ידי הגאוגרף והקרטוגרף הגרמני היינריך קיפרט (Kiepert) ועלתה על כל קודמותיה.[28]

במסעם של רובינסון וסמית׳ באזור הצפוני של הנגב ביוני 1838 הקדישו השניים מקום נרחב למה שראו בדרכם. הקרטוגרף קיפרט (ששרטט את המפות שנלוו לספריו של רובינסון) הביא נתונים נוספים על הנגב. הפריצה שביצע החוקר רובינסון בחקר הנגב הייתה משמעותית עוד יותר ביחס לאזורים אחרים בארץ, שהיו כבר מוכרים בחלקם. בעבודתו ישנו חידוש נוסף: הייתו זו הפעם

הראשונה שחוקר עבר בנגב וניסה להעמיק מעבר למהלך המסע גופו. רובינסון היה מחלוצי המחקר המדעי של הנגב והביא אותו לשלב השני של מדעי הארץ והוא שלב המחקר הרגיונלי הרב-תחומי ומחקר נושאי, מעבר לשלב המחקר הראשוני של חוקרים מגלים (Explorers).[29]

מסלולם של רובינסון וסמית׳ מעקבה לירושלים, באפריל 1838, עבר בבאר שבע וסביבתה. במסלול זה לא צויינו כל יישובי קבע. דבריהם על בקעת באר שבע ובאר שבע העתיקה, אז אתר של חורבות עתיקות, עם שתי בארות עמוקות ששימשו מקור מים יציב שהיה לימים המסד לעיר באר שבע – יכול להעיד היטב על המציאות הישובית של נוודים בלבד בתקופה הנדונה:

> *Arabs were pasturing their camels in various parts, but no trace of dwellings was anywhere visible ... Over these swelling hills the flocks of the patriarchs once roved by thousands; where now we found only a few camels, asses and goats!*[30]

רובינסון וסמית׳ המשיכו במסלול נוסף מואדי מוסה שבעבר הירדן לחברון בסוף מאי ותחילת יוני 1838. ב- 3–4 ביוני עלו מדרום ים המלח לכיוון כורנוב, ואל מילח׳, ומשם לכיוון סמוע וחברון. בדרכם במסלול זה, המסומן במפת קיפרט הנספחת לספר, האזור מופיע במפה כשומם וחסר כל יישובי קבע. בתיאור האזור הם מזכירים שרידים וחורבות של יישובים עתיקים, אך לא נזכרת התיישבות קבע פעילה כלשהי, או חקלאות. תיאורם התייחס לשבטים נוודים, מסוכסכים ביניהם, החיים בעוני על בעלי החיים שלהם. בין היתר מוזכרים שם השבטים ג׳הלין (ממערב לים המלח), ט׳ולאם (באזור אל מילח׳), חויטאט, תיאהא וסעדייה, ואף מוזכר מצב מלחמה בין התיאהא לג׳הלין.[31]

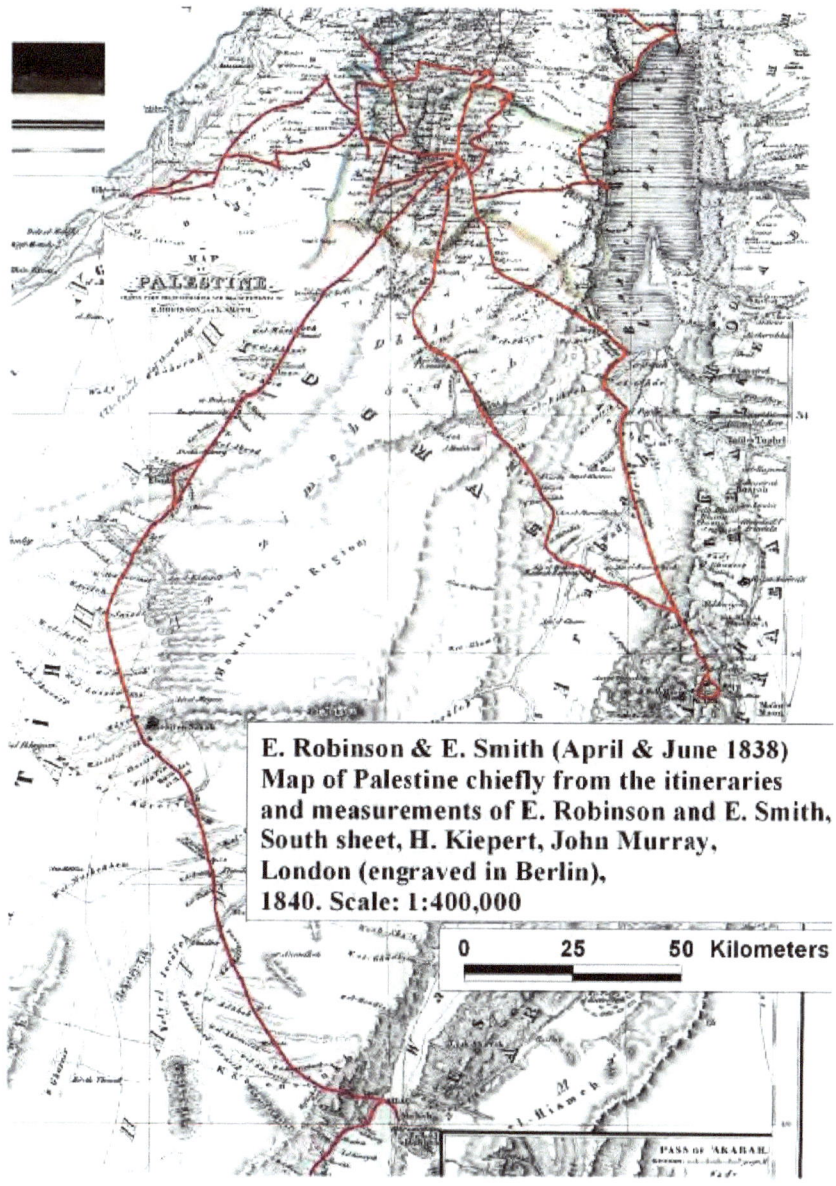

מפה 6. מפת מסלול רובינסון, 1838

מקור: Map of Palestine chiefly from the itineraries and measurements of E. Robinson and E. Smith, South sheet, 1:400,000, H. Kiepert, John Murray, London (engraved in Berlin), 1840.

קרל מרדית ואן דה ולדה (1818 – 1898)

החוקר ההולנדי **קרל מרדית ואן דה ולדה** (1818 – 1898 Charles William) Meredith van de Velde ביקר בארץ-ישראל בשנת 1851 – 1852. הוא פרסם את מפתו והמסמכים הנלווים לה בשנת 1858 בשני ספרים שונים: האחד, תיאור המסע עצמו בספר שיצא לאור ב-1854 (Narrative of a Journey through Syria and Palestine in 1851 and 1852), והשני תיאור הנלווה למפה בספר שיצא לאור ב-1858 (Memoir).

ואן דה ולדה היה קצין מצטיין בצי ההולנדי וקצין לגיון הכבוד. כן היה גאוגרף בעל כישרונות רבים: שמו כקרטוגרף יצא לפניו, הוא היה צייר מחונן ואיש עט. אותם כישרונות באו לידי ביטוי בסיורו בארץ ב-1851 – 1852. ואן דה ולדה התקין שמונה מפות על הארץ שהצטיינו בדיוקן ונחשבות למפות הטובות ביותר עד לעבודת קרן המחקר הבריטית. ספרו המתאר את יומן מסעו לארץ נחשב מהטובים שנכתבו עליה. הוא הגיע בשנית לארץ-ישראל בשנים 1862 – 1863.[32]

במהלך שירותו בחיל הים, היה ואן דה ולדה ראש המשרד ההידרוגרפי בבטאביה (ג'אקרטה, אינדונזיה) בין השנים 1839 – 1841, שם עסק במחקר פרקטי ובניית מפות גאוגרפיות תואמות. במסגרת עבודתו כקרטוגרף בשירות המושבות ההולנדיות, חיבר שורת מפות של האי יאווה, החשוב שבאיי אינדונזיה, הנחשבות כיום לאחת התעודות המפוארות של הסגנון הקרטוגרפי בן מחציתה הראשונה של המאה ה-19. על סמך כך חש כי הוא מסוגל להכין מפה של ארץ-ישראל שתספק את הדרישות המדעיות.[33]

בעזרת מידע רב של נוסעים קודמים שביקרו בפלשתינה ותוצאות רבות ממחקרים מדעיים, הכין מפה של ארץ-ישראל על בסיס עבודות קודמות והשלמות של מיפוי אישי שלו. במסעו בארץ סייר ואן דה ולדה לבדו, ללא מלווים.

בתחילת אוקטובר 1851 נסע לפאריס על מנת להגיע לסוריה ממרסיי, דרך מלטה והיישוב היווני העתיק סמירנה [כיום העיר איזמיר שבתורכיה על שפת הים האגאי. ר.ק.]. בפאריס הצטייד בטלסקופ, כלי מיפוי וציוד הכרחי נוסף לשרטוט מפות. במהלך סיורו כתב הערות בפנקסו האישי, אשר נכתבו בצורה מפורטת בסוף כל יום של הסיור. בנוסף הצטייד במצפן אשר הגיע לרמת פירוט רבה של רבעי מעלות. ספריהם של הגאוגרף ריטר והחוקרים שהכרנו רובינסון וסמית', היו חשובים לו ביותר לסיורו והוא לקח אותם עמו, יחד עם שניים-שלושה ספרים על ארץ-ישראל ברמת חשיבות משנית. כמו כן, לקח עמו לשם הפניות ומידע קודם,

—38—

ארבע מפות של ארץ-ישראל מהמחצית הראשונה של המאה ה-19, כולל אחת של קיפרט מ-1840.[34]

תאריך מסעו בנגב חשוב לנו מפאת סמיכותו לשנה בה נחקק חוק הקרקעות העות'מאני ב- 1858, ולפיכך גם להגדרת השטח כמואת.

באחד ממסלולי החקר שלו הגיע למצדה. ממצדה פנה ואן דה ולדה דרומה לחופי ים המלח ובהמשך מערבה אל כורנוב, באר שבע, לקיה, חורה, בית גוברין, וחזרה לירושלים.

ב-30 במרץ 1852 המשיך ואן דה ולדה במסלולו מדרום ים המלח לכורנוב, לחורבות ובארות ערערה, ומשם לבאר שבע בה שהה ב- 31 במרץ. משם המשיך בכיוון צפון מערב לתל לקיה, תל חורה, תל ח'וויליפה ותל שריעה, והגיע לבית ג'יברין ב- 2 באפריל 1852. משם המשיך לעזה.[35]

הוא תיאר את המסלול המדברי בו עבר מים המלח דרך חורבות כורנוב לערערה (ערוער הקדומה), שם היו בארות מים, ומשם לבאר שבע. בדרכו פגש בדואים נודדים מתראבין ורועי עיזים. בבאר שבע מצא את חורבות העיר העתיקה וחמש בארות מים שחלקן יבשות.[36]

תוכניתו המקורית הייתה להתקדם מבאר שבע לגרר ולעזה אבל בגלל מלחמות הבדואים בואדי שריעה, נאלץ לעשות מעקף גדול דרך לקיה, ח'ורה ובית ג'יברין.[37]

הוא הסביר מדוע לא המשיך מבאר שבע ישירות לעזה ופירט כיצד הגורם לכך היו מלחמות הבדואים וחוסר הבטחון:

> *The journey hence by the wells and ruins of 'Ararah to Bir es-Seba (Beer Sheba), – one day – leads through the desert, which by this time is likely to be clothed with a new carpet of grass and flowers. In such a garment it offers only enjoyment, which is still increased by a most pure and delicious atmosphere. We would fain recommend the traveler to proceed from Beer Sheba to Gaza, but unfortunately this part of the country has been during the last years the scene of the never ceasing quarrels and fights between different Badawin tribes, and, as those of shekh Hamdan and Abu Dahuk are involved in these feuds, it is impossible to induce the escorts which they procure to venture into districts, where they could no longer be responsible for the safety of their travelers.*[38]

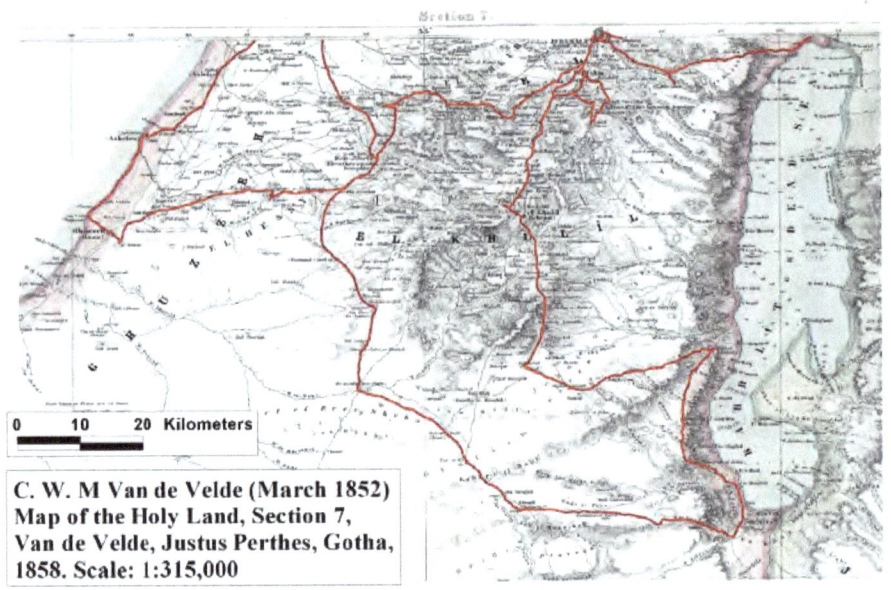

מפה 7. מפת מסלול ואן דה ולדה, 1852
מקור: Map of the Holy Land, Section 7, 1: 315,000, Van de Velde, Justus Perthes, Gotha, 1858.

ויקטור גרן (1821 – 1891)

החוקר הצרפתי החשוב **ויקטור גרן** (1821 – 1891 Victor Guérin) סיים את לימודיו ב-1842 וכיהן אחרי כן כמורה בצרפת. ב-1852 עבר לבית הספר הצרפתי באתונה, ובשל אהבתו לתנ״ך ולברית החדשה ניצל את ההזדמנות שהייתה לו במהלך שהותו באיזמיר כאשר ראה בנמל ספינה היוצאת לארץ ישראל, הוא עלה עליה והפליג באוגוסט 1852 לארץ. לאחר מכן ביקר בארץ עוד 7 פעמים נוספות: 1854, 1863, 1870, 1875, 1882, 1884, 1888. ממצאי סיוריו וסקריו פורסמו במספר כרכים של ספרו *תיאור גיאוגרפי, היסטורי וארכיאולוגי של ארץ ישראל*, שהמהדורה הראשונה שלו ראתה אור בין השנים 1868 - 1880.[39] הספר תורגם גם לעברית בהוצאת יד יצחק בן-צבי והכרך הרלבנטי לאזורנו פורסם בשנת 1982.[40] היה זה מפעל-חיים מונומנטלי, שחשיבותו בימינו אינה נופלת מחשיבותו בזמנו. בכרכים הנ״ל גרן מתאר בשלמות מפתיעה את ארץ ישראל.[41]

בהקדמה לספרו מיטיב גרן לתאר שפע פריטי מחקר שעוד יש לחקור בארץ, ומדגיש את שרידי הישובים העתיקים הרבים הקיימים בשטחה. הוא חזר בשליחות מיוחדת בפעם השלישית לחקור את הארץ במארס 1863, כאשר עלה על חוף יפו לערוך סקר כמעט מושלם של אזור יהודה והארץ עד המדבר המפריד בינה לבין מצרים, שהוכן מראש. הוא החל חקר דומה לכך בשומרון, בגליל העליון ובגליל התחתון, אך לאחר תשעה חודשי סיור רצופים חלה לפתע ונאלץ לחזור לצרפת. במסעו בארץ השתדל להגיע לכל מקום שהגישה אליו לא הייתה בלתי אפשרית לחלוטין, והעדיף דרכים שנוסעים אחרים לא הרבו לעבור דרכן לפניו.[42]

המתרגם לעברית של כתבי גרן, חיים בן-עמרם, הוסיף לכרך המתורגם הראשון מבוא עם מידע על גרן ועבודתו, בו הוא כותב כי גרן נולד בפריז, למד בבית מדרש למורים והיה מורה לרטוריקה. בשנת 1878 התמנה לפרופסור באוניברסיטה הקתולית של פריז. גרן מתייחס בכתביו לזיהוי אתרים ולהיסטוריה שלהם, עם הוספת מראי מקום ומובאות מהתנ"ך, למיתולוגיה היוונית וכן לחוקרים אחרים בני זמנו, כולל רובינסון. עבודתו ומחקריו זכו לשבחים מצד חוקרים מאוחרים דוגמת רוברט מקאליסטר, בנימין מזר ויהושע בן אריה.

בדומה לואן דה ולדה, גרן פעל בארץ כמשלחת של איש אחד. הוא עבר בנקודות רבות בארץ, כאשר שיטתו הייתה לבחור תחנות מרכזיות ומהן לצאת לסקור את סביבתן בכל הכיוונים. במסעו לקח עמו אוהל עבור לינת דרך ובחר לעצמו מורה דרך בשם פרנצ'סקו מארקו יחד עם משרת ערבי שסייעו בטיפול בבהמות ובהכנת האוכל. כשומרי ראש קיבל מן הפחה של ירושלים, לפי בקשת הקונסול הצרפתי, שני באשי-בוזוקים [חיילים סדירים למחצה של שכירי חרב ששירתו את השולטאן. ר.ק.] ששילם את שכרם. הם לא התלוו אליו בכל סיוריו, וכך חסך זמן שאפשר לו להגיע למקומות קשים מדי עבור סוסים (הרים גבוהים וגיאיות תלולים). הודות לכך הוא למד להכיר מספר גדול למדי של אתרים עתיקים שנעלמו מעיני קודמיו. בשעות הערב היה מעתיק באוהל באופן נקי את כל רשימותיו שנרשמו בחופזה בעיפרון בכל דרכי אותו היום. בנוסף לממדי התיאור של גרן לאורכה ולרוחבה של הארץ, נמצא אצלו גם את ממד הגובה (עופות השמים) ואת העומק (דגים במים). בתיאוריו נמצא גם את ממד הזמן – חקר מיטבי של תלים עתיקים וחורבות, על-ידי הצלבת נתונים ממחקר השטח של סיוריו עם זיהוי אותם אתרים בספרות. גרן הוסיף לדיונים בכתביו מידע מדויק של כיווני תנועה, שעות ודקות, כמעט ללא סיפורי הווי מהדרך.[43]

בביקורו של גרן בנגב בחודשים מאי ויוני 1863 ערך סקר בנגב הצפוני המערבי בתוואי אשר יצא מערבה מעזה ועד באר-שבע וחזרה (ראו להלן מפת התוואי המפורטת). נראה שראה רק עיי חרבות, ולא נתקל באזור זה ולו בכפר מיושב אחד. הכפרים המיושבים נמצאו רק באזור שפלת החוף והאזור הסמוך לה, ובהמשך דרכו לבית ג׳יברין. בצאתו לסקור את *"מדבר ג׳ראר, אלח׳לאצה וביר אסבע, שלפי דברי הבדווים יש בו חורבות רבות"*, הוא לווה בצאתו *"אל המרחבים השוממים שלסמכות הפחות אין בהם כמעט כל ערך"* על-ידי שני באשי-בוזוקים שנתן לו המתסלם [מושל מקומי] של עזה, ולפי תיאורו גם על-ידי שיח׳ שבט החנאג׳רה, *"אחד מחמשת שבטי הבדווים המשוטטים במדבר הזה"* ואחיינו.[44]

ב- 9 ביוני 1863 גרן סיכם את הסקר במלים הבאות:

...לאחר שהשלמנו בהצלחה את סקר המדבר עד קצה הגבול הדרומי של ארץ-ישראל. כפי שראינו היו במדבר הזה לפנים ערים חשובות כמו גרר, חלוצה ובאר שבע, והרבה מאוד כפרים פזורים לאורך הנחלים הראשיים, שבאפיקיהם היה נקל לחפור בארות ולהשיג מים. בימינו שוב לא נותרו מן הערים והכפרים אלא עיי חרבות בלבד; אבל באחדות מן החורבות האלה כרוכים שמות וזכרונות שהונצחו במקרא, והמפנים את שימת הלב אל שחר תולדותיו של העם העברי.

צאצאי עשו וישמעאל רק הם מאכלסים את השממה הזאת, והם נודדים בה עם עדריהם ממש כמו לפני יותר משלושת אלפים שנה, והם מפולגים בכמה שבטים שכולם רואים באברהם את אביהם הקדמון המשותף.[45]

ניתן ללמוד רבות מתיאוריו על המצב באזור באר שבע ועזה בשנת 1863. באחד ממסלולי החקר שלו הגיע לאשקלון ב- 24 במאי 1863, ועבר דרך כפרי מישור החוף הדרומי לעזה, ח׳אן יונס, אל עריש, ורפיח. משם המשיך מערבה לכיוון ח׳רבת אסבע (באר שבע), אליה הגיע ב- 8 ביוני 1863. מבאר שבע המשיך בדרכו צפון מערבה ואז חזר לעזה והמשיך ממנה ב-13 ביוני 1863 לכיוון צפון-צפון-מזרח דרך חורבות וכפרים עד לבית ג׳ברין.

בנוסף הלך גם במסלול הלוך וחזור דרומה שיצא מאזור בית גוברין והגיע ב-17 ביוני 1863 עד תל לקיה, משם השקיף על האזור ונתן תמונה מפורטת של השטח. לפי התיאור לא נראה ישוב קבע באזור שבו עבר:

מראש גבעת לקיה הצביע הפלח מורה דרכי על עוד תל במרחק שמונה קילומטרים בערך לפאת מזרח-דרום-מזרח, בשם תל חורא, ולפי דבריו יש עליו חורבות. הוא הצביע גם על שרידי כפר קדום באותו המרחק לפאת דרום-מזרח, לא הרחק מוואדי אלח'ליל. שם האתר ח'רבת אם אלבטין. הואיל ולפי דבריו מסתכמות החורבות האלה בקצת עיים של ערב חומרים שפוכים על הארץ, ויתרתי על סקירתן.[46]

גרן הוסיף לתאר כי בבואו מצפון לתל לקיה פגש בדואים מבני שבט הדולאם [כך במקור. הכוונה לט'ולאם. ר.ק.]: *"בשעה שמונה המשכנו לנוע דרומה-דרומה-מערבה. לפנינו נפרש מישור גלי רחב ידיים, תחום הנדידה של שבט דולאם... בדרך פגשנו שיח' של השבט הזה בלווית שניים מפרשיו."*.[47] על פי תיאור זה ניתן להסיק כי הבדואים באזור בו עבר בנגב הצפוני היו נוודים ולא יושבי קבע.

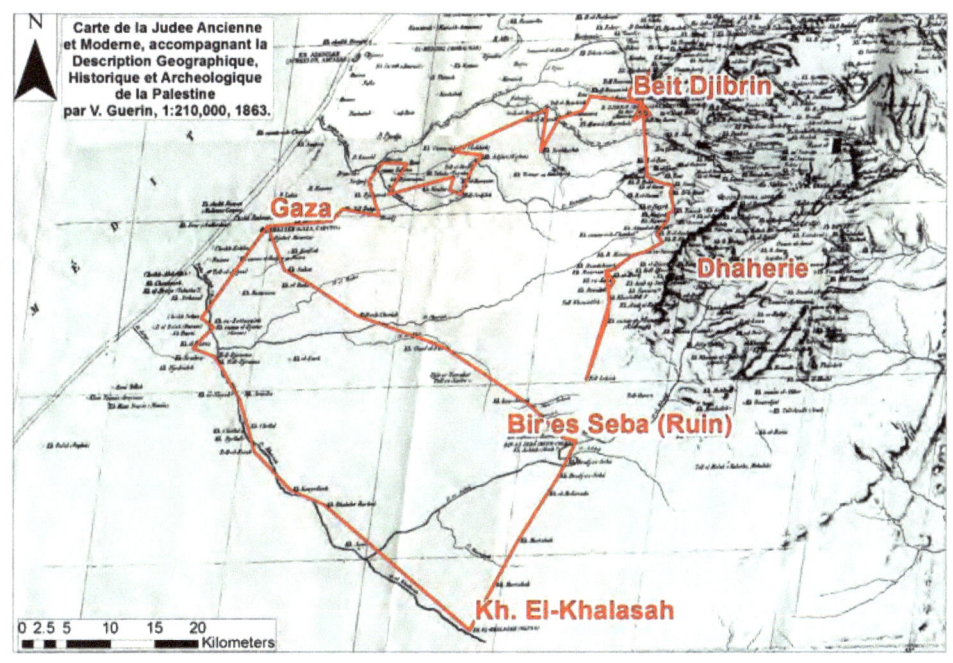

מפה 8. מפת מסלול גרן, 1863

המסלולים הוכנו על ידי פרופ' רות קרק ואביב אופנהיים בהתבסס על הטקסט בספרו של גרן:
Victor Guérin, *Description géographique, historique et archéologique de la Palestine*, Imprimerie Impériale, Paris, 1868-1880.

במסלול נוסף שערך גרן יצא מירושלים אל מחוז חברון והנגב הצפוני מזרחי, ב-14 ביולי 1863 וחזר אליה דרך חברון ב- 22 ביולי 1863. המסלול עבר דרך בית לחם, ארטס, תקוע, כרמל וח'רבות שונות בנגב הצפוני, כולל ח'רבת תל עראץ (עראד), תל מלח', ח'רבת תל אלכסייפה, ח'רבת עתיר, וחורבות נוספות. גרן לא פגש בנגב הצפוני שום יישוב קבע.[48]

הנרי בייקר טריסטראם (1822–1906)

הנרי בייקר טריסטראם (Henry Baker Tristram 1906 –1822), היה כומר, חוקר טבע (זואולוג), מלומד, נוסע ואורניתולוג אנגלי. טריסטראם הוא אחד מהחוקרים האירופיים הראשונים שהגיעו לארץ ישראל, אשר כתביו ואוסף הפוחלצים שלו מהווים מקור ידע חשוב בדבר עולם החי של ארץ ישראל במאה ה-19. אחד האזורים שבהם הירבה לטייל הוא סביבות ים המלח. את סיפורי מסעותיו אסף ופרסם בספר *מסע בארץ ישראל לחקר חיי הארץ וטבעה - יומן 1863–1864*. ספרו *החי והצומח של ארץ ישראל* שראה אור לראשונה ב-1889, היה בעל חשיבות רבה במחקר הביולוגי של הארץ. לתאריך מסעו חשיבות רבה מבחינתנו, מאחר ומדובר בשנים בודדות לאחר חקיקת חוק הקרקעות העות'מאני. טריסטרם ערך מסע במשך שנתיים בכל ארץ ישראל בין השנים 1863 – 1864. בביקורו עבר טריסטראם בין תל מלחאתה לבין באר-שבע וחברון. בכל האזור זה לא מזכיר טריסטראם ולו בית בנוי אחד.[49]

בסוף דצמבר 1863 יצא טריסטראם מירושלים עם מלויו למסלול חקר ליריחו, בקעת הירדן צפונה לה, החוף המערבי של ים המלח ודרומו, ומשם מזרחה לכיוון תל מילח', באר שבע, חברון, בית לחם וחזרה לירושלים ב-11 בפברואר. ב-1 בפברואר 1864 עבר בדרכו מים המלח דרך מעבר זווירה (זוהר) אל תל מילח' (שדה התעופה נבטים של ימינו) לבאר שבע. הוא מתאר קטע זה של מסעו כשממה מוחלטת ומדבר שומם.[50]

מסלולו של טריסטרם בין ים המלח לבאר שבע בתחילת פברואר 1864, המסומן במפתו משנת 1865, זוכה אצלו לתיאור הבא:

לא נוכל לתאר לעצמנו מדבר שומם יותר מנגב יהודה. אין שם יפעת צייה פראית. אך זוהי שממה מוחלטת - ארץ ללא עץ וללא שיח, אלא רק כסות דלה של עשבים מנוונים, המכסים רבבות חלזונות לבנים.[51]

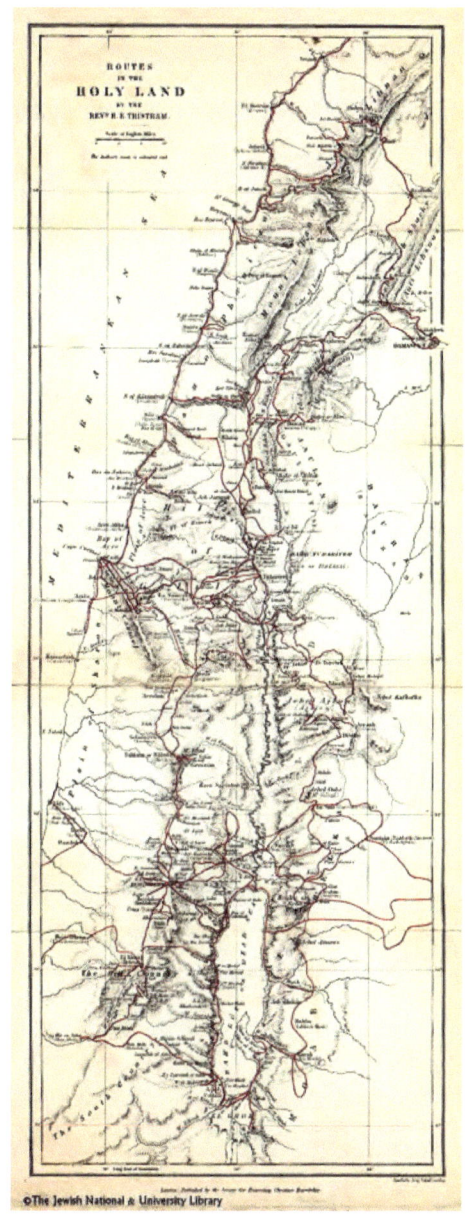

מפה 9. מפת טריסטראם, 1964
מקור: Routes in the Holy Land by the Revd. H.B. Tristram. Stanford's Geog. Estab.,
London (Published by the Society for Promoting Christian Knowledge), 1865.

אדוארד הנרי פאלמר (1840 – 1882)
וצ'ארלס פרנסיס טירוויט-דרייק (1846 – 1874)

המזרחן האנגלי **אדוארד הנרי פאלמר** (Edward Henry Palmer 1882 – 1840) נולד בקיימברידג', אנגליה. הוא למד את שפת הרומאני וגילה עניין בחיי הצוענים. כמו כן למד איטלקית וצרפתית. את לימודי המזרחנות ערך בסנט ג'ון קולג' בקיימברידג'. במהלך שנת 1869 הצטרף למשלחת מחקר מטעם הקרן הבריטית לחקר ארץ-ישראל לחצי האי סיני, בה תפקידו העיקרי היה לאסוף מהבדואים את שמות המקומות הנכונים ובכך לבסס את המונחים והשמות המדויקים לסיני. בכך הגיע בפעם הראשונה לקשרים אישיים עם ערבים, למד לדבר את הדיאלקטים שלהם והכיר לעומק את אורחות חייהם ומנהגיהם.[52] בקיץ של אותה שנה שב לאנגליה, אך ב-16 בדצמבר 1869 שב למזרח למסע מסיני דרך המדבר והנגב עד לירושלים בליווי צ'ארלס פרנסיס טירוויט-דרייק. פאלמר נקרא בפי הבדואים באזור "עבדאללה אפנדי". פאלמר נרצח על ידי הבדואים בסיני במשלחת נוספת באוגוסט 1882.

צ'ארלס פרנסיס טירוויט-דרייק (Charles Francis Tyrwhitt-Drake 1874 – 1846), שותפו של פאלמר למסע, היה חוקר זואולוגיה ובוטניקה. נולד באמרסהאם, באקינגהמשייר, בריטניה והתחנך במכללות רוגבי ו-וולינגטון, ולאחר מכן למד במכללת טרינטי, קיימברידג'. העביר את החורפים של 1866-7 במרוקו שם למד ערבית. בחורף 1868 ערך טירוויט-דרייק מסע למצרים והנילוס, ובאביב שלאחריו המשיך לסיני שם פגש את קציני משלחת הסקר לחקר סיני. בסתיו 1869 שב למזרח יחד עם פרופ' פאלמר. בהמשך לקח חלק במחקר הקרן לחקר ארץ-ישראל עם שובו למזרח בחורף 1870, ויצא למסעות מחקר נועזים ברמות סוריה. הוא נפטר מקדחת ב-23 ביוני 1874 בגיל 28 בלבד ונקבר בבית הקברות הפרוטסטנטי בהר ציון בירושלים.

כאמור, היה טירוויט-דרייק שותפו למסע של פאלמר, במשלחת לכיסוי האזורים מצפון וממזרח לסיני – הנגב, וחיבר עימו את הספר. הצמד פאלמר וטירוויט-דרייק שפעלו מטעם אוניברסיטת קיימברידג' עמדו לבחון את ההיסטוריה הטבעית של אותם מקומות. מסעות המחקר שלהם ב-1870 בנגב היו המשך לעבודות קודמות בסיני מ-1869. השניים הגיעו לנגב ממצרים וסיני תוך שהם בדקו את כל האתרים שראו בדרכם, והשתדלו להגיע לשטחים שטרם נחקרו, כדי לעמוד על התנאים הטופוגרפיים ולאסוף נתונים

שיאפשרו את השלמת מפות הנגב, הריקות יחסית. הם התעכבו בחורבות עוג'ה וסביבתה (ניצנה) וסטו מן הדרך הראשית לצורך ביקור בביר ביריין (בארותיים). מכאן המשיכו וגילו את חורבות שבטה וממנה עלו דרך באר שבע וחברון לירושלים.

ספרם של פאלמר וטירוויט-דרייק, *מדבר יציאת מצרים* (*The Desert of the Exodus*), כתוב בתנופה רבה ובסגנון אישי וחי. הספר, נוסף על המידע המדעי בו, מציג את השקפות בני-התקופה. פאלמר הגיע ליחסים קרובים עם הבדואים במסעותיו בנגב, עד לכדי מצב שלעיתים כאילו שכחו שהוא נוצרי ו"פרנקי" וסיפקו לו מידע, ששום אירופי לפניו לא זכה לקבל. פאלמר הצליח להשלים את תכניותיו בנגב, הודות לשליטתו בשפתם של הבדואים והתנהגותו כמנהגיהם. תרומת הסקר של פאלמר וטירוויט-דרייק הייתה בראש ובראשונה בתוספת פרטים רבים על הגאוגרפיה של הנגב. הם תיקנו טעויות עבר של חוקרים קודמים (דוגמת קביעת מקומה הנכון של עבדת העתיקה, בשונה מקביעת מיקום שגויה של רובינסון) וגילו דרכים עתיקות.[53]

פאלמר כתב בקיימברידג' לאחר שובו לאנגליה כקדימון לספר, מאמר בן 80 עמודים בדצמבר 1870. בתחילתו מציין פאלמר כי זמן קצר לאחר שחזר ממסעו בסיני (לפי ספרו מ- 1871 הביקור נמשך 11 חודשים בשנת 1868 - 1869), הקרן הבריטית לחקר ארץ-ישראל שלחה אותו שוב למזרח במטרה לחקור את האזור הקרוי בשם באדית אל תיה, או מדבר תיה. פאלמר ציין כי למזלו הטוב התלווה אליו למסע טירוויט-דרייק וכי זהו אדם בעל נסיון רב במסע למזרח.[54]

פאלמר, שסייר באזור שמצפון לבאר-שבע ובסביבותיה בשנת 1870, כתב כי ליד באר-שבע, *"בגלל הבצורת שהייתה לא מכבר היה רק מדבר שומם וריק, ואפילו לא מרעה"*. בדרך חזרה לכיוון הר חברון, מצפון מזרח לבאר-שבע הלך באזור נחל אל-חליל:

> ...and passed upon many wells, cisterns and other indications of former fertility and habitation, which ever then, notwithstanding the drought, were sufficiently marked to present a striking contrast to the desert we had just left.[55]

בנוסף, נותן פאלמר תיאור חשוב של הניסיונות ליישוב שבטי התיהאה שבאזור עזה בבקתות במקום באהלים, נסיון שנחל כישלון חרוץ:

Rashid Pasha...Shortly after we left the Tíh, [1872 R.K] *he sent word down to Gaza that the Bedawin of those parts must for the future live in huts instead of tents...and the first fifteen Turkish soldiers who appeared among the Teyáhha were killed. The Bedawin sought and obtained the protection of the Viceroy of Egypt, and thus the far-seeing policy of the Governor-General of Syria was thwarted.* [56]

במפת פאלמר וטירוויט-דרייק משנת 1870 ישנו סימון של מסלול מחקר שנערך על ידם בנגב בסוף מרץ 1870 בו יצאו מחברון דרומה מלווים בשיח' המזה הסוכן של שבט הג'הלין, לכיוון חורבות תל ערד, כסייפה, תל מילח', ערערה, ודרומה ומערבה עד לרוחייבה (רחובות) ומשם עלו צפונה לחלוצה, באר שבע ולכיוון חורה, דהריה וחברון. על ביקורו בעיר הכנענית העתיקה תל ערד כתב פאלמר:
"It is nothing now but a large white mound.".[57]

בעברו בתל מילח' ובואדי ערערה פגש את בדוויי שבטי העזאזמה והט'ולאם. בין השאר, מתאר פאלמר את הבדווים שפגש במילים אלו:

...This state of things had compelled the Bedawin to move off with their flocks and herds, and seek more fertile spots.[58]

מכאן ניתן להבין כי הבדווים באזור זה הם נוודים ואינם יושבי קבע. פאלמר מזכיר גם מלחמות וקרבות בין השבטים.[59]

פאלמר מסכם את ביקורם בחלק זה של הנגב בתיאור הערים הפורחות שהיו שם בעבר וה"שלדים" שנותרו בנגב בעת ביקורם:

Wells of solid masonry, fields and gardens compassed round about with goodly wells, was there; but only the empty names and stony skeleton of civilization remained, to tell of what the country once had been.[60]

בדרך חזרה לכיוון הר חברון, מצפון-מזרח לבאר שבע הלך פאלמר באזור ואדי אל-חליל לכיוון דהאריה. שם הוא מתאר חרבות ושרידי ישובים קדומים ואת

הקונטרסט הבולט ביחס למדבר שזה עתה עברו:

The next morning we walked over the rolling country through which Wady el Khalil runs, and passed upon many wells, cisterns and other indications of former fertility and habitation, which even then, notwithstanding the drought, were sufficiently marked to present a striking contrast to the desert we had just left.[61]

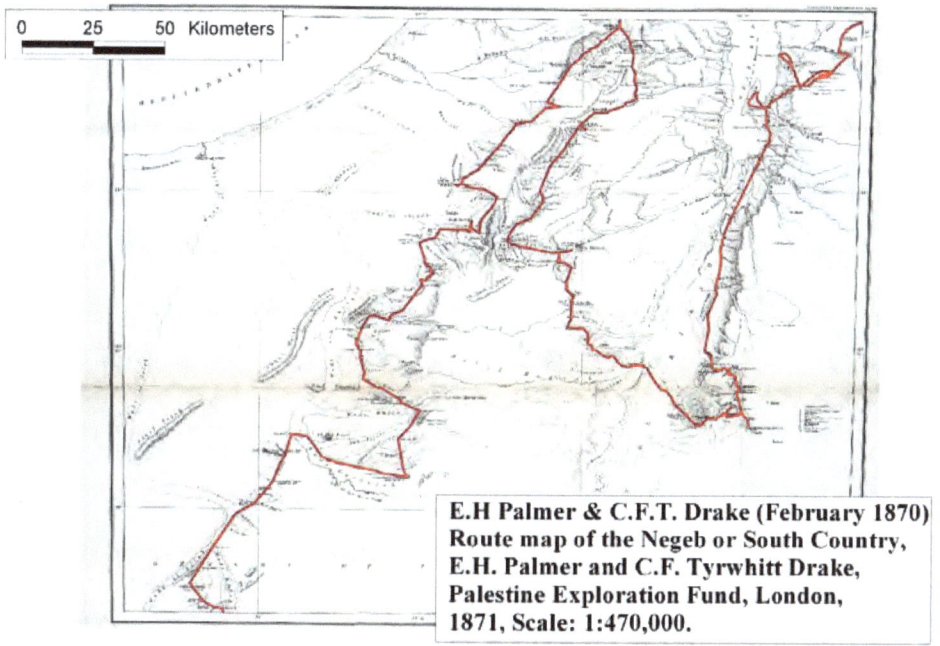

מפה 10. מפת מסלול פאלמר, 1870
מקור: Route map of the Negeb or South Country, 1:470,000, E.H. Palmer and C.F. Tyrwhitt Drake, Palestine Exploration Fund, London, 1871.

סקר הקרן הבריטית לחקר ארץ ישראל (1872 - 1877) ודו"ח קיצ'נר (1878)

הסקר של הקרן הבריטית לחקר ארץ־ישראל ה-PEF (Palestine Exploration Fund) נערך בין השנים 1872 – 1877. הוא כלל סקר ומיפוי מפורט של ארץ ישראל

ממערב לירדן ועד הים התיכון. הסקר נערך על ידי מקצוענים מובהקים, אנשי חיל ההנדסה הבריטי, שהיו בעלי כישורים בעבודת שדה, מדידות ומיפוי. זהו המקור המהימן ביותר המצוי בידנו המתייחס למצב היישובי בארץ-ישראל, ובנגב כולל האזור הנחקר. בדרום הארץ הגיעו הסקר והמיפוי לאזור באר שבע ולא דרומה ממנו. האזור הדרומי ביותר אליו הגיעו היה קו באר שבע – תל אל מילח, והוא נסקר בגיליונות XXIV ו- XXV של סידרת המפות המצוינות שהכינו. למיפוי נלווה דו״ח מפורט שהופיע בפרסום הסקר – ה״ממוארס״ (*Memoirs*) – במספר כרכים (1883).[62] יש בארכיון החברה לחקירת ארץ ישראל בגריניץ אוסף של מפות השדה שהוכנו בעת עריכת הסקר בשטח. בהן נכללה גם מפה של הסקר באזור באר שבע.

מפה 11. מפת השדה של אזור באר שבע שהוכנה על ידי סוקרי הקרן לחקר ארץ-ישראל (PEF), 1874.
מקור: Bir Sheba, PEF Archive [24/3] WS/159

באשר למצב היישובי בנגב במאה ה-19, בטקסט ה״*ממוארס*״ המסכם את הסקר והמיפוי שערכה הקרן הבריטית לחקירת ארץ-ישראל בשנים 1872 – 1877, מופיעות באזור שסביב לבאר שבע חורבות רבות (khŭrbe), ואף לא יישוב קבע

אחד.[63] על פי תיאורו של קיצ'נר במאמר בכתב העת של הקרן הבריטית לחקירת ארץ ישראל מ- 1878 נסקרו על ידי המשלחת 104 חורבות.[64]

מהטקסט של ה"ממוארס" המתייחס לגיליון XXIV מודגש כי שטח הגיליון (290 מייל מרובעים) הוא ברובו שטח מרעה לבדואים (ערבס) עם כמה אתרים עתיקים. לא מוזכר כל יישוב קבע:

> *The district is **mainly pasture land** for the Arabs; but a few ancient sites occur on the sheet. The only Cultivation on the Sheet is on the hills in the north-east corner, where corn is grown. The Arabs, however, grow a little tobacco north-east of Beersheba.*[65] [הדגשה שלי. ר.ק.].

מהטקסט של ה"ממוארס" המתייחס לגיליון XX שמצפון לקודם, ובחלקו מצפון לאזור המחקר, הכולל בתוכו שטח של 373 מייל מרובעים, עולה כי השטח כולל 25 ישובים וחורבות עתיקות רבות.[66] מודגש כי כל יישובי הקבע מצויים מצפון לקו של ואדי אל-חסי (נחל שקמה). מצפון לואדי זה המישור מעובד על-ידי תושבי הכפרים. דרומה לו הארץ אינה מעובדת, ומשמשת כמרעה לבדואים. הגבעות מעובדות עד לאותו קו רוחב לערך. גם בחלק המערבי של המפה הנדונה, מצוין כי: הארץ שמדרום לואדי סמסים "*is scarcely cultivated at all, **being all pasture land** …*" [ההדגשה שלי. ר.ק.]. בטקסט ה"ממוארס" של הקרן הבריטית לחקירת ארץ ישראל מופיעות באזור שבין עזה לבאר-שבע חורבות רבות (khŭrbe) ועל פי תיאורו של קיצ'נר במאמר בכתב העת של הקרן הבריטית לחקירת ארץ ישראל מ- 1877 נסקרו על ידי המשלחת 104 חורבות. החורבות המופיעות מתוארות במושג: **scattered stones**. החרבה היחידה החורגת מתיאור זה היא Kh. el Kauwukah שזוכה לתיאור: Rubble cisterns; **four or five modern houses**, and scattered stones [ההדגשה שלי. ר.ק].[67] ראה להלן דיון על המושג "חירבה".

בדו"ח על הסקר הבריטי בנגב שפרסם קיצ'ינר בכתב העת של הקרן הבריטית לחקירת ארץ-ישראל מתאר קיצ'נר מצב ישובי בו אפילו יישובים שאינם נמצאים במדבר ממש, אלא בדרום הר חברון ומוכרים כישובים מבוססים למדי כדהריה, ננטשו באותה שנה עקב תנאים שונים. בנוסף מתאר קיצ'נר כי "not a tree or house to be seen in the wide prospect of rolling ground." בהמשך מתאר קיצ'נר את אזור באר-שבע כ "entirely deserted".[68]

גם באר שבע עצמה הייתה אחת מחורבות אלו עד לייסוד העיר החדשה על ידי העות'מאנים בבאר שבע, רק 26 שנים מאוחר יותר, בשנת 1900. כך נראה גם, בציור נדיר של שממות באר שבע שצייר קלוד רנייה קונדר (איש חיל ההנדסה הבריטי ואחד ממנהלי הסקר של הקרן הבריטית בארץ ישראל, ובהמשך חוקר חשוב של ארץ ישראל) בשנת 1874:

ציור 1. ציור באר שבע ממערב בשממתה מאת קונדר, נובמבר 1874
מקור: בית הספרים הלאומי MS VAR 1209 DSCF5350

ניתן להתייחס לתיאוריו של **הורציו הרברט קיצ'נר** (1850 – 1916, Horatio Herbert Kitchener), שתיאר את מלאכת הסקר שניהל בעצמו, במכתב שאיתרתי בארכיון בלונדון ובמאמר בכתב העת של הקרן הבריטית לחקר ארץ-ישראל. דו"ח על הסבב השני של הסקר הבריטי בנגב שנערך בשנת 1877, פרסם קיצ'ינר בכתב העת של הקרן הבריטית לחקירת ארץ ישראל בשנת 1878. הוא מציין שסקרו בדרום 340 מיילים מרובעים במקום 200 מיילים מרובעים שתוכננו. יש לציין כי קיצ'נר היה אדם מוכשר ביותר שהגיע בהמשך הקריירה שלו לדרגת פילדמרשל והתמנה בהמשך למפקד הצבא המצרי והאנגלי, למפקד כללי של הודו ולשר המלחמה הבריטי, עד שנהרג במלחמת העולם הראשונה.

בדו״ח על הסקר הבריטי בנגב שפרסם קיצ׳נר בכתב העת של הקרן הבריטית לחקירת ארץ-ישראל מתאר קיצ׳נר מצב ישובי בדרום ארץ ישראל, בו אפילו יישובים שאינם נמצאים במדבר ממש, אלא בדרום הר חברון ומוכרים כישובים מבוססים למדי כדהריה, ננטשו באותה שנה עקב תנאים שונים.

קיצ׳נר ביקר בבאר שבע עצמה וסביבתה ב- 26 – 28 בספטמבר 1877. במכתב שכתב לבסאנט (מזכיר הקרן הבריטית לחקר ארץ-ישראל בלונדון) ב- 2 באוקטובר נמצא אישור למלחמות בין הבדואים באזור באר-שבע באותם ימים. בתארו את אזור באר-שבע כתב קיצ׳נר כי האזור מסוכן, ריק ומשמש מוקד למלחמות:

> *I know you will be glad to hear the map is an accomplished fact. We wound up at Beer Sheba on the 28th of Sept. much quicker than I expected though the work in the South was 340 sq. miles instead of 200. The fact is we had to work like niggers. The water was so bad being salty & the color of weak tea & our bread all went moldy. The country we have been in is only inhabited by Arabs who have been at war amongst themselves for the last 3 years. They said no Europeans had ever been in this part of the country before which I can believe from the very bad state of all existing maps of that part ...*[69]

קיצ׳נר מפרט את הסכנה שהייתה צפויה למשלחת הסקר מהבדואים באזור באר שבע ומציין כי הקאימקאם העות׳מאני של עזה אף ניסה לכפות עליהם ליווי מזוין מתוך דאגה לשלומם:

> *Everybody was very full of the dangers of going to Bir es Seba but I found no Arabs within 5 hours of the place. In fact, everyone is so afraid that no one goes there. I had some difficulty in getting rid of the expensive escorts the Kaimacam of Gaza wanted to impose upon me but at last we started only our own party. The Kaimacam of Gaza did it out of civility & really was afraid for us...*[70]

קיצ׳נר מתאר מספר שבטים ואת הסכסוכים המתמידים בנגב הצפוני בין הכפריים והבדואים וכן את הפשיטות התכופות של הבדואים:

> I could learn little or nothing about the country I was going to, as the fellahin and Arabs have always a feud with each other, and neither dare venture into the other's territory...
>
> I found it was necessary to establish an Arab guard on the tents, as the Taiyahah Arabs make frequent raids in this part ...
>
> Three miles south of Khurbet Zuheilikah runs the broad Wady Bashkhah, or Wady Sheri'ah (both names are used for it by the Arabs)...
>
> South of this is the country of the Azzazimeh Arabs, the modern representatives of the Amalekites, and even now continual raids are made across the wady into the northern country, from which they carry off all they can lay hands on. One hundred and sixty government soldiers are now stationed on the wady to prevent these incursions.[71]

באר שבע הייתה המקום בו הסתיים הסקר של ארץ ישראל המערבית של ה-PEF שהחל בשנת 1872 והסתיים בסוף ספטמבר 1877:

> On the 26th we moved camp to Bir es Seba. We had been warned of some danger from the Arabs in this part, but found the country entirely deserted. The fact being that this portion of the country is equally feared by both tribes, therefore neither dare, venture into it except for raids. We had considerable difficulty about the names, and I am convinced that in less troubled times more might be collected in this part.
>
> From this camp we finished the map commenced almost exactly six years ago.[72]

להלן אתייחס ביתר פירוט למושג ח'רבה ומשמעותו בתקופה הנדונה.

במפות שונות בנות התקופה של השטח, לא מופיעים בנגב יישובי קבע וכן מופיעות ח'רבות (חורבות אתרים חרבים או שרידי יישובים הרוסים) רבות. בבדיקת ההגדרות במקרא של מפות שונות מאותה תקופה מתקבלת תמונה דומה. במפתו של מוסיל (משנת 1902) מופיעים בהתייחסות לחורבות אלו וגם

לחורבות אחרות המונחים Verfallen Ürtchaften, Ruinenfelder שמשמעות שניהם היא מקומות במצב של התפוררות, שדי חורבות.
האזכור התכוף במילה ח'רבה (מופיע בהגדרה האנגלית כ- khŭrbe) מצריך בחינה מעמיקה של ההגדרה: על פי מילונם של שנער ואילון: "ח'רבה בערבית = חורבה, עי מפולת, מקום שמם וחרב (מהשורש חרב - חרב, שמם)".[73] על פי מילון אלמליח: "ח'רבה בערבית = עי, חרבה, מקום שמם, מפולת, רסיסים".[74]
במפותיו של פישר מהשנים 1890 ו-1911 מופיעים המושגים – "Chirbet (Ruinen)" שמשמעותן דומה.
במקרא של מפות הקרן הבריטית לחקירת ארץ ישראל מופיע למונח ח'רבה ההגדרה: "Ruin", זאת בנוסף להגדרה המופיעה בטקסט של ה"ממוארס" המלווה את המפות.[75] במילון למונחים גיאוגרפיים בערבית של גרום (Groom) מופיע למונח ח'רבה הפירוש: "Destroy, a ruin, and uninhabitable".[76]

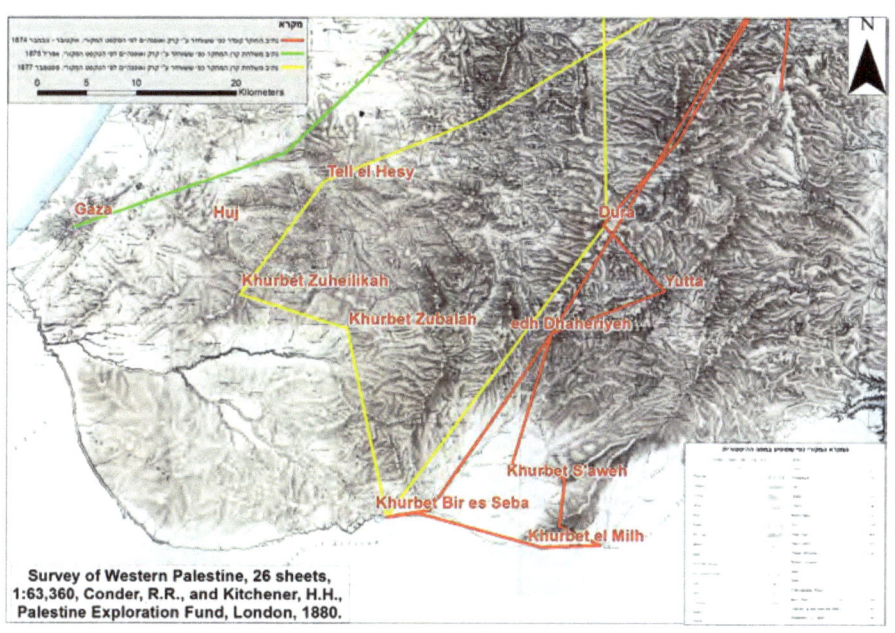

מפה 12. מפת מסלול הקרן הבריטית לחקר ארץ-ישראל (PEF), 1880
המסלולים הוכנו על ידי פרופ' רות קרק ואביב אופנהיים לפי סידרת המפות של ה-PEF:
Survey of Western Palestine, 26 sheets, 1: 63,360, Conder, R.R., and Kitchener, H.H.,
Palestine Exploration Fund, London, 1880.

אדוארד האל (1829 – 1917)

הגיאולוג האירי **אדוארד האל** (Edward Hull 1829 – 1917) היה מנהל הסקר הגאולוגי של אירלנד ופרופסור בקולג' המלכותי למדעים באירלנד. במחצית השנייה של שנת 1883, הוא מונה על ידי הקרן הבריטית לחקר ארץ-ישראל בלונדון לנהל משלחת של סקר גאולוגי וגיאוגרפי של סיני, הר שעיר בעבר הירדן וארץ-ישראל. משני ספריו שהתפרסמו בשנים 1885 *(Mount Seir, Sinai and Western Palestine: being a Narrative of a Scientific Expedition)* ו-1886 *(Memoir of the Geology and Geography of Arabia Petraea, Palestine, and adjoining Districts)*, אנו למדים רבות על הצוות המיומן שעמו עבד, שחלקו יפורט להלן, ועל המכשור ושיטות העבודה.[77]

המשלחת הצטיידה לקראת הסקר במצלמה, וכן במכשירי מדידה וציוד נוסף חשוב, כפי שאנו למדים מתיאורו של האל:

> *Several days were spent in London by all the members of the party in making preparations. Theodolite, compasses, aneroids, thermometers, photographic apparatus, guns, revolvers, ammunition, geological hammers, maps, suitable clothes, stationery, and many other articles had to be provided, packed, labelled, and despatched.* [78]

בשנת 1883 הזמין הגיאולוג האירי הידוע פרופסור אדוארד האל את מיג'ור [רב-סרן. ר.ק.] קיצ'ינר מהרויאל אינג'יינירס הבריטי – חיל ההנדסה המלכותי – ששהה באותה עת בקהיר, וכן את ג'ורג' ארמסטרונג (לשעבר רב סמל ברויאל אינג'יינירס הבריטי, שערך עם קיצ'נר בשנות השבעים של המאה ה-19 את סקר ארץ ישראל המערבית), להשתתף במשלחת הסקר הגיאוגרפי והגיאולוגי שלו. אלו מיפו חלק מן האזור שבו עברו ביחד עם האל.

בעקבות הסקר ומסע המשלחת כתב האל שני ספרים, הכוללים גם מפות בצבע וחתכים גיאולוגיים. בספר הראשון מופיעה מפה של מסלול המשלחת.[79]

האל מראה את המסלול שלו בימים האחרונים של דצמבר 1883, מדרום ים המלח דרך תל אל מילח' לבאר שבע ומשם לצפון מערב אל עזה ויפו. האל ובני לוויתו הגיעו לבאר שבע באחר צהריים המוקדמים של ה- 29 בדצמבר. האל לא מתאר כל יישוב או דבר אחר בדרך בין תל אל מילח' לבאר שבע, שם חנו ליד 'בארות אברהם'.[80]

לפי תיאורו ירדו בדצמבר [1883. ר.ק.] גשמים בנגב שהביאו לצמיחת עשב טרי, ששימש מרעה לכבשים ולעזים השחורות של שבט הג'הלין בחלק המזרחי של המסלול. מדובר היה בשטח לא מעובד. האל מציין כי האזור של תל אל מילח, באר שבע, ועד עזה היה מיושב בצפיפות בעבר הרחוק, אולם:

> ...but how great is the change! Of the works of man little remain but a few wells, which fortunately preserve the names of the original sites, together with the foundations of stone walls, or small mounds of stone, bricks and pottery...[81]

האל מוסיף כי קטע הדרך בו עבר בין תל אל מילח' לבאר שבע זרוע בחורבות:

> All the way between Tel-el-Milh and Bir es Seba (Beersheba) the country is strewn with ruins of walls and foundations of buildings, showing how thickly it was once inhabited. Now, the land is "desolate, almost without inhabitants;" for during the fourteen miles of march between theses places, we only twice fell in with human beings: on one occasion Bedawin; on the other, fellahin ploughing with their camels.[82]

בהמשך המסלול ממערב לבאר-שבע באזור תל אבו הריירה (תל הרור), ובהמשך המסלול הקרוב יותר לעזה הוא מתאר אזור מעובד באורח אקסטנסיבי של דגניים, ומאוכלס עונתית על-ידי פולשים פלאחים ומאהלים של ערביי התראבין:

> The district is extensively cultivated by the Terabin Arabs, and by little parties of fellahin, who annually squat down for the season between sowing and reaping, living with their families in tents pitched in sheltered spots...The extent of ground here cultivated, as well as all the way to Gaza, is immense, and the crops of wheat, barley and maize must vastly exceed the requirements of the population. In fact, large quantities of agricultural produce raised in this part of Palestine are annually exported from Jaffa and other towns;...

Our march towards Gaza lay over undulating country, generally covered deeply with loam, and extensively cultivate by the Terabin Arabs, whose camps we frequently passed.[83]

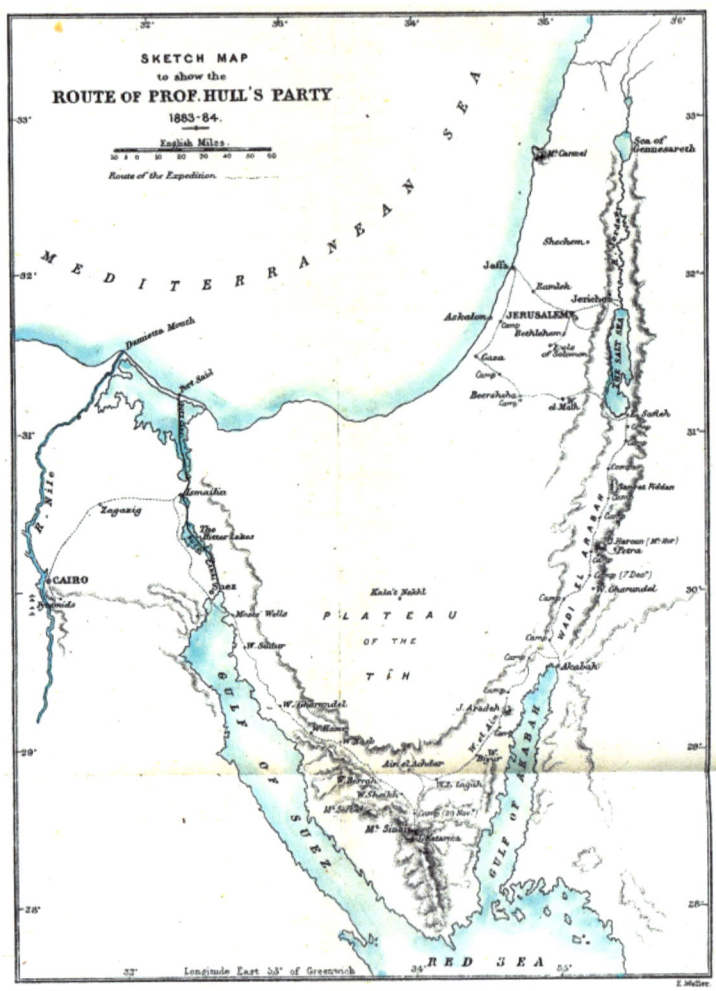

מפה 13. מפת מסלול האל, 1884-1883

מקור: Sketch Map to show the Route of Prof. Hull's Party, 1883-84, in: Edward Hull, *Mount Seir, Sinai and Western Palestine: being a Narrative of a Scientific Expedition,* Richard Bentley and Son, London, 1885, Chapter XX.

מהאל ניתן ללמוד על מלחמות השבטים על קרקעות, והניידות של אחזקתן כתוצאה מן ההשתלטות עליהן בכוח, ביום האחרון של דצמבר [1883] פגשה המשלחת של האל בח׳רבת אל באהא, סמוך לעזה, בבדואי מסוגנן, שהציג עצמו כשיח׳ שבט התיהאה ומסר להם סקירה על הקרקעות בסביבה. אלו נלקחו לדברי השיח׳, לאחר קונפליקט על-ידי התיהאה משבט התראבין. התערבות הממשלה העות׳מאנית הביאה לפשרה ולויתור התראבין על חלק מהטריטוריה שלהם לתיהאה:

I am Sheikh of the Tihyaha. All the lands you see around (waving his hand proudly) we have taken from the Terabin, who have gone further south to the country of the Azâzimeh... What he had mentioned referred to a contest which had raged for several years between the Tihyaha and the Terabin tribes about the ownership of a tract of land in which the former were the victors. The Government were obliged ultimately to interfere; and, having sent a body of soldiers with guns into the district, compelled the Sheikhs of the respective parties to come to terms, the Terabin being obliged to surrender a portion of their territory.[84]

לוסיין גוטייה (1850 – 1924)

החוקר השוויצרי פרופסור **לוסיין גוטייה** (Lucien Gautier 1924 – 1850) שהיה פילולוג שמי וידע ערבית, כתב על ביקורו הראשון בארץ ישראל ובנגב ספר שראה אור בשתי מהדורות. לספר צורפו צילומים אשר צילמה אשתו שהתלוותה אליו בביקור. גוטייה סייר עם אשתו בנגב בשנת 1894. דבריו על באר שבע, שנים מספר לפני שהפכה לישוב ולמרכז המנהל העות׳מאני, מהווים עדות חשובה על דמותו של האזור כולו בעשור האחרון של המאה ה-19:

...וזוהי אוכלוסייתה של באר-שבע: משפחת בדווים אחת, ותו לא. אמנם אמת הדבר שבעונה אחרת של השנה נטויים באזור זנוח ונטוש זה אוהלים רבים יותר ושבט שלם עשוי לחנות כאן, נחלק לבתי-האב שלו, אך כרגע אין כאן כלום פרט לישימון הגדול של המדבר.[85]

גוטייה חזר לבאר שבע לביקור נוסף בחורף 1899, על סף הפיכתו של המקום לעיר ממשל עות'מאנית חדשה. הוא כותב במאמר שפורסם בשנת 1900 אודות ביקורו ועל השינוי שחל באזור [בכלל. ר.ק.] ובבאר שבע [בפרט. ר.ק.]. גוטייה מציין כי בדרך מחברון לבאר שבע עבר מספר בארות ובהן אחת: *"הנקראת ביר-אל-לקייה [Bir-el-Lekiyyeh] ואשר בקרבתה נמצא מחנה של בדואים עם בהמות רבות."*[86]

בשהותו בבאר שבע עצמה הוא מזכיר את:

> *ביקורי הראשון באותן בארות עתיקות ובודדות, באמצע המדבר...,* את האנטיליה (גלגל שאיבה) שהוקמה מעל אחת הבארות שסביבה: *"... שקתות גדולות, אף הן מאבן, שהותקנו על מנת להשקות את העדרים הרבים."* ומוסיף: *"מעט יותר צפונה, מהו המבנה הזה, בעל דלת, ומנוקב חלונות, ולפניו חצר? זהו ח'אן, כלומר בית מלון בנוסח האוריינטאלי. השינוי הוא טוטאלי: לפני חמש שנים, באר-שבע הייתה שייכת למדבר, היום היא רק המשכיות של העולם המתורבת....*[87]

הוא ממשיך בתיאור השתלטותו של שיח' בדואי על הבארות של באר שבע, ועל הקונפליקט עם הממשל העות'מאני:

> *הח'אן מיושב על ידי סוחר ערבי אשר הגיע מעזה עם משפחתו ומשרתיו ואשר שייך לכנסייה היוונית אבל הוא רק הדייר: בעל הח'אן, בונה הקמרונות והשקתות, יזם כל אותה התארגנות חדשה, נוכח גם הוא, ואנו עושים היכרות אתו. זהו מנהיג בדואי, סליים אבן ערפאן אל-סאח'יני [Soueilim Ibn-Arfân es-Sâkhini] משבט העזאזמה [Azazimeh]... שייח' בדואי, הנכנס לספסרות!... העזאזמה זוכים, מבין כל בני-מינם, למוניטין גרוע מאוד של שודדים ובוזזים... אחד מאותם בדואים שאינם ניתנים לשליטה, שאינם מסבירי פנים, הנמצאים בסכסוך בלתי-פוסק עם הממשל התורכי ועם כל שכניהם, הוא שמפעיל את בארות באר-שבע ומפיק מהן רווחים! ... אין אנו מתאוששים. אבל הוא שילם על כך ביוקר. המושל התורכי הקרוב ביותר, הקאימקם של עזה, לא נתן לו ליהנות בשלווה מפרי עמלו. עצם העובדה שמנהיג עוצמתי החליט להשתלט על הבארות של באר-שבע ולגבות*

תשלום עבור השימוש במים מהשבטים החלשים יותר אשר יבואו להשקות בהן את עדריהם, זה יכול היה להיות רעיון מבריק, זה יכול היה להיות מקור הכנסה.[88]

גוטייה מזכיר כי השיח': *"אינו מתגורר באופן קבוע בבאר-שבע. אוהליו נמצאים הרחק, הרחק, אי שם בדרום."*[89] גוטייה הוסיף כי: *"מדברים על קביעת מושבו של קאימקם בבאר-שבע, כלומר מושל תורכי! כתוצאה מכך, באר-שבע הועלתה לדרגת הבירות האדמיניסטרטיביות".*[90]

תחילת המאה העשרים

נמשיך להלן בסקירת החוקרים שסיירו בנגב בשלהי התקופה העות'מאנית ובמאה ה- 20:

אלואיס מוסיל (1868 – 1944)

החוקר **אלואיס מוסיל** (Alois Musil 1944 – 1868) מזרחן ותיאולוג צ'כי, נחשב לגדול חוקרי הנגב. בצעירותו התחנך במסלול לכמורה ולמד בבית הספר הדומיניקני לחקר המקרא בירושלים במשך שנה ורבע. לאחר מכן החל במסעות ברחבי המזרח התיכון, ואסף חומר מדעי רב. בין מסעותיו המשיך להוציא פרסומים מדעיים ולהרצות. ב-1902 הוא התמנה כפרופסור באוניברסיטה לתאולוגיה באולומוץ וב-1909 התמנה כפרופסור לתאולוגיה באוניברסיטת וינה. בנוסף לשליטתו בשפות האירופאיות המודרניות והקלאסיות שלט גם ב-35 דיאלקטים של השפה הערבית. מוסיל תיאר בכרכיו בצורה מפורטת וביקורתית את שיטות המחקר והמדידה בהן השתמש לצורך מחקרו והמיפוי שערך, מה שמעיד על רצינותו הרבה. כן דיווח על היעזרותו באנשי מקצוע מתחום הכרטוגרפיה, ארכיטקטורה, צילום, ציור ועוד במהלך מחקריו והמפות שהכין, ובדיווח עליהם.

מוסיל כתב על שיטות המחקר המרשימות שלו בכרך הראשון של ספרו:

טרם היציאה לכל מסע התאמצתי לחקור את ההיסטוריה המקומית המדויקת, עד כמה שניתן. בתוך כך התוודעתי למאורעות שהתרחשו באותו

אזור לאורך השנים, ולמדתי כמות רבה של שמות טופוגרפיים ישנים, כמו גם את המיקום המקורב של האתרים המדוברים. טרם שנכנסתי לאזור שלא היה מוכר לי עדיין, בירתי אודות כל מקורות המים והדרכים המובילות לאלו, אודות עמקים שהיה עלי לחצותם וחורבות בהן היה עלי לגעת, ושרטטתי תכף מפה של השטח המדובר, על מנת שיהיה באפשרותי לבקר את עדויותיהם של המדריכים. בתור מדריכים העדפתי לקחת מבני אותו השבט שבתחומו רכבתי באותה העת, ושחררתי אותם בו ברגע שהבחנתי שלא היו בטוחים לגמרי בידיעותיהם. ככל ששהו בקרבה רבה יותר למקומות חנייתם הרגילים, כן היה מינוחם הטופוגרפי אמין יותר. במהלך הסיורים השונים רשמתי בחריצות כל ששמעתי או שראיתי, ביקשתי שיחזרו בפני על שמות המקומות פעמים אחדות, ושרטטתי תכף מפת-מסע. בהזדמנות הבאה בירתי שוב אודות המסלול אותו הלכנו, בכדי לבחון אם רשמתי את כל השמות ללא שגיאה. היה ומצאתי איש יודע-כתוב, ביקשתי שיכתוב לפני את השמות בערבית ... ההפקה של מפה מפורטת של Arabia Petraea התגלתה כהכרחית לעבודותיי הטופוגרפיות והאתנוגרפיות. אופי מסעי לא אפשר לי לקחת עמי כלי-מדידה שעלולים היו להתקלקל או למשוך תשומת לב בקלות רבה מדי. תחילה היה עלי להסתפק בשולחן-מדידה, מצפן גדול, ברומטר למדידת גבהים ומצלמה ... בסוף 1897 ערכתי ב-Razze [עזה] מפה של הנגב: מ- Bir es-Saba בצפון עד 'ajn Kdejs [כך במקור. ר.ק.] בדרום ומ- Dejr el-Belah ו- Ruhejbe במערב עד Arad' ו- Dejkat Hlekim במזרח ... במסע של 1902 עשיתי שימוש גם בשני תיאודוליטים לצד מכשירי המדידה הנ"ל.[91]

מוסיל מציין במפתו, בחלק המזרחי של הנגב הצפוני, את הישוב למחצה באר שבע. היוצא מן הכלל המעיד על הכלל ואף מראה שהבניין הבנוי היחיד שהיה בנגב הצפוני מחוץ לעיר החדשה באר שבע, הוא בניין של השלטון העות'מאני, אותו ראה בשנת 1902. מוסיל מתאר, כי עבר ב- 17 בנובמבר 1897 בסמוך לבניין המשטרה העות'מאנית המרובע המכונה בספרו ובמפתו Gehir Barata בו לטענתו 4–6 חיילים.[92] לידו נמצאת גם באר. במפה של מוסיל מ- 1902 המיקום הזה מתייחס למקום בשם - Gehir Barata [אולי שיבוש של המילה barracke שפירושה בגרמנית צריף ובאנגלית barrack = בקתה, קסרקטין? ר.ק.]. הבניין הזה המסומן במפה, מופיע ממזרח לדרך לעזה. מוסיל לא מתאר בכל השטח בניינים אחרים.

נראה כי מוסיל מתכוון לאל ג'וביר – "מצודת אופקים" (או מצודת פוטיס) שהקים הממשל העות'מאני בשנת 1894. המצודה קרויה בשמות שונים במפות המוקדמות ונראה שהכוונה למצודת פוטיס ששרידיה מצויים כיום כ-1 ק"מ מזרחית לאופקים על נחל אופקים בגדה מערבית שלו. לפי כל מקום ואתר: *"מצודת פטיש (קלעת פטיס), שרידי מצודה עות'מאנית בנגב הצפוני מערבי, כ-2 ק"מ דרומית לאופקים על-שם יישוב קדום באותה סביבה (חורבת פטיש, נ.צ. 081 114)."*[93] [מקור זה נותן נ.צ. של חורבת פטיש. הנ.צ. של מצודת פטיש הנו: x=115.5, y=79.8 לפי הרשת הישנה, ו- 165.5 79.8 לפי הרשת החדשה].

במפתו של מוסיל (משנת 1902) מופיעים בהתייחסות לחרבות אלו וגם לחרבות אחרות המונחים *Verfallen Ürtchaften, Ruinenfelder* שמשמעות שתיהן היא מקומות במצב של התפוררות, שדי חורבות. מוסיל לא מתאר בכל האזור בנינים אחרים.[94]

תיאוריו מפורטים ביותר, הן בנוגע לישובים, חורבות, מאהלים ונדידה והן בנוגע לחקלאות. מוסיל עבר בחלקים נרחבים מהנגב פעמים רבות בין השנים 1895 – 1902. במסלול הוא מזכיר כי עבר ב-19 ביולי 1901 בדרכו ליד האתר ההרוס הקטן ח'רבת סמרה וח'רבת ק'זה. ח'רבת ק'זה היא חצר מרובעת באורך 64 צעדים (מדרום לצפון) וברוחב 44 צעדים השוכנת על רמה שחורה סלעית. אתרים אלו גם מופיעים במפה שלו בשטח ללא כל יישוב.[95]

כמו כן, התייחס מוסיל לחורבות Ar‘ara‘. מוסיל כתב שמכיוון ששבט ה--Ez Zullam מקושרים עם בני שבט התיאהא, הם לקחו מהם אזורי מרעה פוריים ב-Ksefe וגם דרומית משם, וכאן הוא הביא רשימת שמות מקומות שאחד מהם הוא ערערה. מוסיל תיאר את גבולם של שבט ה- Es-Sa’idijjin, וציין שבעבר, שכנו בסמוך ל-Ar‘ara‘, אולם הם נדחקו משם על ידי התיאהא. אתר הקבורה הישן שלהם נמצא ב- Ar‘ara‘ ב- al-Falh. מוסיל הביא שירים אותם שרו בני ערב בזמן שאיבת המים (שירי Hedawi). ערערה הוזכרה כחלק מן השיר אותו שרו בני שבט העזאזמה – לכאורה כשם של מקור מים ("הו ערערא, אֵם השותים").[96]

מתיאוריו המפורטים עולה כי לא מצא יישובי קבע בשטח בעת סיוריו, אלא רק שרידים עתיקים שהיו לדעתו חסרי חשיבות. הנקודות הקרובות ביותר המיושבות חלקית הן באר שבע שאינה מתוארת בצורה מפורטת (מתואר בית הממשל בלבד), וכסייפה המתוארת כ-"מספר בקתות שהוקמו לאחרונה". בנוסף, תיאר מוסיל כפי שפירטתי לעיל, בניין משטרה ובו מספר חיילים בנחל פטיש.[97]

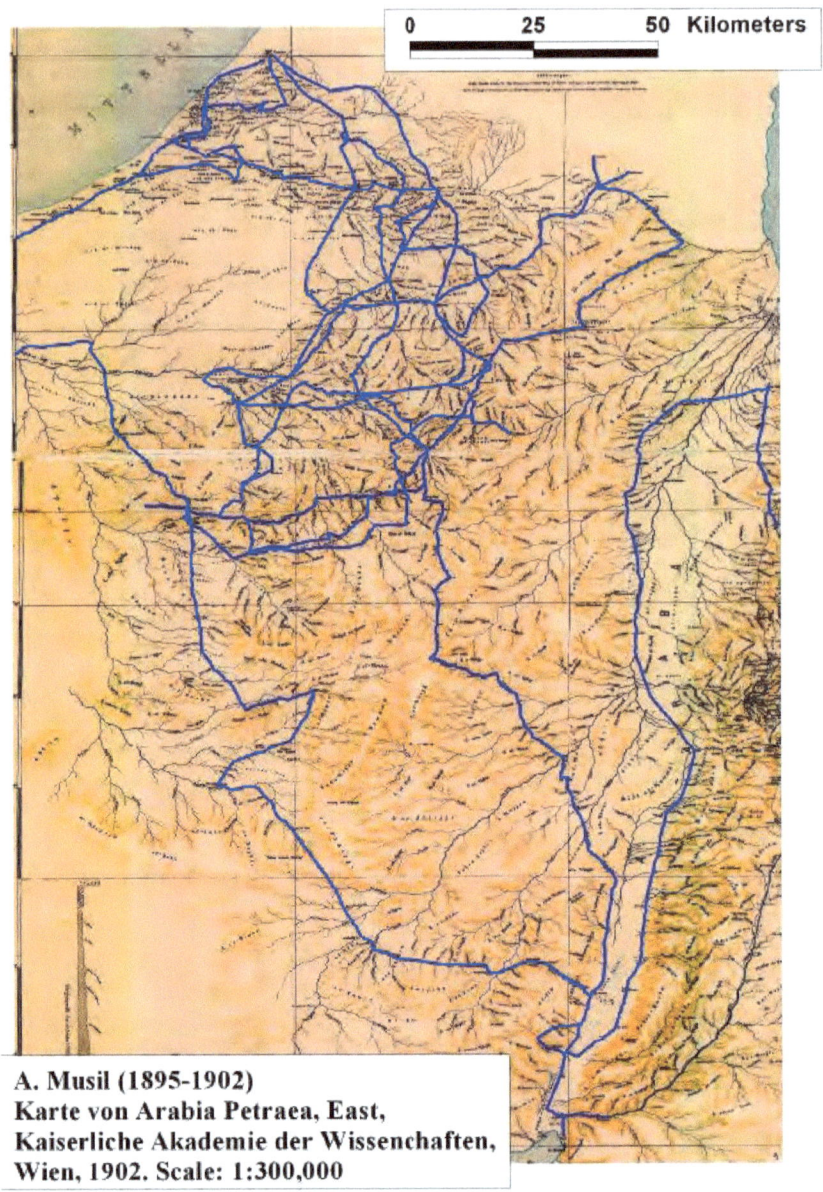

0

מפה 14. מפת מסלול מוסיל, 1902-1895

מקור: Karte von Arabia Petraea, East, 1: 300,000, A. Musil, Kaiserliche Akademie der Wissenchaften, Wien, 1907.

הנס פישר (1890 – 1911)

הגיאוגרף הגרמני **הנס פישר** (1890 – 1911 Hans Fischer), שחקר ופרסם שלוש מפות (1890, 1910, 1911), פרסם בשנת 1910 את הערותיו על מפות הגבול בין ארץ ישראל למצרים בכתב העת של החברה הגרמנית לחקר ארץ ישראל.[98] בניסיון לקבוע את גבול האזור המיושב, ניסה פישר להבדיל ולסמן את הגבול בין "האזורים המיושבים לאזורים של הנומדים" כהגדרתו.[99] ניסיון זה מופיע במפותיו החשובות ומבליט שוב את העובדה שהאזור היה שייך לנוודים וללא יישובי קבע. גבול השטח המיושב הותווה במפות שלו, כפי שיפורט להלן, צפונה בהרבה מהשטח הנדון (בהסתמך על מפה של פישר מ- 1911). פישר הוסיף שמפתו מנסה לתחום את שטחי העיבוד ואת שטחי הבור.[100]

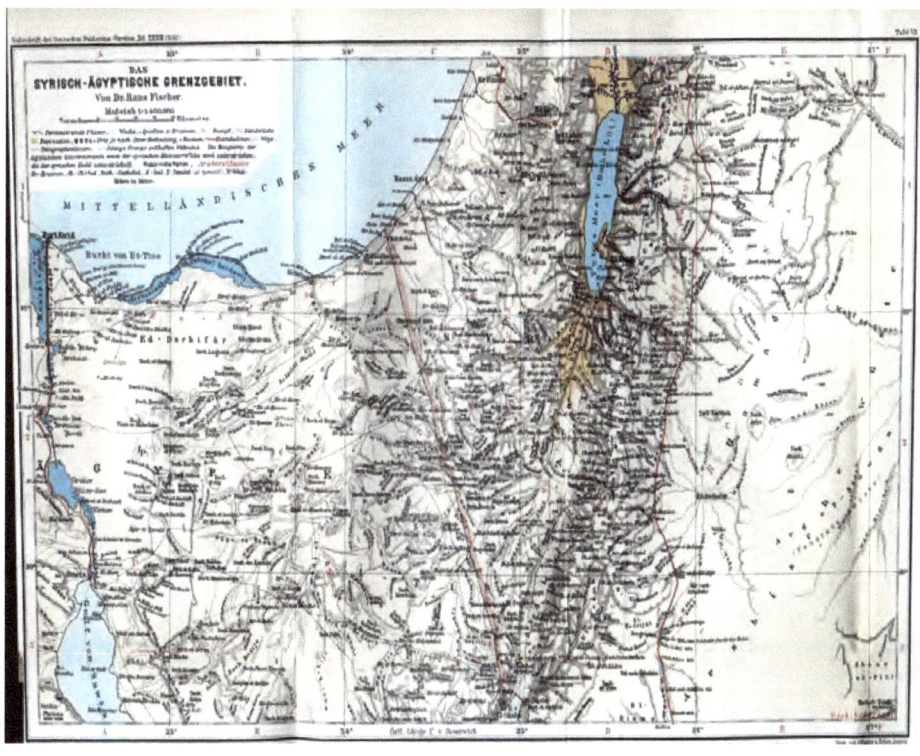

מפה 15. מפת פישר, 1910
מקור: Syrisch-Agyptische Grenzgebiet, 1:1,400,000, Dr. Hans Fischer, Kommission bei K. Baedeker, Leipzig, 1910.

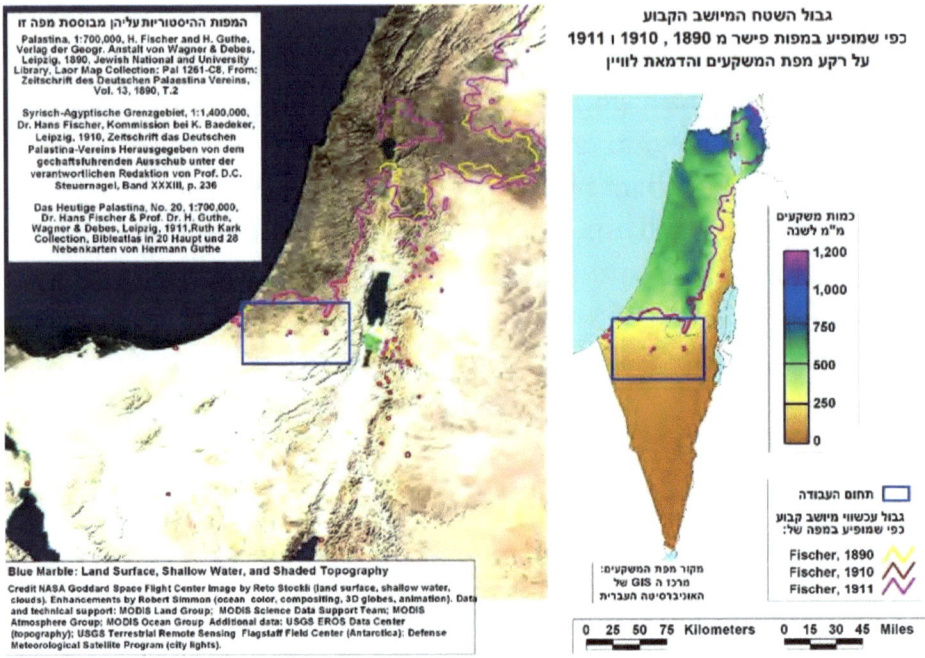

מפה 16. מפת השטח המיושב הקבוע כפי שמופיע במפות פישר מ- 1890, 1910 ו- 1911 על רקע מפת המשקעים והדמיית לווין. הגבול עם הנוודים מסומן בקו אדום (הוכנה ע"י מרכז ה-GIS של האוניברסיטה העברית ופרופ' נעם לוין)

מקור: Palastina, 1:700,000, H. Fischer and H. Guthe, Verlag der Geogr. Anstalt von Wagner & Debes, Leipzig, 1890; Syrisch-Agyptische Grenzgebiet, 1:1,400,000, Dr. Hans Fischer, Kommission bei K. Baedeker, Leipzig, 1910 ; Das Heutige Palastina, No. 20, 1:700,000, Dr. Hans Fischer & Prof. Dr. H. Guthe, Wagner & Debes, Leipzig, 1911.

ארכיון עלי אכרם ביי (מושל ירושלים העות'מאני בין השנים 1906 – 1908)

סוג מקורות נוסף העומד לרשותנו בבואנו לבדוק את מצב יישובי הקבע באזור זה בתקופה הנדונה הוא מגוון של מקורות עות'מאניים המתארים את המצב היישובי והקרקעי בנגב. המידע העיקרי מצוי בארכיונו של **עלי אכרם ביי**, מי שהיה המושל העות'מאני של מחוז ירושלים בין השנים 1906 – 1908. במסגרת המחקר לספרי זה נערכה בדיקה בתעודות שונות המרכיבות את עיקר החומר

הנוגע לנגב המצוי בארכיון מדינת ישראל. חלק קטן מהן פורסם גם בספרו של דוד קושניר: *מושל הייתי בירושלים*.

למרות נסיונות העות׳מאנים לקראת סוף המאה התשע-עשרה לייצב את הבטחון הפנימי בא״י, הוסיפו הבדוים באזורי השוליים ובמדבריות להפגין במשך כמה עשרות שנים עצמאות יתירה. רבים מהם לא שילמו מסים כחוק, ואף תופעות האלימות לא פסו כליל. באי היציבות בנגב נכרכה בסוף המאה התשע-עשרה גם בעיה מדינית רגישה – שאלת הגבול בין ארץ-ישראל ומצרים, והתוויתו בשנת 1906. הבעיה הבדוית הייתה קשורה בשאלת השליטה העות׳מאנית בשטח. אזורי הנדידה של השבטים לא היו מוגדרים כל צרכם, ומידת שליטת שבט זה או אחר באזור מסויים, כמו גם מידת נאמנותו לשולטאן, יכלו לקבוע עובדות לפני 1906 גם בשאלת הגבול. פעולות אכרם ביי בקרב שבטי הבדוים היו מכוונות בין היתר לנקיטת צעדים שיפריעו לבריטים במזימותיהם להתפשטות. לכן היה לשלטון אינטרס עליון בהשגת נאמנותם המוחלטת של השיח׳ים וביישובם של השבטים הנודדים על הקרקע, והגדלת שטחי המזרע והמסים למדינה. שיקולים אלו הביאו להחלטה של הממשלה העות׳מאנית סביב שנת 1899 להדק את שליטתה בנגב, על-ידי הפרדת חלק משטחו מנפות עזה וחברון והקמת נפה חדשה, שמרכזה יהיה בבאר-שבע. תהליך ההקמה הושלם בשנת 1901, ובעיר באר-שבע – דוגמא כמעט יחידה במינה של הקמת עיר חדשה בידי העות׳מאנים – עברו להתגורר כמה מראשי הבדוים. מחוז ירושלים בתחילת המאה העשרים כלל שתי נפות בנגב – עזה ובאר-שבע. במסגרת רפורמה מינהלית שערך אכרם ביי בנגב, נוספה למחוז בשנת 1908 נפה חדשה בנגב, עוג׳ה אל-חפיר ועיר ממשל חדשה לנפה (הוקמה באזור היישוב הקדום עוג׳ה ולא כפי שהורה השולטאן בחפיר שהיא 10 ק״מ מזרחית לעוג׳ה, ולכן דווחה בשם עוג׳ה אל-חפיר), ששימשה יותר כתחנת-ספר מאשר נפה אזרחית לכל דבר. על הזלזול האפשרי והשממה באזור זה ניתן ללמוד ממברק ששלח הקאיימקאם של חפיר, נאבי ביי, למתצרף בירושלים ביום 3 במאי 1908. נאבי שאולי נכשל בתפקידו להפוך את עוג׳ה למעמד של עיר, עם עירייה, מביא מספר דוגמאות לפגיעה במעמדו *״בשעה שאני מוכן להקריב את חיי במדבר שומם...״*.[101] באותה שנה הוקמה גם תת-נפה (נאחיה) במליחה שבנפת באר-שבע. לאכרם ביי היה לדעת קושניר חזון שלם אודות פיתוחו של אזור הנגב, מה שיביא לתועלות מדיניות, בטחוניות, חקלאיות וכלכליות, ולהגדלת הכנסות המדינה.[102]

בין היתר מתארים המסמכים את באר שבע עצמה כמצויה בלב אזורם של הבדואים הנוודים (נומאדיים כלשון התעודה) ואת הקמתה של באר שבע כסנונית ראשונה האמורה להביא לייסודם של יישובים נוספים. מכאן עולה שהאזור היה בלתי מיושב לחלוטין עד ליוזמה שלטונית זו וכפי שנראה להלן, פרט לבאר שבע וחפיר [עוג'ה אל-חפיר], גם אחריה. מן העבר השני מוצגת עזה כעיר שסביבה קרקעות ממשלתיות רבות מאוד העומדות תחת לחץ הנדל"ן של גורמים זרים שונים. אכרם ביי הציע ליישב באופן הדרגתי מהגרים מוסלמים רבים באדמות הרחבות החל בבאר שבע ואחר כך ביפו ובעזה.[103] תיאור זה תואם גם תיאורים קודמים מהמאה ה-19. למשל בתיאור משנת 1838 של אדוארד רובינסון ועלי סמית' שכתבו בדרכם מעזה לחברון כי בנגב הצפוני מערבי באפריל 1838:

The whole of this vast level tract is the property of the government, and not of the inhabitants.[104]

מתעודות עות'מאניות נוספות, עולה כי בשנים אלו נעשו ניסיונות שונים לבצע רישום קרקעות על ידי השלטונות העות'מאניים, אך אין עדות ברורה להצלחה של אלו. במקביל ניתן לראות, כפי שאפרט להלן בפרק האחרון, כיצד בשנת 1903 נעשה ניסיון של הממשל העות'מאני למכור כמיליון דונמים של אדמות מדינה באזור באר שבע ובבאר שבע לתנועה הציונית למטרת התיישבות יהודים. ניסיון זה, גם אם לא עלה יפה, מעיד על כך שהשליט ראה את הקרקעות כבבעלותו, כמו גם על מידת אי יישובן.[105]

במאי 1908 התפרסם בעיתון "השקפה" נאום המושל אכרם ביי בפני השיח'ים בנגב. בנאום זה פנה ל"*זקנים ערביים ותושבים*" ובו פירט את הסדרים החדשים והשינויים באזור באר-שבע, וייסוד קצ'ה (נפה) חדשה. מרכזה יהיה בעיר באר-שבע, בה יוקמו על-ידי הממשלה בית רשות, מסגד, מגרש לצבא, תחנת טלגרף, בתי מגורים לפקידים, בית-ספר חקלאי, מגדל שעון לציון עת התפילה ועת העבודה, בורות עם משאבות מים לפיתוח מטעים בסביבתה, טחנות קמח, תנור, אוטומוביל, מיכון חקלאי, ועוד. כן תנתן תמיכה ממשלתית לכל החפץ לבנות בית באל-עוג'ה. הוא קרא לבדואים להשקיע בעיבוד האדמות וגידול תבואות שעודפיהן יספיקו לדעתו לתושבי ירושלים וסוריה, בשיטות מודרניות יותר ובכך להכפיל פי חמש את יבוליהם. הבדואים יוכלו לקבל הלוואות מסניף

בנק חקלאי שיוקם בבאר-שבע, ומיכון חקלאי חדש, וכך: *"...וככה תושעו מידי החלפנים וחוכרי אדמותיכם ובידיכם אתם תביאו אל בתיכם את כל מחיתכם כליכם ומכשירי עבודתכם."* להגברת ה"מוטיבציה" חילק המושל לנוכחים מתנות (בגדי חמודות וספר קוראן). זקני "ערב באר-שבע" הודו למושל במברק על החסדים שפיזר על אהליהם, ומתנותיו, אולם לא התייחסו להצעותיו הקונקרטיות יותר.[106]

מתוכן התעודות המקוריות בארכיון אכרם ביי שנותחו על ידינו (כעשר תעודות) הנוגעות לבדואים ולנגב בין 1906 - 1908, עולים הנושאים הבאים: במכתב של המושל אכרם ביי ללא תאריך ללשכה העליונה של השולטאן, מתוארת נפת באר-שבע כמדבר עם אוכלוסיית שבטים וערבים שאינה מיושבת. האוכלוסייה לא נרשמה ולא נפקדה, והוא מעריכה בכששים שבעים אלף נפש.[107] הבדואים *"שחיו מאות בשנים יחד עם גמליהם וסוסיהם תחת האהלים"*. באחת התעודות מתוארת הבעיה העיקרית שעמדה בפני השלטונות בשנים אלו באזור באר-שבע והיא בעיית רישום הקרקעות של הבדואים. בעלי הקרקעות מביניהם קבלו על עצמם מערכת משפטית פנימית שלהם ואינם מוכנים לדאוג לרישום קרקעות מסודר על ידי המדינה מפחד של הטלת מסים (להלן).

בנוסף לכך מתארים המסמכים את באר-שבע עצמה שהוקמה בשנת 1900 כמצויה בליבו של אזורם של הבדואים הנוודים (נומאדיים כלשון התעודה) ואת הקמתה של באר-שבע כסנונית ראשונה האמורה להביא לייסודם של יישובים נוספים כגון עוג'ה אל-חפיר. מכאן עולה שהאזור היה בלתי מיושב לחלוטין עד ליוזמה שלטונית זו. מן העבר השני מוצגת עזה כעיר שסביבה קרקעות ממשלתיות רבות מאד העומדות תחת לחץ הנדל"ן של גורמים זרים שונים. וכן תיאור של החוקר ויקטור גרן משנות הששים של המאה ה-19 לגבי מצאי הקרקעות בואך עזה שרובן ממשלתיות: *"חלק ניכר מהאדמות שייכות לממשלה שמחכירה אותן תמורת חמישית מההכנסות"*.[108]

מתעודות נוספות בתקופת כהונתו של עלי אכרם ביי כמושל מחוז ירושלים (1906 – 1908) עולה כי בשנים אלו נעשו ניסיונות שונים לבצע רישום קרקעות על ידי השלטונות העות'מאניים אך אין עדות ברורה להצלחה של אלו.

במקביל ניתן לראות, כפי שיפורט להלן, כיצד בשנת 1903 נעשה ניסיון של הממשל העות'מאני למכור כחצי מיליון עד מליון דונם באזור באר-שבע לתנועה הציונית. ניסיון זה, גם אם לא עלה יפה מעיד על בעלויות הקרקע באזור כמו גם על מידת יישובו.[109]

יסמין אבצ'י

החוקרת התורכית **יסמין אבצ'י**, שחקרה את המדיניות העות'מאנית בדרום ארץ-ישראל וייסוד באר שבע, מחזקת בהסתמך על מקורות בארכיון העות'מאני, את העמדה המקובלת במחקר כי המחצית השנייה של המאה ה-19 הייתה תקופה של צנטרליזציה באימפריה העות'מאנית. בדרום ארץ ישראל נעשו ניסיונות להשתמש בכוח צבאי לסיום המלחמות בין שבטי הבדואים לבין עצמם, ולהשגת שליטה של האימפריה. משנות התשעים של המאה ה-19 החל הממשל לנקוט בטקטיקות ואמצעים יותר משוכללים. בין היתר הוחלט ביוני 1899 על ייסוד המרכז העירוני החדש ומוסדות הממשל בבאר שבע. בכדי לעודד את חלוצי התיישבות הקבע בבאר שבע, רכשה הממשלה שטח של 2000 דונם תורכי (כל דונם תורכי = 919 מ"ר), שהופקד בידי העיריה החדשה. באר שבע המודרנית המתוכננת נבנתה ב-1900 כבירה אזורית וכמרכז אדמיניסטרטיבי, צבאי, ועיר שוק. ב-1903 הוצא צו אימפריאלי שקבע את המג'לס (המועצה) בבאר שבע כערכאה ראשונה של בית משפט במקרים הקשורים לאחזקת קרקע.[110]

רכישת קרקעות ג'מאמה – רוחמה (1911)

רכישת הקרקע הציבורית היחידה בנפת באר-שבע עד מלחמת העולם הראשונה היתה זו של ג'מאמה (רוחמה), שנרכשה על-ידי "חברת הכשרת היישוב" למען אגודה בשם "שארית ישראל" ממוסקבה ב- 1911. האדמה ששטחה כ- 6,000 דונם, נקנתה מן השיח' עלי ראש שבט העטאוונה למטה התיהאה. נתעוררו קשיים מצד השלטונות לאישור הקנייה מאחר ולא היתה רשומה בספר האחוזה. רק לאחר שרשמו הבדוים את אדמתם בספר האחוזה ואחר כך על-שם נתינים תורכיים וכן הפעלת לחץ ב"שער העליון" באיסטנבול אושרה הקנייה, והוחל ביישוב המקום.[111]

ערב ותקופת מלחמת העולם הראשונה

לאונרד וולי וט.א. לורנס (1913)

לאונרד וולי, שעבר באזור יחד עם **ט.א. לורנס** כלווי לסקר המיפוי של ניוקומב בינואר 1913, מתאר את האזור פעמיים במילה Barren שפירושו שממה והמקום הבנוי היחיד שהוא מזכיר היא העיר באר-שבע שהיתה קיימת כ-13 שנה בעת ביקורו.[112]

מפה 17. מפת ניוקומב, 1914-1909

מקור: Africa – Sinai Peninsula – Beer Sheba, North H-36 E-IV, 1: 125,000, S.F. Newcombe, R.E., War Office – Geographical Staff General Section, No. 2230, Southampton, 1915.

עיתון תורכי (1916)

בעיתון תורכי שפורסם במהלך מלחמת-העולם הראשונה (1916) מתואר אזור באר שבע במילים חריפות יותר:

> "*אנו סיירנו במדבר בזמן בו המאמצים הנזכרים לעיל* [הכוונה להנחה של מסילות ברזל, סלילת דרכים וכו' – ר.ק.] *עדיין לא הושלמו. באר שבע, שלא היו בה, אך לפני שנה, יותר משניים-שלושה בדואים, כעת התרחבה וזכתה במבנים רבים חדשים. היא גם יפתה מאוד.*"[113]

הקטע נלקח מכתבה גדולה יותר שפורסמה תחת הכותרת "המלחמה והלוחמים הנמצאים במדבר" Çöldeki Muharebler ve Muharibler. הכתבה פורסמה ב-**חרב מג'מועהסי** ("כתב העת של המלחמה") בגיליון מספר 11 מתאריך יולי

1332, רמצ׳אן 1334 [כלומר -יולי 1916], עמודים 165-169. המחבר חתם את שמו בראשי התבות פ.ר.) מאותה כתבה כולה עולה הרושם כי לפי השקפתו של המחבר, מלבד בנייני ממשל בודדים ובתי מגורים בבאר שבע, לא היו כל מבנים באזור הנגב בתקופה זו.

דוח״ות מודיעין בריטי (1917)

במקביל, התבצעו מחקרים של המודיעין הבריטי על הנגב ודרום ארץ ישראל במסגרת המערכה על ארץ ישראל במלחמת העולם הראשונה. לאחר חיפוש במסמכים מארכיונים בריטיים שונים ובעיקרם ארכיון הקרן הבריטית לחקירת ארץ ישראל והארכיון הלאומי הבריטי (PRO) מובאים כאן המחקרים הרלוונטיים לענייננו. מחקר כזה הוא הדו״ח **Military Handbook on Palestine** שיצא על ידי המודיעין הבריטי ביוני 1917. דו״ח זה נכתב על בסיס מפות, קציני מודיעין שונים שסקרו את האזור (כולל ניוקומב), סוכנים ומודיעים שונים. נכון לכתיבת הדו״ח הזה, היו באזור שני ישובים גדולים יחסית: עזה ובאר-שבע ומספר כפרים קטנים (עשויים בקתות בוץ) באזור עזה ובהם רפיח ודיר אל בלאח. על באר-שבע נאמר שלפני המלחמה [היינו- לפני 1914] התגוררו בה כ-800 תושבים בדואים והישוב אף תואר כ- Native Village בחלקו.[114] מקום בנוי נוסף המתואר הוא עוג׳ה (ניצנה של ימינו) המתוארת כבסיס צבאי בלבד שפונה על ידי הצבא התורכי לפני פרסום הדו״ח. שבט התרבין מתואר כבעל אדמות ומעבדן באזור באר-שבע.[115] מטה התיאהה מתואר כמטה שמעבד אדמות ואף בדרך להעשות פלאח. יתר השבטים מתוארים כשבטים של רועים בלבד ובכל מקרה אינם מתגוררים בבתים בנויים.[116]

יצחק בן צבי ודוד בן גוריון (1918)

יצחק בן צבי ודוד בן גוריון, בספרם ״ארץ ישראל״ משנת 1918 מתייחסים לשלהי תקופת השלטון העות׳מאני בארץ-ישראל (שנסתיימה ב- 1917 - 1918), הם טוענים כי בנגב התגוררו כ- 55,000 בדואים שהם נוודים [מסתמכים ככל הנראה על סקריו של רופין מ-1914 הנוקב במספר דומה. ר.ק]. בנוסף, כותבים על באר-שבע וסביבתה כך: *״הנפה (קדאא) של באר-שבע היא מהנפות הגדולות בסנג׳ק של ירושלים. היא משתרעת על פני 3,000 קמ״ר ומעלה...על פני השטח כולו אין למצוא, פרט לבאר-שבע, אפילו ישוב קבע אחד״.*[117]

מקורות רשמיים מתקופת המנדט

מקור חשוב השופך אור על המצב היישובי, הדמוגרפי ועל מקורות תעסוקה בשנות העשרים והשלושים של המאה העשרים הם שני מיפקדי אוכלוסין סטטיסטיים שנעשו על ידי שלטונות המנדט הבריטי ב-1922 וב-1931.

מיפקד מנדטורי (1922)

ב-1922 נערך המיפקד המדעי המערבי הראשון של אוכלוסיית ארץ ישראל על ידי שלטונות המנדט הבריטי בניהולו של ג׳ון ברנרד בארון. במבוא לספר המיפקד מציין האחראי עליו בארון, כי החלק היחיד של האוכלוסייה שלגביו לא הושגו נתוני מיפקד הוא השבטים הבדואים של באר-שבע. ה״צ׳יפים״ [השיח׳ים. ר.ק.] לא הצליחו לשכנע את אנשי שבטיהם שמטרת המיפקד אינה למטרת ספירת זכרים לגיוס לצבא... לכן לא מילאו את הטפסים שהותאמו במיוחד לצרכי הבדואים:

> *The chiefs were unable to convince their tribesmen that the object of census was not for purpose of enumerating the males with a view to military service...*[118]

לכן נערך אומדן של מספרם. המספר של הבדואים במחוז הדרומי (כולל תתי-מחוז באר-שבע, עזה וחברון) חושב על-פי אומדן כ- 72,898 (סך כל אוכלוסייה שנפקדה במחוז הדרומי, כולל אוכלוסיית תושבי קבע, מופיע כ- 200,920), וזאת בעזרת רשימות מסים משנת 1918 שכללו שמות כל אדם ששילם מעשר (tithe), או עיבד קרקע בתחומי אזורי השבטים בנפות באר-שבע, עזה וחברון, ובנוסף מידע שסופק ע״י השיח׳ים על מספר המשפחות בכל שבט ותת-שבט. נעשתה גם השוואה לפקטור של מספר ממוצע של אנשים למשפחה בשבטים הנוודים באזור בית-שאן. נתון זה הפתיע גם את הסוקרים עצמם והם ניסו לנמק זאת בתופעה בה השנים הגשומות בנגב סביב 1920 – 1921 הביאו להגירה חסרת תקדים באופן זמני של שבטים בדוים מהחג׳אז ודרום עבר הירדן לאזור באר-שבע בעיקר כתוצאה של רצף גשם מספיק ולחץ של שבטים אחרים ממזרח לנהר הירדן. יש לציין שנתון זה מובא בהשוואה לנתונים של הרשויות העות׳מאניות שחישבו את אוכלוסיית השבטים של באר-שבע בשנת 1914 כ- 55,000 נפש. (לא נמסר המקור לנתון זה).[119]

בטבלה במיפקד 1922 מובאים נתונים לאוכלוסיית העיר באר-שבע – 2,356 (2,012 מוסלמים, 98 יהודים, 235 נוצרים, 11 דרוזים). בעזה – 17,480 (16,722 מוסלמים, 54 יהודים, 701 נוצרים, 3 מתואלים).[120]

מיפקד מנדטורי (1931)

עורך המיפקד אריק מילס מציין כי הנומדים האמיתיים היחידים בפלשתיין הם הבדו (כלומר בדואים) תושבי תת-מחוז באר-שבע. במיפקד נקבע כי "בהווה (1931) הבדואים של באר-שבע נייחים (לא משתנים) בנוגע לגידול, או, לכל היותר, גדלים באופן איטי ביותר...".[121] כבר הוסבר, הוא מוסיף, כי מסיבות משותפות לרוב האנשים הפרימיטיביים התנגדו לעריכת המיפקד. לא היה טעם לעשות זאת בכורח כיון שאז היו נעלמים זמנית לסיני, סיני או המדבר שמדרום מזרח לבאר-שבע. בנוסף הוא מציין כי היה נסיון לערוך את הנתונים באופן שתתאפשר השוואה לנתוני מיפקד 1922.[122]

ב-1931 הגיע מספר האוכלוסייה הנוודית ל- 66,553 ממנה נוודים אמיתיים (true nomads) -47,981 נפש. זאת לעומת האומדן של 1922 - 71,108 (הפחתה של 23,127 נפשות או 32.5 אחוזים. הסבר כיצד נעשה האומדן ב- 1922 (רשימות מס והשוואה עם תת-מחוז בית שאן... מצוין שהעות'מאנים קבעו את אוכלוסיית באר-שבע ב- 55,000 ב- 1914 והעליה הוסברה בהגירה זמנית מהחג'אז ועבה"י כתוצאה מרצף שנות גשם ולחץ שבטים אחרים מעבר לנהר הירדן.[123] לא ברור מדוע מצוטט במיפקד 1931 המספר של 71,108 נפשות לפי מיפקד 1922 לתת-מחוז באר-שבע, בעוד שבמיפקד 1922 מופיע האומדן המספרי של הבדואים בכל המחוז הדרומי (כולל תתי-מחוז באר-שבע, עזה וחברון) כ- 72,898.

לדעת עורכי מיפקד 1931 היה האומדן של 1922 מוגזם מאוד, והשיטות בהן נעשה מוטלות בספק. ב- 1931 אומצה שיטה של ספירה פרימיטיבית. קצין המיפקד של המחוז (עארף אפנדי אל עארף .M.B.E* Member of the British Empire* כמצוין בהערה למטה) ספר את האנשים ע"י בילוי 5 חודשים בלווית שיח'י השבטים ותת-השבטים, והכניס לרשימות (טבלאות) את פרטי המשפחות שניתנו לו במקום שמשפחות אלו היו באותו זמן. ביום המיפקד (18 נובמבר 1931), שמות 77 תת-שבטים כולל האוכלוסייה, נרשמו על פיסות נייר שהוטלו לקופסה... (תיאור אופן עריכת המידגם). עארף אל עארף היה סבור כי הפחית בספירתו בכ- 20 אחוזים מן האוכלוסייה הנוודית. יחד עם זאת המידגם שנערך לא תומך בדעתו.[124]

באשר למצב היישובים הרי שבכל הקשור למחוז באר-שבע מצוין במיפקד 1931 באופן חד משמעי כי לא נמצא אף לא בית בנוי אחד:

Beersheba sub district must, of course, be excluded as having no villages...
The Beersheba sub-district must be largely, Mewat in character.[125]

האנתרופולוג חוקר הבדואים בנגב עמנואל מרקס טוען כי במיפקדים הרשמיים מ-1931 ו-1946 היו תוצאות חלקיות ובלתי ברורות. לקראת סיום המנדט הבריטי חיו בנגב כ- 55,000 – 65,000 בדואים, נתונים אלו הן הערכות מירביות לדעת מרקס לפי ספרו של יעקב שמעוני שמסתמך על נתוניו של עארף אל עארף.[126] הוא גם מצטט את נתוניו של Muhsam Helmut [שמו בעברית - מיוזם. ר.ק.] שהביא נתוני מיפקד 1946 בין הערכה מירבית לפי צילומי אויר – 57,000 לבין 95,000 במיפקד מאוהל לאוהל. מיפקדים אלו לא כללו את שבטי הג'האלין.[127]

מדריך בריטי (1920)

בספר השימוש (Handbook) של ממשלת המנדט הבריטי משנת 1920 מתואר המדבר שדרומית לבאר-שבע כלא מיושב כלל מלבד מספר נוודים. נקודות הישוב הקרובות ביותר המתוארות הן מספר כפרים קטנים על חוף הים התיכון סמוך לעזה ובהם ח'אן יונס ודיר אל בלח. אלו מגדלים גידולים שונים ובהם תאנים וטבק. באר-שבע מתוארת כעיר עם כ- 800 תושבים בדואים. נתון זה מסתמך, קרוב לוודאי, על נתוני הדוחות ממלחמת העולם שהובאו לעיל.[128]

מדריך בריטי (1924)

בספר השימוש (Handbook) של ממשלת המנדט הבריטי, כפי שתורגם רשמית מאנגלית לעברית ופורסם בשנת 1924 מוזכר המצב הישובי הנזיל והבלתי יציב ששרר באזור בתקופה המתוארת: *"על הגבולות שבין המדבר והארץ המיושבת נוטים התושבים לשנות את מנהגי חייהם. הנוודים שבהם נעשים יותר מיושבים והתושבים הקבועים מתחילים לנדוד".*[129]

וילג' סטטיסטיקס מנדטורי (1938)

בשנת 1938 פורסמה סטטיסטיקה מפורטת של הכפרים בפלסטיין על ידי ממשלת המנדט בארץ ישראל. זו נעשתה בעיקר לצורכי מיסוי. היא כללה פירוט

של שמות כל הכפרים בארץ ישראל כולל נתונים דמוגרפיים, ופירוט על קרקעות והיקף העיבודים החקלאיים בכל כפר. כבר בתחילת הכרך שפורסם מופיעה בהערת ההסבר המקדימה (Explanatory Note) ביחס לפרסום, התייחסות רלבנטית לענייננו ביחס לבדואים בנגב כדלהלן:

> 6. Since the *Rural Property Tax Ordinance has not been applied to the Beersheba Sub-District, and since the population of that Sub-District is largely nomad, figures in respect to it has not been included in the volume.*

מכאן ניתן להבין שרוב האוכלוסייה בתת-מחוז באר שבע הייתה בשנה זו נוודית, ולא היו שם כפרים.[130]

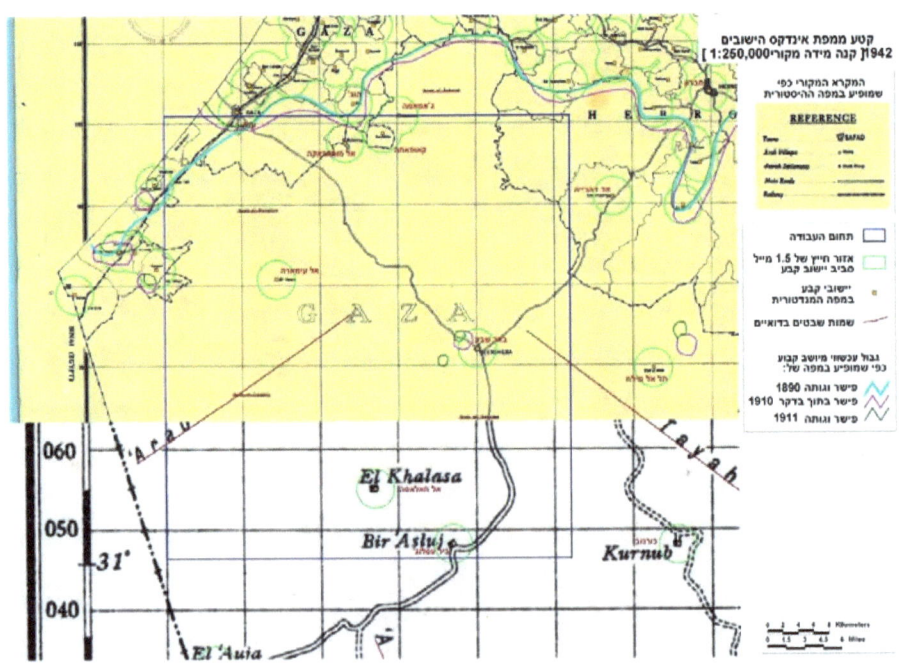

מפה 18. חלק ממפת אינדקס הכפרים והיישובים בפלשתינה, 1942

מקור: Palestine, Index to Villages and Settlements, 1: 250,000, Survey of Palestine, Jaffa, 1942.

אינדקס כפרים ויישובים מנדטורי (1942)

ממפת "אינדקס הכפרים והיישובים בפלשתינה" משנת 1942, אנו למדים על מיעוט יישבי הקבע בנגב. הוספנו על מפה זו את גבולות יישובי הקבע לפי שלוש המפות של פישר (1890 – 1911) שהוזכרו לעיל. מדרום לגבול האזור המיושב, לא מופיעים כמעט כל יישובי קבע.[131]

וילג' סטטיסטיקס מנדטורי (1945)

מקור מאוחר יותר העומד לרשותנו הוא ה"**וילג' סטטיסטיקס**" של ממשלת המנדט משנת 1945, והמפה המצורפת לו. על פי מקור זה, לא היה כל ישוב קבע במשולש שמצפון לבאר-שבע בין הדרך לעזה והדרך לחברון עד אד-דהריה בצפון מזרח לבאר-שבע, רוחמה וג'מאמה, וכן כופח'ה ומוח'רקה (שניהם כפרים חדשים שנבנו בתקופת השולטאן עבדול חמיד השני בסוף המאה ה-19) בצפון מערב, אשר גם לא שוייכו משום כך לתת-מחוז באר שבע.[132]

במקור מנדטורי רשמי נוסף וחשוב – **הדוחות האדמיניסטרטיביים של ממשלת המנדט** לשנה המסתיימת ב- 31.12.1946 – **צוין במפורש כי לא היה אף כפר ערבי בתת-מחוז באר שבע.** בטבלה בעמוד 627 של הדו"ח שכותרתה *Settled Population, by Town and Sub-District (Estimated as* at 31st *December, 1946)* מופיעים הנתונים הבאים לגבי תת-מחוז באר שבע: סך כל האוכלוסייה המיושבת התיישבות קבע בתת המחוז 7,000 נפש. מהם בעיר באר שבע 6,490 נפשות (6,270 מוסלמים, 510 יהודים, 210 נוצרים, ו- 10 אחרים). בכפרים (Villages) של תת-מחוז באר שבע ישנן בסך הכל 510 נפשות (כולן של יהודים). כלל האוכלוסייה המיושבת קבע בפלסטיין באותו מועד הייתה 1,846,000 מתוך סך כל אוכלוסייה של 1,912,200 נפשות.[133] מכאן ניתן להסיק שסך כל האוכלוסייה הלא מיושבת (הנוודית) בכל שטח ארץ ישראל [כולל הנגב. ר.ק.] היה 66,200 נפשות.[134]

חוקרים ומחקרים מתקופת המנדט

סוג נוסף של מידע טמון במחקרים שונים על הבדואים משנות העשרים, השלושים והארבעים של המאה העשרים. מידע זה נכתב לרוב מהיכרות בלתי אמצעית עם האוכלוסיה הבדואית בנגב בשלהי התקופה הנחקרת. חלק

מהחוקרים פירסמו את מחקריהם לקראת סוף התקופה וחלקם פורסמו מאוחר יותר אך מבוססים על מחקר ראשוני.

עארף אל עארף (1933 – 1934)

החוקר הראשוני והחשוב ביותר של הבדואים בנגב בתקופת המנדט היה ההיסטוריון הערבי **עארף אל עארף**, מי שהיה בשנים 1928 – 1939 קצין מחוז של ממשלת המנדט בבאר-שבע, ובשנים 1939 – 1942 קצין מחוז בעזה. רוב החוקרים בני ימינו מרבים לצטט את אל עארף הנסמך בעיקר על ראיונות והיכרות מעמיקה עם שבטי הבדווים, אך גם על מקורות כתובים ערביים ואירופיים הכוללים ספרות נוסעים וספרות מחקר היסטורי. הדברים העולים מתוך שני ספריו (*שבטי הבדואים במחוז באר-שבע*, בערבית: *אלקצ'א בין אלבדו* שראה אור בערבית בשנת 1933 ותורגם לעברית ב-1935; והשני *תולדות באר-שבע ושבטיה*, ובערבית *תאריח' ביר אלסבע וקבאילהא* שראה אור בשנת 1934 ותורגם לעברית בשנת 1937),[135] ראויים גם הם לבחינה כיוון שלעיתים אינם מתיישבים עם נתונים אחרים או סותרים את עצמם. אסף לחובסקי סבור כי אל עארף הושפע משלושה סוגים של כתיבה מערבית על החברה הבדווית בשעה שכתב את ספרו: ספרות אתנוגרפית, ספרות מסע מערבית, וכתיבה מנהלית על הבדוים. לדעת לחובסקי אל עארף אף הושפע מאד מאלואיס מוסיל (מוסיל, 1907 – 1908) אחד החוקרים החשובים של הבדואים ושל המשפט הבדווי.[136]

האזכור החשוב ביותר כפי שהוא נוגע לבנייה בנגב בתקופת שירותו של עארף אל עארף, נוגע דווקא לנושא השימוש המשני באבני אתרים ארכאולוגיים לבניית בתים בבאר-שבע, עזה, ולסלילת הדרך בין באר-שבע לחברון. מאילו ניתן ללמוד על החרבות הרבות בנגב ועל היעדר בנייני מגורים סדורים. בנוסף לכך ישנם איזכורים של מבני דת ומשטרה במספר מקומות בלא איזכור למרחב בנוי סביבן. מתוך ספריו המפורטים של עארף אל עארף לא ניתן למצוא כל זכר לקיומם של מבנים מסודרים או ספוראדיים בשטח המחקר מלבד מבני שלטון ודת מעטים. אין כל זכר למרחב פרטי בו מלבד בעיר באר-שבע.

כך כותב עארף אל עארף על העיר באר-שבע וייסודה:

> *לאחר זמן מה מייסוד העיר, קנתה הממשלה מידי שבט המוחמדיין שטח בן אלף דונם בערך (במחיר מג'ידיה אחת לדונם) ונתנה אותו במתנה למועצה*

העירונית, למען תמכור זו משטח הקרקע לכל מי שירצה להתיישב שם מבני הערים הסמוכות (המשפחות שהשתקעו בב"ש בעת ייסודה: משפחות בטרו (פטרו - נוצרים), בסיסו, שעת, ה"שראבסיה", ה"עכאליך", ה"חלביה", "קיסיה" כרכיה, צאיג שראפאת, תורכיה, נזלי, ברדיני, קטינה ואחרות). כן נתנה דונם אחד במתנה גמורה לכל בדואי שרצה להתיישב, בתנאי שיבנה לעצמו מעון וישב בו. אחר הקימה הממשלה מעון לעצמה בשביל משרדיה וכן גם קסרקטין לצבא (את הוצאות בית הממשלה והקסרקטין גבתה מהבדואים) ובתים אחרים. בזמן ההוא משל בה קאימקם חרוץ בשם אצף ביי. בימי שלטונו הוסיפה ב"ש על התפתחותה היישובית.[137]

על-פי תיאוריו של אל עארף מאז היסוד גדלה העיר באר-שבע, וקוימו רוב הבטחותיו של המושל אכרם ביי והממשל, ובמקביל חלו שינויים אדמיניסטרטיביים נוספים במעמד המינהלי של האזור. ב- 1902 היה מספר תושביה לא יותר מ- 300 נפש. ב- 1911 למעלה מ- 800. אז החליטו התורכים להעלותה במדרגה וקבעו אותה למקום מושב סגן המתצרף. כשהוכרזה הקונסטיטוציה בתורכיה (1908) הוחזרו הסידורים הראשונים וב"ש נעשתה קאימקמיה כמקודם. מהבנינים שנבנו בימיו – בית העיריה ששמש אח"כ מעון למושלי המחוז, וכן בנין להספקת מים ששאבה את המים מבאר "אלנשלי", ובריכה שבה אצרו את המים כדי לחלקם בין התושבים בקצוי העיר. כמו כן הוקמו: טחנת קמח ומסגד גדול משוכלל מבחינה אדריכלית, בית ספר בן שתי קומות (הגדול והיפה בכל בנייני בתי-הספר שיש לה לממשלת א"י כיום) ובנין העיריה. לצדי הבנין נטעו עצים רבים. כן הוקם הבנין לשרות טלגרפי.[138]

עארף אל עארף, צירף לספרו המקורי השני בערבית משנת 1934 (*תאריח' ביר אלסבע וקבאא'להא*) מפה אשר כללה פירוט יישובים וכפרים כמו גם גבולות של אזורי המחייה של המטות הבדואים בנגב. את הגבולות בין המטות סימן במפה המקורית שלו בערבית, בקו של אהלים במפה ובמקרא, כפי שהיו במועד כתיבת ספרו. בחינת המפה מלמדת כי לא היו כל יישובים בנגב. יישובי הקבע היחידים המוזכרים על ידו הנם: באר-שבע, חלסה ועוג'ה.[139]

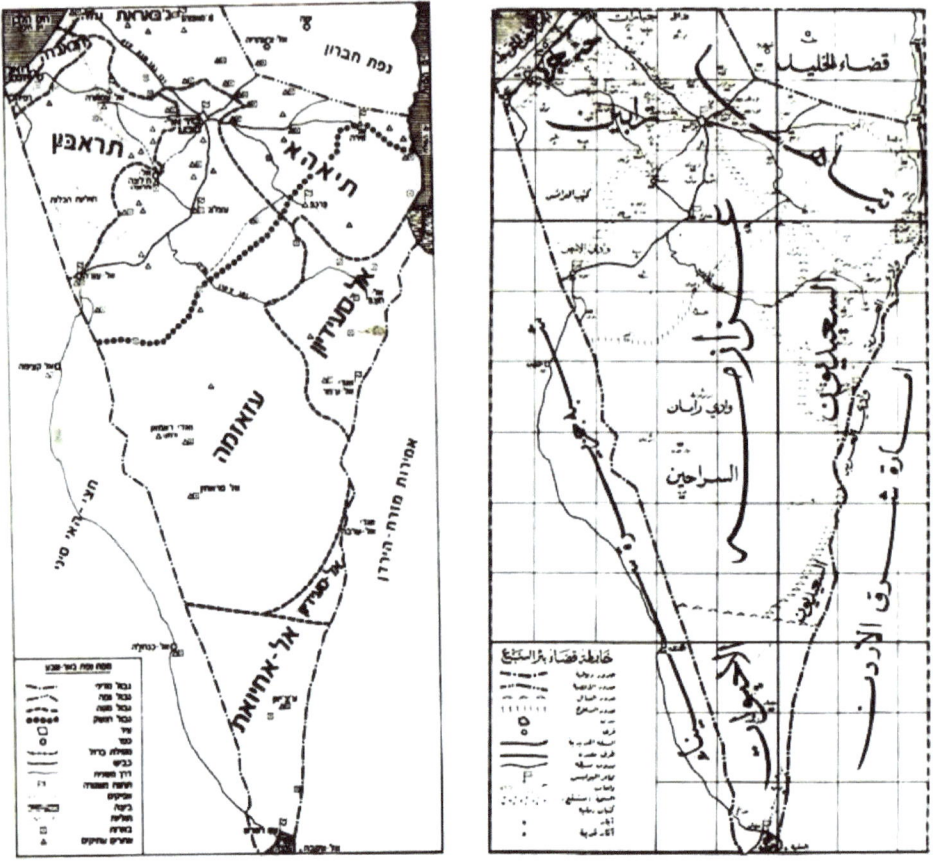

8. מטות שבטי באר-שבע, 1934. לפי עארף אל-עארף. משמאל: תרגום עברי

מפה 19. מפת שבטי הנגב של עארף אל עארף בערבית, 1934 (עם תרגום לעברית)
המקור בערבית בתוך: עארף אל עארף, *תאריח' ביר אלסבע וקבאאילהא*, מטבעת בית אלמקדס, אלקדס (ירושלים), 1934. המקור בעברית בתוך: יהודה גרדוס ואליהו שטרן (עורכים), *ספר באר שבע*, הוצאת כתר, ירושלים, 1980.

אליהו אפשטיין-אילת (1933)

אליהו אפשטיין (לימים **אילת**) חקר את שבטי הבדואים בעבר הירדן בעיקר, בשנות העשרים והשלושים של המאה העשרים ופרסם את את ספרו בשנת 1933 ובמקביל פרסם מאמרים גם בכתב העת של הקרן הבריטית לחקירת ארץ

ישראל. בתהליכי ההתנחלות של הבדואים המתוארים על ידו לא מתוארים בנייה של יישובים אלא במקרים רבים עלייה בערכה של הקרקע. במקרים אחדים מתאר אפשטיין חניית נכבדים בדואים בקרבה ליישובים קיימים אך לא מתוארת ישיבה בישובים משלהם. יש להדגיש שלא חקר בפירוט את הנגב והדוגמאות למחקריו הן מעבר הירדן בלבד.[140]

ג'ורג' עדן קירק (1938)

מאמרו של **גורג' עדן קירק** (Kirk) מ-1938, מתאר ממצאי דו"ח של משלחת הסקר הארכיאולוגי של ארץ-ישראל למדבר הדרומי לשנים 1937 – 1938, שנערך בהנהלת P.L.O. GUY, עם קירק כעוזר ארכיאולוגי, הארכיטקט D. Bellerby, ומוחמד בראכאת מעזה כעוזר כללי. המסלול עבר מבאר שבע לכורנוב [כיום ממשית. ר.ק.], ומכורנוב לעין חוצוב [כיום עין חצבה. ר.ק.] בערבה. בכל המאמר ולאורך כל מסלול הסקר, המתואר במפה הכלולה בו, לא מצוין אף יישוב מודרני פרט לבאר-שבע.[141]

במאמר זה, מדובר רק על ח'רבות עתיקות, בורות ובארות מים עתיקות, ועיבוד אקסטנסיבי מועט במספר ואדיות. כפי שהרחבתי לעיל לגבי משמעות המושג ח'רבה, הרי שמדובר במונח מקובל אשר משמעותו ידועה, ואין כל בסיס לדברים לפיהם "ח'רבה" הנה יישוב פעיל. בכל מפות המאה ה-19 ותחילת המאה ה-20 מופיעות הח'רבות כמקום הרוס. לפי מיטב ידיעתי וניסיוני המחקרי רב השנים, שימוש זמני וארעי, כגון הקמת מאהל לפרק זמן מוגבל, על שרידי יישוב או על מבנה קדום שנחרב, לא נחשב בעבר כישוב.[142]

מיכאל אסף (1941)

חוקר החברה הערבית והאיסלאם **מיכאל אסף** פירסם את סדרת הספרים היסודיים שלו על תולדות הערבים בארץ ישראל למן המאה השביעית ועד לתחילת המאה העשרים, בשנת 1941. בספרו של אסף מתוארים דגמים של שליטה וזיקה לקרקע ואף מתוארים במרומז תהליכי התנחלות בקרב החברה הבדואית. עם זאת לא מתאר אסף בנייה של ישובי קבע. את העובדה שהחברה הבדואית לא עוסקת בבנית ישובי הקבע ניתן להסביר בטענתו של אסף, המסתמכת על בדיקה עם ההיסטוריה שבעל-פה של שבטי הבדואים בנגב לפיה תהליך כניסתם של רוב שבטי הבדואים לאזור אירעה במהלך המאה התשע עשרה, לפעמים לפי אסף (כמו במקרה של פלג מפלגי התראבין) ברבע האחרון של המאה התשע עשרה.[143]

טוביה אשכנזי (1922 – 1960)

חוקר נוסף של אוכלוסיות נוודיות שונות בארץ ישראל הוא האתנוגרף ד״ר **טוביה אשכנזי** שהחל את מחקריו בשנות העשרים של המאה העשרים. אשכנזי ביסס את מחקריו על מחקרים שונים ועל היכרות אישית ומעמיקה עם האוכלוסיה הבדואית והמיעוטים האתניים בארץ ישראל כולה. ספרו *הבדוים מספרים* ראה אור בשנת 1940, וספר מקיף על *הבדוים: מוצאם, חייהם ומנהגיהם* ראה אור ב- 1957. כמו כן, מאמרים שונים על הבדואים בנגב ובעבר הירדן במספר שפות וכתב יד של ספר נוסף, שלא פורסם.[144]

בספרו מ- 1957 הוא מתאר את המצב היישובי כך:

> *...לעיתים על אדמה השייכת להם אך על פי רוב על אדמה חכורה. הם מעבדים את הקרקעות על ידי אריסים או חראטים ורק לעתים רחוקות בעצמם. ברובם גרים הם באהלי שער עזים ובחלקם בחושות (סוכות) וצריפים מעץ ופח - מה שמעיד כבר על מעבר מחיי בדווים למחצה לחיי מתנחלים.*

על פי אשכנזי, השאיפה המרכזית בקרב הבדואים בנגב היא לעבור לחיי קבע. אליבא דאשכנזי, הנטייה לחיי קבע אצל הבדואים החלה לדעתו עוד לפני מלחמת העולם הראשונה, אך רכישת השטח נעשתה בדרך של השתלטות אלימה ואף תוך זלזול מופגן בתהליך של רכישת קרקעות. כמו כן מתואר תהליך של רכישת קרקעות וחקלאות מסודרת למסחר, בניית מבנים חקלאיים ורכישת מיכון (טחנות קמח). חלק מרכישות האדמה נעשה על בסיס הסכמים שבעל פה בין בעל הקרקע לקונה והתשלום נעשה בסחר חליפין של מוצרים ומכאן אף מתחילה בנייה של בתים.[145] דברים דומים ברוחם ואף יותר מכך מופיעים בפירסומים נוספים של אשכנזי כפי שנראה להלן.[146]

יש לציין שלמרות שלא מתוארים תאריכים או תקופות ספציפיות של רכישה והשתלטות על קרקעות ניתן להניח, על פי התקופה בה ערך אשכנזי את מחקריו, כי הדברים תקפים לפרק הזמן שבין 1937 – 1956. בכתב-יד מאוחר יותר של אשכנזי על הבדוים שלא פורסם הוא התייחס גם לתקופת ראשית המדינה בנגב.[147] שלושה ספרים שלו על הבדוים ראו אור מחדש בשנת 2000.[148]

ב.א. לאו (1944)

במאמר משנת 1944 מתאר סגן מנהל מחלקת החקלאות של ממשלת המנדט **ב.א. לאו (Lowe)** את האזור כ:

> *... the areas inhabited only by nomadic Bedouin who live in tents and wander over wide or limited areas in accordance with the productivity or otherwise of their lands and the presence or absence of scanty grazing for animals.*[149]

יעקב שמעוני (1947)

חוקר החברה הערבית **יעקב שמעוני** פרסם את ספרו "ערביי ארץ ישראל" בשנת 1947 ונחשב אחד מברי הסמכא הגדולים לנושא. בספרו אין הוא מתייחס התייחסות פרטנית לנושא ישובי הקבע הבדואים, אך טוען באופן כללי שביחס לתקופה בה נכתב הספר נמצאים הבדואים בתהליך מעבר מנוודות לחקלאות.[150]

יוסף ברסלבסקי (1947)

חוקר ארץ ישראל **יוסף ברסלבסקי** [לימים ברסלבי. ר.ק.], פרסם את ספרו "הידעת את הארץ" (שישה כרכים) בין 1946 ל- 1964. בכרך ב' "ארץ הנגב", מתאר ברסלבסקי מספר תיאורים מפורטים הנוגעים לעניין הקרקעות, הבתים והחקלאות באזור, בשל קוצר היריעה והזמן בחרנו להביא עיקרי הדברים:

> *העדר "קושאנים" בידי הבדוים על קרקעותיהם, מיאונם של השלטונות המצריים והארצישראליים בימי השלטון התורכי להודות בבעלותם של הבדוים על קרקעות הנגב וסירובם לאשר את הקניות מידיהם; העדר קדסטר על הקרקעות בנגב גם לאחר הכיבוש הבריטי ודחיית סידורו - אלו הם המעצורים הגדולים ביותר בהגשמת רעיון תחייתו של הנגב. נוסיף על כך את סירובם של השלטונות הבריטיים, בראשית תקופת הכיבוש, להקצות למוסדותינו המיישבים שטח אדמה קטן בקרבת באר-שבע לתחנת-נסיון חקלאית, לשם לימוד תנאי הנגב וחקירתו מבחינה ישובית-חקלאית-מדעית, מתוך טענה כי הבעלות על אותו שטח "טרם" הוברר; נציין גם את השתלטותם של תושבי עמק-החוף על כל השטחים*

הראויים לעיבוד באדמת הג'יפתליק (קרקעות הממשלה) של רפיח, המשתרעת על-פני 90,000 דונם, אדמה שעל-פי הסעיף הששי של המנדט צריכה היתה להמסר בחלקה הגדול להתישבות עברית; ואם עוד נביא בחשבון את הקשיים במשא ובמתן עם הבדוים ובהבטחת הבעלות היציבה על האדמה הקניה מידי בעלי חזקה שונים, נבין מדוע נכשלו נסיונותיהם של יחידים ושל חבורות בגאולת הנגב ולמה הוסחה דעתם של מוסדותינו המישבים מן הנגב אל אזוריה הגשומים של הארץ, אשר רק בהם אפשר היה להבטיח למתישב על אדמת הלאום לחם ועתיד חקלאי.[151]

בעמודים 27-26 בספרו מביא ברסלבסקי דברים דומים :

במכתב מיום 25.11.1903 , שערך הד"ר י. לוי אל הד"ר הרצל, באמצעותו של לבונטין, מפרש הכותב את תכנית הברית עם הבדוים לאמור: צעירים יהודים מוכשרים יחדרו אל בין הבדוים של הנגב, חצי-האי סיני, עבר-הירדן והמדבר הערבי-הסורי, כדי לרכוש מעט מעט את אהדתם למטרותיה הלאומיות של התנועה הציונית. בתחילה ישבו הצעירים הללו בקרב הבדוים כמגדלי צאן ובקר, ורק לאחר שירגישו קרקע מוצקת מתחת לרגליהם יעברו גם לחקלאות. רכישת הקרקעות באותם האזורים לא תהיה קשה. ***בשטחי הבדוים אין קדסטר של הממשלה התורכית, וספרי אחוזה הם בל יראו ובל יימצאו. השייח'ים כמעט שאינם מודים בשלטון התורכים והם הנותנים שטרי-מכירה בידי הקונים. הבעלות על הקרקע מתאשרת בעיקר על-ידי "חזקה"...*** [הדגשה שלי. ר.ק][152]

חנינא פורת (1947)

חנינא פורת, אשר חקר את ההתיישבות בנגב בתקופת המנדט וראשית מדינת ישראל, פרסם מספר ספרים ומאמרים. פורת צירף לספרו מפה, המתייחסת לשנת 1947 – "מפת הרכישות של קק"ל בנגב עד 1947". ניתן לראות כי לא מסומן במפה זו ולו כפר ערבי אחד בתת-מחוז באר שבע.[153]

לסיכום חלק זה המבוסס על מגוון מקורות ראשוניים הכוללים ספרות נוסעים, דוחות שונים של שני ממשלים ומקורות נוספים (עיתונות התקופה ועוד) ניתן לומר מספר דברים על הדגם היישובי בנגב בשנים 1838 עד 1945 :

- המבנה הראשון המוזכר באזור המתואר הינו מבנה ממשל בודד שאינו קשור כלל לכל מערכת ישובית קיימת (מצודה על ואדי פתיס).
- בתחילת המאה העשרים, בשנת 1900, הוקמה עיירה בבאר-שבע, גם היא ביוזמה שילטונית, על אדמות שבחלקן נקנו על ידי הממשלה מהבדואים ובחלקה הוכרזה כאדמת מדינה וגם היא ללא כל מערכת ישובית סביבה.
- לפחות עד 1931 לא מוזכר במקורות שנבדקו כל ישוב בשטח הנסקר ואף לא קרוב אליו, ב-1945 מופיעים בנתונים ארבעה כפרים שגם הם מרוחקים מרחק גדול מהשטח הנסקר.
- ברוב המקורות, מודגש המצב ההפוך בו אין כל ישוב בשטח הנסקר ולעיתים אין אנשים כלל.
- מתוך חלק מהמקורות עולה מצב של תנודות חריפות במספר תושבי האזור עקב תנאי אקלים קשים ומשתנים, שאינם מאפשרים בניית ישובי קבע ויציבות של האוכלוסיה.

גם אם החוקרים שחקרו את החברה הבדווית בנגב בתקופת המנדט הם מעטים, ניתן לסכם ולומר על פי המחקרים שהוצגו לעיל כי החל משנות השלושים החל תהליך ההתנחלות של הבדואים בנגב בצורה לא אחידה ולא סדירה, בנייה לא היתה באופן סדיר וגם לא באופן קשיח, נושא הבעלות על הקרקע היה ככל הנראה מושג נזיל. הקרקע לא עברה לידי מחזיקיה באופן חוקי (מבחינת חוקי המדינה), אלא בתהליכים של השתלטות אלימה בין הבדואים לבין עצמם (ראו להלן בפרק העוסק במעמד המשפטי של הקרקעות). חשוב לציין כי חלק מחוקרים אלו ואחרים באותה תקופה, מרבים לצטט מקור אחד עיקרי והוא ספריו של מושל באר-שבע והנגב בתקופת המנדט עארף אל עארף.

ניתוח על-פי מפות מקוריות בנות התקופה

ארץ ישראל מופתה רבות במהלך ההיסטוריה על רקע מקומה המרכזי בהיסטוריה של היהדות, הנצרות והאיסלאם. הנגב, בהיותו חבל ארץ מרוחק עם

קשיי נגישות נותר כאזור האחרון בארץ-ישראל שנחשב כלא ממופה בהשוואה לאזורים אחרים. במסגרת עבודה זו נעשה ניתוח מפות שיטתי ומפורט של עשרות מפות היסטוריות של הנגב, דבר שלא נעשה עד כה על-ידי אף אחד מהחוקרים\חוקרות של האזור. בחנו מפות היסטוריות של הנגב ממסע המלחמה של נפוליאון ב- 1799 ועד להקמתה של מדינת ישראל ב- 1948, תוך התמקדות בניתוח מרחבי של השינויים הנופיים וההתיישבותיים שחלו בנגב בתקופה זו. בשלב הראשון של המחקר איתרנו מפות היסטוריות רבות של הנגב בארכיונים ובספריות בישראל ובחו״ל. אלה כללו מפות של נוסעים וחוקרים בודדים, משלחות מחקר ואטלסים, ומפות של גופים ממשלתיים. כל המפות הללו נסרקו, ולאחר מכן עוגנו לרשת גיאוגרפית או לרשת ישראל החדשה. הדיוק המרחבי של המפות נבחן על-ידי השוואת הקואורדינטות של כשלושים אתרים ויישובים במפות ההיסטוריות לעומת מיקומם האמיתי כפי שמצוין במפות טופוגרפיות בנות ימינו.

ניתן להבחין בשלושה שלבים בתהליך המיפוי של הנגב מבחינת הדיוק של המפות:

(1) מפות אשר מבוססות על התצפיות של נוסעים בודדים. במפות אלו אשר קדמו למפת ה- PEF (1880) השגיאה הממוצעת הייתה גדולה מ- 3,000 מטר (שגיאה חציונית גדולה מ- 2,600 מטר).

(2) מפות המבוססות על משלחות מחקר. במפת ה- PEF ובמפות שיצאו לאחריה ועד למלה״ע הראשונה (כולל מפת Newcombe) השגיאה הממוצעת נעה סביב ערכים של כ- 1,000 מטר ומעלה (שגיאה חציונית שנעה בין 1,050-289 מטר).

(3) במלה״ע הראשונה היה הנגב במוקד העניין של הבריטים, העות׳מאנים והגרמנים, ובמפות שלאחריה (המבוססות בחלקן לראשונה גם על צילומי אוויר). מדהים לגלות כי השגיאה הממוצעת (והחציונית) קרובה ל- 100 מטר בלבד.

מעבר לעניין הדיוק הגיאומטרי של המידע במפות, יש לזכור שככל שקנה המידה של מפה גדול יותר, כך היא תכיל יותר מידע על תפרושת היישובים

והחקלאות. על סמך סקירת כלל המפות ההיסטוריות של הנגב, בחרנו להתמקד ב- 17 המפות המפורטות בטבלאות הבאות, בהתאם לקריטריונים הבאים:

(1) מפות המבוססות על רישומי נוסעים שעברו בנגב במאה ה- 19.
(2) מפות המבוססות על עבודת שדה של משלחות שהגיעו לאזור למטרת מיפוי מדעי מסודר.
(3) מפות מחלקת המדידות המנדטורית.

בכל אחת ממפות אלה יש מידע ייחודי אשר לא ניתן למצוא במפות אחרות בנות התקופה.

תפרושת שבטי הבדואים על-פי המפות

ברוב המפות מצויינים שמותיהם של שבטי הבדואים שהיו באזור זה. ברוב המפות מצויינים רק השמות של מטות שבטי הבדואים (קונפדרציות של שבטים). רק במפות הטופוגרפיות של מחלקת המדידות הבריטית (בקנ"מ 1:100,000 או 1:20,000) ניתן למצוא שמות של שבטים בודדים או לעתים אף של חמולות. שבטי הבדואים היו מצויים בכל שטח המחקר, וכן היו פרושים ברחבי ארץ ישראל – ולא רק בנגב.
במפותיו של פישר (1890, 1911) מצויין הגבול העכשווי של התיישבות הקבע בקו אדום. רוב שטחו של תחום העבודה מצוי לפי מפות אלה מחוץ לתחום התיישבות הקבע, אשר בתחום העבודה נמצא רק בשוליים הצפון-מערביים (ברצועת החוף דרומית-מערבית לעזה) ובשוליים הצפוניים.

התפתחות יישובי הקבע על-פי המפות

את יישובי הקבע המצויים בתחום העבודה במסגרת הזמן אליה אנו מתייחסים ניתן לחלק לקטגוריות הבאות:

(1) יישובי קבע אשר נמצאו באזור כבר מאז ראשית המאה ה- 19. אלה כוללים את היישובים ברצועת החוף דרומית לעזה (דיר אל בלח', א-דמייטה, תל אל

עג׳ול ואחרים המצויים ממש בצמוד אך מחוץ לתחום העבודה), הוג׳ (מזרחית לעזה) ודהרייה (כחמישה ק״מ מזרחית לתחום העבודה).

(2) יישובי קבע אשר הוקמו במהלך המאה ה- 19 ובראשית המאה ה- 20 ע״י העות׳מאנים. אלה כוללים את באר-שבע (אשר הוקמה ב- 1900 – מופיעה לראשונה במפה של מוסיל מ- 1902), שכונה של באר-שבע מדרום לנחל באר-שבע (המכונה בשם תל אל בורייג׳ במפת פישר 1911, או בשם ח׳ אל ביתאר בגיליון באר-שבע מערב 1:20,000 משנת 1945), וכן את הכפרים שתכנן ובנה השולטאן עבדול חמיד השני, כופח׳ה ומוח׳רקה ששויכו לתת-מחוז עזה (אשר מפות התכנון שלהם הן משנת 1893, אך היישובים הללו מופיעים לראשונה במפות מלה״ע הראשונה משנת 1917, אם כי הם הוקמו עוד קודם לכן).

(3) קיבוצים ומושבים יהודיים. הראשון מביניהם הוא החווה היהודית רוחמה (ליד ג׳ממה), שהוקמה בשנת 1911. חוות רוחמה מצויינת לראשונה במפות מלה״ע הראשונה משנת 1917. יישובים רבים נוספים קמו לאחר מלה״ע השנייה והם מצויינים לראשונה במפות 1:250,000 הבריטיות משנת 1947.

(4) כמו כן, ישנם אתרים נוספים המסומנים בחלק מהמפות (ממוסיל ואילך) בסימן של יישוב/כפר. עם זאת, לרוב הם מופיעים רק במפה אחת, כך שנראה שאין המדובר ביישוב קבע, אלא בריכוז מבנים אשר בשנים מסויימות היה גדול מספיק ככל הנראה על מנת לענות על הקטיגוריה של יישוב מבחינת עושה המפה, ובשנים אחרות לא ענה על קריטריון זה (בשנים אחרות לעתים מצויין המקום כאתר ארכיאולוגי/ח׳רבה). יישובים אלה מפורטים בטבלה 1 להלן:

טבלה 1: יישובים כפריים (או כפרירים ואתרים) המצויינים רק בחלק מהמפות כך שמעמדם כיישובי קבע מוטל בספק

שם היישוב/כפריר/אתר	באיזה מפות הוא מצויין	בכמה מ- 17 מפות שנבדקו - **אינו מצויין**	הערות
אום א-שווקף	ואן דה ולדה (1858)	16	
רחייבה	פאלמר (1871), איבראהים-ביי (1910)	15	
חאלאסה	פאלמר (1871), ניוקומב (1915), מפות אינדקס היישובים הבריטיות (1942, 1947)	12	
Bir Abu Rueika (ביר אבו אירקאייק)	איבראהים-ביי (1910)	16	
Bir Turkia (ביר תורקיה)	איבראהים-ביי (1910)	16	
ח' בית מירסים	מפות 1:40,000 בריטיות (1919), מפות 1:100,000 בריטיות (1936/9), מפות 1:20,000 בריטיות (1945)	14	
Telle Umm Lehe	פון ראמזי (1916)	16	
Abu Risiek	פון ראמזי (1916)	16	
אל עימארה	מפות אינדקס היישובים הבריטיות (1942, 1947)	14	במקום הייתה תחנת משטרה
ביר עסלוג'	מפות אינדקס היישובים הבריטיות (1942, 1947)	14	במקום הייתה תחנת משטרה

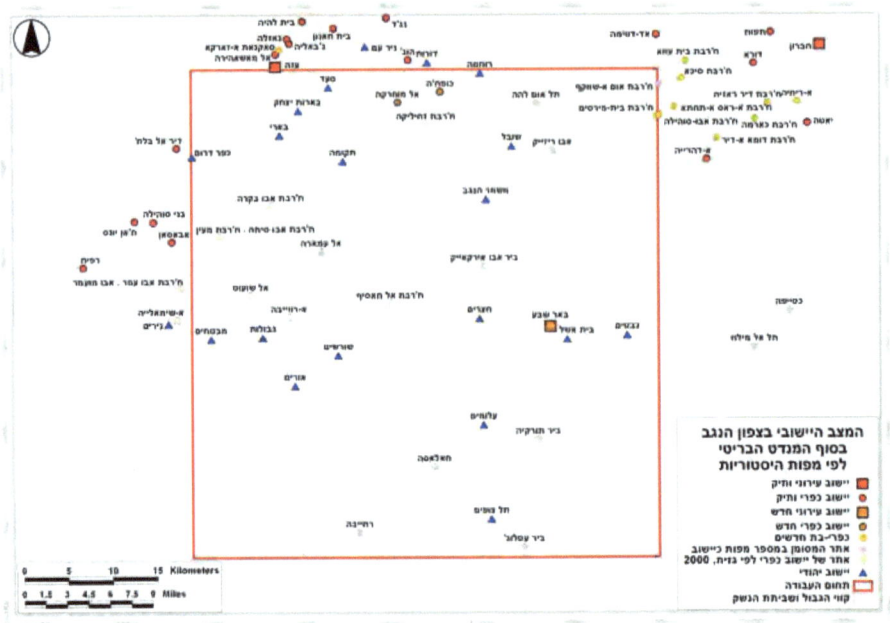

מפה 20. מפת המצב היישובי בצפון הנגב בסוף תקופת המנדט לפי מפות היסטוריות (הוכן ע"י פרופ' נעם לוין, פרופ' רות קרק וד"ר אמיר גלילי)

במפה לעיל ניתן לראות את תפרושת היישובים בצפון הנגב בסוף תקופת המנדט. על פי מפה מסכמת זו נראה כי במשבצת אזור המחקר לא היה אף יישוב כפרי וותיק עד לסוף תקופת המנדט. היישובים הכפריים הוותיקים הסמוכים ביותר לגבול המשבצת הנם דהריה בצפון מזרח, הוג' בצפון, ודיר אלבלח ואבסאן במערב. כמו כן היו שני יישובים כפריים חדשים (כופח'ה ומוח'רקה) שנוסדו באדמות השולטאן בסוף המאה ה-19, והחווה היהודית ברוחמה שנוסדה לפני מלחמת העולם הראשונה. לגבי האתרים המסומנים במספר מפות כיישוב וכן היישובים אותם מציין גזית,[154] ערכנו בדיקה נוספת, כדי לראות אם אכן היו קיימים ומסתבר כי רק כופח'ה ומוח'רקה מופיעים ככפרים במפות ממלחמת העולם הראשונה ולא כל היתר המוזכרים אצל גזית (ראו טבלאות בהמשך ובמיוחד טבלה 4 לפירוט נוסף).

התפתחות התפרושת של מבנים בודדים על-פי המפות

הופעתם של מבנים בודדים בתחום העבודה מלמדת על התהליך ההדרגתי של מעבר מנוודות להתיישבות קבע של אוכלוסיית הבדואים. מתוך המפות לא ניתן לדעת מאיזה חומרים היו עשויים המבנים והאם שימשו לחקלאות (אם כי חלקם אכן שימשו לכך כמבנים ארעיים – ככל הידוע לנו ממקורות אחרים הם אלה המכונים בשם baika) או למגורים, ואם למגורים אזי האם במשך כל השנה או רק בחלקה. בכל אופן, מבנים בודדים מסומנים רק בחלק מהמפות – לרוב המדובר במפות בקנ"מ גדול. בטבלה הבאה ניתן ריכוז הנתונים המתייחס למבנים הבודדים בשטח של 600 קמ"ר מצפון-מערב לבאר-שבע. כפי שניתן לראות בטבלה, צפיפות המבנים עלתה מקרוב לאפס במפת ה-PEF משנת 1880 לקרוב ל- 1 לקמ"ר במפות הטופוקדסטריות של 1945. ע"י בחינה של מספר צילומי אוויר נבחרים מ- 1945, אנו יכולים לקבוע כי במפות הטופוקדסטריות של 1945 ניתן מיפוי מלא של המבנים הבודדים המופיעים בצילומי האוויר (למעט בתוך יישובים).

טבלה 2: התפתחות המבנים הבודדים (מחוץ ליישובי קבע) בתחום מידגמי של 600 קמ"ר מתוך 2,860 קמ"ר (כ- 21% מסך-כל המשבצת וכ- 50% מהכיסוי הקיים של המשבצת במפות 1:20,000)

היחס בין קנ"מ המפה למפות 1:20,000	היחס בין הצפיפות בפועל לחזויה לפי גידול ליניארי	צפיפות המבנים לקמ"ר בהנחה של גידול ליניארי בין 1880-1945	צפיפות המבנים לקמ"ר	מספר המבנים הבודדים	שנה	קנ"מ המפה	שם המפה
	100%	0.01	0.01	5	1880	1:63,360	PEF
10%	12%	0.60	0.07	42	1919	1:200,000	לבאנט תורכיות
50%	43%	0.60	0.26	153	1919	1:40,000	בריטיות
20%	32%	0.82	0.27	159	1936-1939	1:100,000	טופו
	100%	0.94	0.94	566	1945-1946	1:20,000	טופו-קדסטרי

בבחינה של 5 סדרות של מפות מפורטות יחסית של המשבצת שנבדקה בטבלה 2, אנו רואים כי קיימת עלייה הדרגתית במספר המבנים הבודדים בשטח מחמישה מבנים בודדים בשטח כולו ל- 566, בין שנת 1880 לשנת 1945-6. בהתאם לכך אף עלייה מסויימת בצפיפות הממוצעת לקמ״ר ממספר כמעט אפסי לפחות ממבנה אחד לקמ״ר.

בעמודה החמישית בטבלה ניתן לראות את צפיפות המבנים הבודדים לקמ״ר בפועל במפה. ניתן להניח שצפיפות זו מושפעת לא רק מתפרושת המבנים בשטח, אלא גם מקנה המידה של המפה, כאשר ככל שקנה המידה קטן יותר, פחות מבנים יסומנו על המפה. על מנת לבחון אפשרות זו, הנחנו גידול ליניארי אחיד בצפיפות המבנים בין מפת ה- PEF למפות ה- 1:20,000, ועל סמך קצב הגידול האחיד חישבנו את צפיפות המבנים לקמ״ר בעמודה השישית בטבלה זו. ניתן לראות שהצפיפות בפועל קטנה מהצפיפות החזויה לפי הגידול הליניארי, כאשר היחס ביניהם ניתן באחוזים בעמודה השביעית (שימו לב בעיקר להבדל בצפיפות בין שתי מפות שונות מאותה השנה – 1919: מפות הלבאנט התורכיות והמפות מבוססות צילומי האוויר הבריטיות). היחס הזה קרוב למדי ליחס בין קנה המידה של המפה בה מדובר לקנה המידה של מפות 1:20,000 (עמודה שמינית). מכאן ניתן להסיק, שככל הנראה הגידול בצפיפות המבנים אכן היה קבוע יחסית.

טבלה 3: עיקרי הממצאים היישוביים והחקלאיים במפות ההיסטוריות בתת-מחוזות עזה ובאר שבע

בטבלה זו מתוארים עיקרי הממצאים היישוביים והחקלאיים על פי 17 מפות היסטוריות. בטבלה ננקטו מספר הגדרות: ישוב או ישוב קבע מתאר מספר רב של בתים המיושבים כל השנה, שטחים חקלאיים מתארים שטח מעובד (חרוש, זרוע או נבוט בכל גודל).

שם מקוצר, שנה וקנ"מ	מספר יישובי הקבע המסומנים בתחום העבודה	מספר השמות של השבטים הבדואיים המסומנים בתחום העבודה	מספר הבתים הבודדים המסומנים בתחום העבודה	שטחים חקלאיים המסומנים בתחום העבודה	הערות נוספות
Robinson, 1840/1, 1:400,000 / 1:800,000	חמישה: הוג', בית-חנון, בית-דירדיס, לבן ועזה	שלושה: Terabin, Henady, Tiyahah	בתים בודדים אינם מצוינים במפה זו	שטחים חקלאיים אינם מצוינים במפה זו	
Van de Velde, 1858, 1:315,000	שישה: דהרייה, בית-עאווה, אום א-שווקף, הוג', עזה ודיר אל-בלח'	שניים: Dhullam, Tiyahah	בתים בודדים אינם מצוינים במפה זו	שטחים חקלאיים אינם מצוינים במפה זו	
Guérin, 1863, 1:210,000	שלושה: הוג', עזה ותל אל-עג'ול	שמות שבטים בדואיים אינם מצוינים במפה זו	בתים בודדים אינם מצוינים במפה זו	שטחים חקלאיים אינם מצוינים במפה זו	המפה אינה מכסה את החלקים הדרום-מערבי והדרום-מזרחי של תחום העבודה
Palmer, 1871, 1:470,000	שלושה: עזה, חאלאסה ורחייבה	שמות שבטים בדואיים אינם מצוינים במפה זו	בתים בודדים אינם מצוינים במפה זו	שטחים חקלאיים אינם מצוינים במפה זו	
PEF, 1880, 1:63,360	אחד: עזה	שמונה: 'Arab el 'Azazimeh (×2), 'Arab el Hanajereh, 'Arab el Kedeirat, 'Arab el Teiaha, 'Arab es Suarki, 'Arab et Terabin, Wady Beni Khamis	שישה קברי-שייח' (או מסגדים), שבעה מבנים בודדים, ושש בקתות	7,065 דונם, 6,915 מתוכם ליד עזה, והשאר ליד דיר אל-בלאח'	המפה אינה מכסה אזורים מדרום לנחל באר-שבע
Fischer and Guthe, 1890, 1:700,000	שניים: עזה, אד-דמייטה (ליד עזה)	ארבעה: 'Arab el-'Azazime, 'Arab el-Kaderat, 'Arab er-Terabin, 'Arab et-Tijaha	בתים בודדים אינם מצוינים במפה זו	שטחים חקלאיים אינם מצוינים במפה זו	
Musil, 1902, 1:300,000	אחד מיושב למחצה – באר-שבע וכסייפה	שמות שבטים בדואיים אינם מצוינים במפה זו	12 מבנים, ביניהם תחנת משטרה עות'מאנית ושלוש באיקות	2,410 דונם, 2,060 מתוכם ליד עזה, והשאר בין חאלאסה לרחייבה	המפה אינה מכסה את הר חברון ואת החלק הצפוני ביותר של תחום העבודה

Fischer and Guthe, 1911, 1: 700,000	שלושה: עזה, באר-שבע ותל אל-בורייג'	שבעה: 'Arab el-'Azazime, 'Arab el-Kaderat, 'Arab er-Terabin, 'Arab et-Tijaha	בתים בודדים אינם מצוינים במפה זו	שטחים חקלאיים אינם מצוינים במפה זו	
Newcombe, 1915, 1: 125,000	שלושה: עזה, באר-שבע וחאלאסה	תשעה: 'Arab el 'Azazimeh, 'Arab el Suarki, Abu Khatli, Abu Sitta, Arab el Kedeirat, Arab el Teiaha, Azazma, Terabin, Wadi Beni	בתים בודדים אינם מצוינים במפה זו	6,372 דונם מטעים ליד עזה. כמו-כן מסומנים 16 אזורים (באורך מצטבר של 103,700 מטר) המעובדים באופן מלא או בחלקות ע"י בדואים אך ללא תיחום מדויק של השטח שלהם.	
WWI, 1917-1919, 1: 40,000	חמישה: עזה, מאח'אראת, כופח'ה, מושבה יהודית (רוחמה לעתיד) ובאר-שבע. כמו-כן מסומן אתר שסימונו עשוי להעיד על מבנה גדול או על כפר קטן: Kh. Beit Mirsim כ- 5 מייל צפונית-מערבית לדהרייה.	שמות שבטים בדואים אינם מצוינים במפה זו	8 קברי שייח' ו/או מסגדים, וכן 391 מבנים ו/או בתים בודדים.	סה"כ 6,274 דונם. מתוכם 4,259 דונם ליד עזה, והשאר מפוזרים בעיקר במערב תחום העבודה. כמו-כן מסומנים בקו שישה אזורים (באורך מצטבר של 6,900 מטר) המעובדים ע"י בדואים או תושבים מקומיים.	החלק הצפון-מערבי של תחום העבודה מכוסה ע"י גיליונות משנת 1917, בעוד שהחלקים הצפוני והמרכזי מכוסים ע"י גיליונות משנת 1919. שאר תחום העבודה (בעיקר בדרום ובמזרח) אינו מכוסה ע"י מפות אלה.
Von Ramsay, 1916, 1: 250,000	שישה: עזה, באר-שבע, Telle, Umm Lehe, Abu Risiek, ושני ישובים נוספים ללא שם. ארבעת היישובים האחרונים מסומנים במרחק של 24-19 ק"מ צפונית לבאר-שבע. נציין שבמיקום של היישובים כופח'ה (Ch. el-Kofcha), אל מוח'רקה (שם זה אינו מצויין במפה) וג'ממה (Ch. Dschemmame) מופיע במפה זו סימון של חורבות.	חמישה: Es-Suarki, El-Kaderat, El-Asa'sime, Et-Tijaha, Et-Terabin	בתים בודדים אינם מצוינים במפה זו	שטחים חקלאיים אינם מצוינים במפה זו	
Turkish Levant, 1919, 1: 200,000	ארבעה: עזה, באר-שבע, כופח'ה, ומוח'רקה.	בתחום העבודה לא מופיעים שמות שבטים בדואים	52 מבנים ו/או בתים בודדים	שטחים חקלאיים אינם מצוינים במפה זו	המפה מכסה רק את השליש הצפוני והמזרחי של תחום העבודה
British Mandate, 1936-1939, 1: 100,000	שישה: עזה, כופח'ה, מוח'רקה, רוחמה, חר' בית-מירסים (המשויכת לדורא) ובאר-שבע	37 שמות של שבטים בדואיים	17 קברי שיח' וכן 720 מבנים ו/או בתים בודדים.	סה"כ 12,008 דונם. מתוכם 9,471 דונם ליד עזה, 1,435 דונם באזור הנגב הצפון-מערבי כ- 20 מייל (35 ק"מ) מערבית לבאר-שבע, 452 דונם ליד באר-שבע, והשאר בצפון תחום העבודה. כמו-כן מסומנים בקו 46 אזורים (באורך מצטבר של 84,580 מטר) המעובדים ע"י בדואים.	

Index, 1942, 1: 250,000	שמונה: עזה, ג׳אמאמה, כופחיה, אל מוחירקה, באר-שבע, אל עימארה, אל חאלאסה, ביר עסלוג׳	ארבעה: 'Arab el Hanajira, 'Arab et Tarabin, 'Arab el 'Azazima, 'Arab et Tayaha	בתים בודדים אינם מצוינים במפה זו	שטחים חקלאיים אינם מצוינים במפה זו	החלק הדרומי של תחום העבודה מכוסה במפה זו ע״י מפה בקנה מידה קטן יותר של 1: 1,000,000
British Mandate, 1945-1946, 1: 20,000	חמישה (בתחום ששת הגיליונות מצפון-מערב לבאר-שבע ובגיליון דהרייה): כופחיה, מוחירקה, באר-שבע, Kh. El Bitar, Kh. Beit Mirsim	כ– 35	11 קברי שיח׳ ו 555 מבנים בודדים (בתחום ששת הגיליונות מצפון-מערב לבאר-שבע)	1,314 דונם (בתחום ששת הגיליונות מצפון-מערב לבאר-שבע)	12 גיליונות אשר מכסים רק את החלק הצפון-מערבי של תחום העבודה (1,200 קמ״ר מתוך 2,860 קמ״ר של תחום העבודה), וכן קטע מתוך גיליון דהרייה
State lands, 1947, 1: 250,000	סה״כ שנים עשר. שמונה כמו במפת אינדקס היישובים (Index) של 1942, בתוספת היישובים: רוחמה, גבולות, בית-אשל ותל-צופים [רביבים. ר.ק.].	כמו במפת אינדקס היישובים (Index) של 1942	בתים בודדים אינם מצוינים במפה זו	שטחים חקלאיים אינם מצוינים במפה זו	במפה מסומן שטח של 63.5 קמ״ר כקרקעות מדינה, מתוכן 45 קמ״ר מוסדרות סופית (אלה כוללות למשל את המשבצות של הכפרים כופחיה ומוחירקה). החלק הדרומי של תחום העבודה מכוסה במפה זו ע״י מפה בקנה מידה קטן יותר של 1: 1,000,000
Jewish lands, 1947, 1: 250,000	סה״כ עשרים וחמישה. שנים-עשר כמו במפת קרקעות המדינה (State lands) של 1947, בתוספת היישובים: סעד, בארות יצחק, בארי, כפר דרום, תקומה, שובל, משמר הנגב, נבטים, חצרים, עלומים, אורים, שורשים ומבטחים.	במפת אינדקס היישובים (Index) של 1942	בתים בודדים אינם מצוינים במפה זו	שטחים חקלאיים אינם מצוינים במפה זו	במפה מסומן שטח של 144.8 קמ״ר כקרקעות בבעלות יהודית, מתוכן 135.4 קמ״ר בבעלות מלאה, והשאר בעלות חלקית על קרקעות שטרם הוסדרו סופית. כל תחום העבודה משתייך ל- Zone A של תקנת העברת הקרקעות הבריטית. החלק הדרומי של תחום העבודה מכוסה במפה זו ע״י מפה בקנה מידה קטן יותר של 1: 1,000,000

* בחלק מהמפות (בעיקר המוקדמות) הדיוק של המיפוי הוא נמוך, ובמיקום של היישובים ישנן שגיאות המגיעות לעתים למספר קילומטרים. לכן בחלק מהמפות ההיסטוריות היישובים הוג׳ ודהרייה מופיעים בתוך תחום העבודה, אם כי כאשר בוחנים את המיקום שלהם במפות המנדטוריות הבריטיות ובמפות טופוגרפיות של המרכז למיפוי ישראל, מתברר שהם מצויים מחוץ למשבצת העבודה.

** כאשר בטבלה מצוין "שטחים חקלאיים אינם מצוינים במפה זו", "בתים בודדים אינם מצוינים במפה זו" או "שמות שבטים בדואיים אינם מצוינים במפה זו" הכוונה היא לכל המפה, ולא רק לתחום העבודה.

סיכום המצב היישובי בנגב הצפוני לפי ניתוח מפות

בניתוח 17 מפות היסטוריות של הנגב הצפוני ב- GIS מהשנים 1899 – 1948, שערכו נעם לוין, אמיר גלילי ורות קרק, נבדקו מספר הבתים הבודדים שהיו בשטח של מליון דונם, מחוץ לערים כגון באר שבע, ולכפרים. לפי הממצאים היו בשטח של 600 קמ"ר שנבדק בסך הכל 4-5 בתים בשנת 1880, 159 בתים בשנת 1939, ו- 566 בתים במפות מפורטות משנת 1945.[155] הדבר עולה גם מניתוח מפת האוהלים בנגב שהוכנה על ידי שלטונות המנדט והודפסה בשנת 1946-1947.[156]

ניתוח על-פי מקורות שניוניים פוסט-מנדטוריים

מספר חוקרים מרכזיים חקרו וחוקרים את תהליכי ההתנחלות של הבדואים ודגמי הבעלות על הקרקע במאות התשע עשרה והעשרים. יש לציין כי לרוב, חשיבות מחקריהם רבה מאד, אולם לענייננו חלק מחוקרים אלו באו מתחום הדעת של האנתרופולוגיה וחסרו רקע מחקרי גאוגרפי והיסטורי. לרוב החוקרים שני מקורות עיקריים – ספריו של עארף אל עארף ומקורות שבעל פה. במידה רבה מתרחש במחקרים אלו מיחזור של ידע קיים מתוך חוסר נגישות לחומרים היסטוריים נוספים.

עמנואל מרקס (1961 – 1974)

חוקר הבדווים האנתרופולוג **עמנואל מרקס** פרסם מספר ספרים על הבדואים בנגב. הראשון הופיע בעברית ב- 1961 ובאנגלית ב- 1967.[157] ספרים אלו התבססו כולם על עבודת הדוקטורט של מרקס מסוף שנות החמישים של המאה העשרים. בהמשך הופיע ספרו משנת 1974 *החברה הבדוית בנגב*, בו הוא מתייחס למצב היישובי והקרקעי גם בתקופה של טרום הקמת מדינת ישראל, בהתבסס על מקורות מגוונים. בספר זה, שהוא מחקר אנתרופולוגי (הכולל עבודת שדה שערך) בבסיסו, משעין מרקס את החלק ההיסטורי על מספר מקורות שונים, שניוניים בעיקרם.

טענתו היא כי תהליך יישובם של הבדואים קשור באינטרסים התורכיים באזור החל משנות השישים של המאה תשע עשרה. עם זאת אין הוא מביא סימוכין לכך, אלא מסתמך על ההנחה הכללית שפתיחת תעלת סואץ גרמה לכניסת השלטון המרכזי לאזור ומכאן לתהליך ייצוב המלחמות השבטיות והתנחלות. בהמשך מתייחס מרקס למפה שפורסמה על ידי הממשל התורכי, לטענתו בשנת 1917, בה מוצגים אזורי ההתיישבות של כל שבט. עם זאת אין המפה מוצגת, כך שאין אפשרות לבדוק אותה.[158]

לפי מרקס:

*למרות העליות והירידות הקלות בתנאים הכלכליים לא הוקם אף ישוב של קבע בנגב במשך 13 מאות שנות שלטון מוסלמי. רק בשנת 1900 הקימו השלטונות העותומניים מרכז אדמיניסטרטיבי קבוע בבאר-שבע. עד שנות ה- 60 של המאה ה- 19 הניחו השלטונות העותומניים את הבדוים לנפשם, פרט לפשיטות מועטות של חילות הממשלה על שבטים. בגלל הדאגה לעתיד מצרים (פתיחת תעלת סואץ ב- 1869), החלו להשליט שקט בנגב, דכאו ביד חזקה מלחמות בין-שבטיות, והטלת אחריות להתנהגות טובה של השבטים על השיח'ים. "השלטונות קבעו גבולות לשבטים, ואלה נשארו ללא שינוי עד 1949. כל שבט הורשה **להחזיק** [*הדגשה שלי. ר.ק.*] בשטח בו שלט, וכך יצאו השבטים הגדולים נשכרים. המפה שהוכנה על-ידי הממשל העותומני ב- 1917, בשנה האחרונה לשלטונו, מראה כי שני איגודי השבטים הגדולים, התראבין והתיאהא, זכו במיטב אדמת הנגב הצפוני ודחקו את העזאזמה החלשים יותר להרים הצחיחים של הנגב המרכזי ולחולות-המדבר סביב רחובות (רוחיבה).*[159]

מרקס מזכיר את: "***המפה שהוכנה על-ידי הממשל העותומני ב- 1917, בשנה האחרונה לשלטונו***, *מראה כי שני איגודי השבטים הגדולים, התראבין והתיאהא, זכו במיטב אדמת הנגב הצפוני ודחקו את העזאזמה החלשים יותר להרים הצחיחים של הנגב המרכזי ולחולות-המדבר סביב רחובות (רוחיבה).*"[160] [הדגשה שלי. ר.ק., ראה איזכור המפה בשנות השלושים אצל אל עארף].

מבדיקה שנעשתה על ידי רות קרק עם מרקס בראיון בעל-פה (דצמבר 2005), מתברר כי את המפה ראה על הקיר במשרדו של המושל הצבאי של הנגב

בשנות השישים של המאה העשרים, כך שאין כל אפשרות לבדוק את אמיתות הנתונים. בתקופת המנדט הבריטי, טען מרקס, רכשו משפחות מעזה אדמות רבות מידי הבדואים ופלאחים משפלת החוף, והחלו תהליך של התיישבות על אדמות אלו ואדמות אחרות בצפון הנגב.

משה שרון (1964)

בעבודת המוסמך של המזרחן-היסטוריון **משה שרון** קיימת התייחסות נרחבת ל"מלחמת המזרע והישימון". על פי שרון, הנסמך על ספרות נוסעים ועל כרוניקות ערביות בנות התקופה, מתרחש במחצית המאה התשע עשרה תהליך של השמה מדורגת של האזורים הצפוניים לנגב כתוצאה מחדירה של שבטי הבדואים של הנגב צפונה והתחזקותם. בתהליך זה, לא רק שלא נבנים בתים חדשים אלא שגם הקיים נהרס. על פי שרון (המנתח את ספרם של רובינסון וסמית' במסעם בשנת 1838) היו באזור הנגב הצפוני מספר רב של ישובים שנהרסו במהלך המאה השמונה עשרה כתוצאה מהתחזקות שבטי הבדואים באזור. יש לציין כי טענה זו בעייתית כיוון שלא ניתן לדעת האם החורבות הן אכן חורבות מאוחרות או שרידי ישובים קדומים מאד. בנוסף לכך החלו מאמצים ליישוב של שבטים בדואים ממצרים על ידי מוחמד עלי (שנות השלושים של המאה התשע עשרה) מצפון לשטח המחקר. נראה שניתן ללמוד מכך כי גם האזור שמצפון לשטח המחקר, שהוא פורה יותר, היה ריק מישובים לחלוטין [קל וחומר אזור המחקר שהוא דרומי יותר לאזור זה. ר.ק].[161]

יצחק ביילי (1980, 1990)

חוקר הבדואים **יצחק (קלינטון) ביילי** עשה שימוש נרחב בראיונות עם זקני הבדואים בנגב ובסיני בשנות השבעים של המאה העשרים וניסה, בעזרת הצלבת המידע עם המקורות הכתובים, לשחזר מידע על השבטים הבדואים במאות השמונה עשרה והתשע עשרה. על פי מידע אוראלי שאסף ביילי, יחד עם כרוניקות מוסלמיות ומסמכים מארכיון מנזר סנטה קתרינה בסיני, ניתן להצביע לדעתו על תהליך הגירה מתמשך למן המאה ה-16 ועד למאה התשע עשרה של שבטים בדואים מסיני לנגב. במאמר של ביילי משנת 1980, אין התייחסות לסוגיית מבני קבע או דפוסי חיים, אך ניתן להבחין בתהליך ההגירה המתמשך המעיד על דפוסי נדידה ארוכי טווח ולא על מגמות התקבעות לפחות עד מחצית המאה התשע עשרה.[162]

במאמר נוסף של ביילי מאותה שנה (1980), מתחקה החוקר אחר ההיסטוריה של שבטי הבדואים בנגב במאה התשע עשרה על בסיס היסטוריה בעל פה מפי זקני הבדואים. אליבא דביילי, הגיעו חלק משבטי הבדואים לנגב במהלך המאה התשע עשרה ומלחמות השבטים היו למעשה על רקע תהליך התפשטות שבטי הבדואים צפונה מחצי האי סיני, בתחילה כנגד השבטים שישבו בנגב לפני כן ואחר כך בינם לבין עצמם. מלחמות שבטים אלו לאורך כל המאה היו על שליטה בשטחי אדמה ובמאמר זה מוזכרת שליטה בלבד ולא איזכור של בניית בתים או התיישבות קבע אלא, במידה רבה, שלב נוסף בתנועה מתמשכת של שבטי נוודים.[163] אסף לחובסקי מוסיף כי לפי דני רבינוביץ וקלינטון ביילי, חלק מסוים מהאוכלוסייה הבדווית בנגב, היא למעשה צאצאים של שבטים מחצי-האי סיני ושל איכרים מעמק הנילוס שהגיעו לנגב רק במאה התשע-עשרה.[164]

יוסף בן דוד ואחרים (1982 – 2004)

הגיאוגרף חוקר תולדות הבדווים **יוסף בן דוד**, שעסק בנושא כשלושים שנה, טוען כי תהליכי הבינוי החלו בקרב הבדווים בנגב החל משנות השלושים של המאה העשרים כאשר בעשור זה כלל הבינוי אופי של "באיכה" שהיא מבנה ארעי שעיקרו אחסנה של ציוד ותבואה ובמקרים מעטים מגורים זמניים לנשים ולילדים. בהמשך לכך, טוען בן דוד, החלו תהליכי הבינוי למגורים בשנות הארבעים של המאה העשרים וגם אלו היו מבנים ייצוגיים בלבד בעיקר לנכבדים ולעתים לכפריים שהפכו לנוודים למחצה. בנוסף, מזכיר בן דוד מבנים רבים שהיו מבנים שלטוניים שהעיקריים בהם היו בתי ספר.[165]

החוקרים **בן דוד וששון בר צבי** (ממתיישבי האזור ששירת גם בתפקידים מינהליים בנגב), ניסו ב- 1978 לשחזר את המתרחש בקרב האוכלוסיה הבדווית בנגב בשנות השלושים והארבעים של המאה העשרים. שיחזור זה נעשה באמצעות מחקרים ראשוניים בנושא ובעיקר בעזרת מחקריו של מושל הנגב עארף אל עארף. את החסר השלימו השניים באמצעות ראיונות והיכרותו האישית של בר צבי עם האוכלוסיה הבדווית בתקופה הנחקרת. בן דוד ובר צבי טענו כי בתי קבע ראשונים נבנו בשנות השלושים והארבעים של המאה העשרים מחימר ומאבן מקומית גסה. אלו שימשו בחלקם כמחסנים ובחלקם כבתי מגורים [לא נזכר אם היו מספר בתים או בתים בודדים. ר.ק] אך בכל מקרה לא החליפו לחלוטין את האוהל.[166]

ב-1998 טענו **בן דוד ועזרא אוריון** במאמר על תהליכי התנחלות הבדואים בהדגמה על שבט העזאזמה כי תהליך התנחלות הבדווים בנגב החל בשנת 1890, אך לא הציגו את הסיבות והסימוכין לטענה זו [יש להניח כי הכוונה למסעות העונשין שערכו השלטונות בנגב כתוצאה ממלחמת התראבין והעזאזמה כפי שמופיעים אצל עארף אל עארף]. בנוסף לכך, אין הם מסבירים מהם התהליכים שאירעו בין שנה זו לבין תחילתה של הבנייה למגורים כארבעים שנים מאוחר יותר על פי טענותיו של בן דוד עצמו במחקרים אחרים שלו (לעיל ולהלן).[167]

הבעייתיות העיקרית בניתוח הגיאוגרפי-היסטורי של בן דוד הוא קביעות שאינן מסתמכות על מקורות מסודרים. בשל כך משתנות קביעותיו ההיסטוריות ואף קשה לאמת אותן, כיוון שלא מופיעים להן סימוכין.

גדעון קרסל (1986)

המזרחן חוקר הבדואים **גדעון קרסל** ביסס את עבודותיו על הבדואים על מקורות ראשוניים ושניוניים, כמו גם על עבודת שדה אנתרופולוגית נרחבת בקרב הבדואים בנגב ובדואים מתעיירים בשפלה. על פי קרסל, תנודות חריפות במשטרים הפוליטיים במזרח התיכון במהלך המאה השמונה עשרה והתשע עשרה גרמו לגלי הגירה של שבטים בדואים מסיני ומעבר הירדן אל הנגב ומשם צפונה אל "תחום הארץ הנושבת". תהליכי ההגירה היו בכיוון של מזרח-מערב וצפון-דרום. מלחמות טריטוריאליות בין שבטיות שהתרחשו במאה התשע עשרה על פי קרסל, כתוצאה מההגירה והעליה ברמת החיים בשטח ארץ ישראל, כמו גם מלחמות עם תושבי קבע על גבול הארץ הנושבת היו שלב נוסף בתהליך ההתיישבות של הבדואים. עם זאת, תהליכי התיישבות קבע של נוודים (סדנטריזציה) בצורה של בניית בתים של ממש במאה התשע עשרה, מוזכרים אצל קרסל רק בהקשר של צפון הארץ ולא בנגב שבדרומה.[168]

אבינועם מאיר (1994)

הגיאוגרף **אבינועם מאיר** בחן את נושא הטריטוריאליות בנגב במספר מאמרים. אחד המרכזיים שבהם הוא המאמר העוסק בהתהוות הטריטוריאליות בקרב הבדואים בנגב ובו טוען מאיר כי תחילתה של תפיסה טרטיטוריאלית בקרב הבדוים בנגב החלה אולי כבר בתחילת המאה התשע עשרה ובמסגרתה החל להתפשט המושג הבדוי "דירה" כסממן טריטוריאלי בד בבד עם תהליכי מעבר לחקלאות גידולים. בתקופת המנדט הלכו תהליכים אלו והתגברו גם כתוצאה מלחץ כלכלי שנוצר ממעורבות ממשלתית ושינויים בכלכלה. עם כל אלו, לא ניתן לומר שיש למאיר קביעה חד משמעית במאמר זה בנוגע לזכויות הבדואיות בקרקעות מול השלטון.

בנוסף לכך יש לזכור שאת החלקים ההיסטוריים במאמרו מבסס מאיר על מקורות שניוניים ושלישוניים בעיקרם וכמעט שלא מתבסס על מקורות ראשוניים.[169]

עומר חואלדי (1992)

ההיסטוריון **עומר חואלדי** מסתמך בעבודת המוסמך שלו מ-1992 על מקורות משניים רבים, אך עושה גם שימוש נרחב במתודת הראיון. מתוך דבריו עולה כי הביקוש לקרקע וערכה עלה בשנות הארבעים של המאה העשרים כתוצאה משינויים בדפוסי הקיום של הבדואים, אך הוא אינו מביא כל אסמכתא לבעלות חוקית על הקרקע, אלא להחזקה ושימוש בקרקע בלבד. עודף ההסתמכות על מקורות משניים ושלישוניים בעבודתו (בעיקר בתחום ההיסטורי) יוצר מצב של חוסר אמינות ויש להתייחס לקביעותיו במשנה זהירות.[170]

מחמד יוסף סואעד (1992 ו-1998)

ההיסטוריון **מחמד יוסף סואעד** טוען בעבודת המוסמך שלו מ-1992 כי לא היה רישום אדמות מסודר של אדמות הבדואים עם החלתו של חוק הקרקעות בשל פחד הבדואים מרישום הקרקעות על שמם. אווירת הבוז לרישום הקרקעות מובאת אצל סואעד בציטוט מתוך עארף אל עארף בספרו *המשפט בקרב הבדואים [אל קצ'אא בין אל בדו]* מ-1933 לפיו חרבם חזקה יותר מהפתקה שנותנת הממשלה. בנוסף מצטט סואעד את פאלמר לפיו נסיונות של השלטון העות'מאני לאלץ את הבדואים להתגורר בצריפים ולא באהלים נחלו כישלון (כמופיע לעיל). סואעד, הנסמך במקרה זה על מקורות שניוניים, מתארך את תחילת בניית הבתים בבאר-שבע ביוזמה חיצונית של השילטונות ויזמים שונים כבר לשנים האחרונות של המאה התשע עשרה. כמו גם את בנית המצודה בפטיש (אל גהיר). כך שגם על פיו המבנים הראשונים בכל האזור הם מבני שלטון או ביזמה חיצונית ואינם חלק ממערך ישובי כולל, אלא בודדים.[171]

בעבודת הדוקטוראט שלו חוזר סואעד על הדברים ואף מפתח אותם. לטענתו, ויתור הבדווים על רישום האדמות על שמם עם פרסום חוק הקרקעות (1858) הביא אותם למעמד של אריסים שמשמעותה חסרי זכויות ממשיות בקרקע. סואעד אף טוען כי הבדואים היו מחוץ למסגרת רישום הקרקעות מפני שלא התגוררו בישובים קבועים. הניתוח של סואעד לגבי כמויות האוכלוסיה בנגב הוא מעמיק למדי וכולל את כל המקורות הראשוניים מתקופת המנדט, שהם מיפקדי האוכלוסין ומיפקד שלטענתו של סואעד ערך מושל האזור עארף אל עארף באופן עצמאי והגיע לתוצאות אחרות [יש לציין שאכן במיפקד 1931 נכתב שלדעת הפוקד, הוא עארף אל עארף

בעצמו, יש לחשב את כמויות האוכלוסיה בנגב בצורה שונה ממה שמופיע בדוח המיפקד עצמו. ר.ק]. המסקנות העיקריות אליהן ניתן להגיע מתוך סואעד הן על התנודות החריפות שבין המיפקדים וחוסר הבהירות במיפקדים השונים: חוסר היכולת לפקוד אוכלוסיה נודדת בצורה מלאה, תנודות בין שנים, תנודות בין עונות השנה, טעויות בפקידה כתוצאה משיטות שונות ומעל לכל, חוסר שיתוף פעולה.[172]

דן גזית (2000)

במאמרו הקצר והחשוב של הארכיאולוג **דן גזית** משחזר גזית תהליכי התיישבות בחבל הבשור שתחילתם בתקופת הכיבוש המצרי של ארץ-ישראל ב- 1831 – 1841, והמשכם בתקופת שלטון עבדול חמיד השני בין 1876 – 1908. אלו היוו חלק ממדיניותו הכללית לריסון הבדוים ויישוב מוסלמים על אדמות ממשלתיות. להגברת המוטיבציה להתיישבות ועיסוק בחקלאות מזדמנת על השטחים הפנויים, שחרר השולטאן את המתיישבים מתשלום מסים ומשירות צבאי למשך שתים עשרה שנים. התיישבות מחודשת זו החלה בעיבוריה המזרחיים של עזה (בחלק הצפוני של חבל הבשור), והתקדמה דרומה עד לגבול האזור הצחיח בקו הרוחב של רפיח. גזית מונה עשרה יישובי קבע שנוסדו לדעתו בחבל הבשור. שני הראשונים שהתנחלו בשטח בסוף המאה ה-19 היו כופח׳ה נ.צ. 0985 – 1177) ומוח׳רקה (נ.צ. 0968 – 1135) אשר היו כפרים גדולים ומתוכננים על אדמות ג׳יפתליק שהיו אדמות פרטיות של השולטאן. לגבי אלו קיים תיעוד נוסף עליו עמדו קרק ופישל במאמרם, וכן קרק ופרנזמן במאמר נוסף.[173]

מקומות נוספים אותם מזכיר גזית הנם ח׳רבת זחיליקה (נ.צ. 0946 – 1155), ח׳רבת אבו בקרה – 10 בתים (נ.צ. 0865 – 0988), אבו סיתה (ח׳רבת מעין נ.צ. 0822 – 0932), אל שועוט (נ.צ. 0758 – 0965), א-רוויבה – כששים משפחות (נ.צ. 0740 – 1010), ח׳רבת אל חאסיף (0745 – 1120), ח׳רבת אבו עמר – כעשר משפחות (אבו מועמר נ.צ. 0760 – 0885) וא-שימאליה (נ.צ. 0728 – 0883). הכפרים אינם מופיעים בספר ה״וילג׳ סטטיסטיקס״ המנדטורי משנת 1945.[174] מכל מקום, נראה שגזית ציין פרט לגרן ומוסיל רק מקורות משניים לרשימה שהוא מביא. משום כך זו דורשת בדיקה יותר מדוקדקת באשר לקיום יישובי קבע בעשרה אתרים אלו. רק בחלקם הוא מביא את מספר הבתים שהיו בהם. בגבולות מחקרנו זה נופלים רק שמונת המקומות הבאים: כופח׳ה, מוח׳רקה, חרבת זחיליקה, ח׳רבת אבו בקרה, אבו סיתה (ח׳רבת מעין), אל שועוט, א-רוויבה וח׳רבת אל חאסיף עם מספר קטן של בתים, שלא היו, פרט לשני הראשונים

כופח׳ה ומוח׳רקה שאינם בגבולות מחקרנו, אלא בתת-מחוז עזה, שום כפרים מוכרים בתקופה העות׳מאנית ובתקופת המנדט (ראו טבלה 4).

טבלה 4: המצב היישובי בעשרת האתרים המופיעים במאמרו של דן גזית , לפי ארבע מפות היסטוריות במחצית הראשונה של המאה העשרים

שם האתר	מיקום יחסית לתחום העבודה	מצב יישובי במפת מוסיל	מצב יישובי במפות מלה״ע הראשונה 1:40,000	מצב יישובי במפות 1:100,000 1939-1936	מצב יישובי במפות 1:20,000 1946-1945
כופח׳ה	בפנים	מחוץ למפה	Kh. el Kofkhah: כפר	Kaufakha: כפר	Kaufakha: כפר
אל מוח׳רקה	בפנים	מחוץ למפה	El Maharata: כפר	Al Muharraqa: כפר	El Muharraqa: כפר
ח׳רבת זחיליקה	בפנים	Zuhejlika: ח׳רבה	Kh. Zuheilikah: מספר בתים	מספר בתים, השם לא מצויין במפה	מספר בתים, השם לא מצויין במפה
ח׳רבת אבו בקרה	בפנים	השם לא מופיע על המפה	Abu Bakra: מספר בתים	Abu Baqara: מספר בתים	Abu Bakra: מספר בתים
ח׳רבת אבו סיתה, ח׳רבת מעין	בפנים	Ma׳in: ח׳רבה	Abu Sitta: מספר בתים	Kh. el Ma׳in: בית ספר, מספר בתים וכרמים	Kh. el Ma׳in: בית ספר, מספר בתים כרמים ומטעים
אל שועט	בפנים	es-S׳ut: ח׳רבה	El Sha׳uth: מספר בתים ומטעים	Esh-Shu׳uth: הרבה בתים	Sha׳ath: ריכוז בתים עם רחובות ניצבים זה לזה
א-רווייבה	בפנים	השם לא מופיע על המפה	מחוץ למפה	Er Ruweibiye: הרבה בתים	Ruweibi: ריכוז בתים עם רחובות ניצבים זה לזה
ח׳רבת אל חאסיף	בפנים	el Hasif: ח׳רבה	Kh. Khasif: מספר בתים	Kh. el Khasif: בית ספר ומספר בתים	מספר בתים, השם לא מצויין במפה
ח׳רבת אבו עמר, אבו מועמר	בחוץ	השם לא מופיע על המפה	אין דבר, השם לא מופיע על המפה	Abu Mu׳emmer: מספר בתים	Kh. Abu ׳Amr: ח׳רבה (לפי המפה משנת 1931)
א-שימאלייה	בחוץ	השם לא מופיע על המפה	אין דבר, השם לא מופיע על המפה	מספר בתים, השם לא מצויין במפה	אין דבר, השם לא מופיע על המפה (משנת 1931)

דוד גרוסמן (2004)

הגיאוגרף **דוד גרוסמן** מביא בספרו משנת 2004 נתונים וניתוח מעמיק ויסודי בנושא ההתיישבות. על פי גרוסמן:

> *תושבי עזה וח'אן יונס המכונה קלעה - מבצר (מקור הכינוי גלעיה) ובני סוהילה עקרו מביתם לשטחי הבדווים בשנים הראשונות של המאה התשע עשרה ובשנים האחרונות של המאה העשרים ותרמו באופן משמעותי להתפתחות שטח הספר של היישוב לעבר שטחי הבדווים ולעיבוד אדמות רבות ששימשו קודם לכן אך ורק לגידול מקנה. התפתחות זו תרמה בין השאר גם להתקבעותם של ישובי הבדווים, להקמת העיר באר-שבע ולהגברת הביטחון והפיקוח הממשלתי בשטחי הבדווים.*[175]

גרוסמן טוען כי: *"בעקבות יישומם של דיני הקרקעות שפורסמו בשנת 1858 היו שינויים ניכרים בהיקפם של שטחי החקלאות המעובדים ובאופן העיבוד. במסגרת התהליך נושלו אלו שסירבו לרשום את הקרקע על שמם...הבדווים נושלו כמעט כליל מאדמות המרעה שלהם, בעקבות חוסר נכונותם לרשום את שטחיהם או משום שלא העריכו נכונה את משמעותו של הרישום".*[176]

בקשר למספרי הבדווים בנגב מביא גרוסמן אומדנים שונים המונים את אוכלוסיית סנג'ק עזה הכולל בתוכו, יש לזכור, גם ישובים כפריים ועירוניים כמו עזה, ח'אן יונס וכדומה. עם זאת מראה גרוסמן כי בפקידות העות'מאניות לא נפקדו הבדווים.[177] עובדה זו, המתארת תיאור של מצב בו אין לשלטון מרכזי כל דריסת רגל, מחזקת את טענותיו של גרוסמן כמו גם של חוקרים כמו רות קרק על אי רישומם כחוק של אדמות בנגב בשל העדר שיתוף פעולה מצד התושבים המקומיים.[178]

באומדנים שונים שנעשו לקראת סוף המאה התשע עשרה המתוארים על ידי גרוסמן כאמינים למדי, מונה אוכלוסית הבדווים בנגב כ- 18,590 נפש.[179] אלו אינם מתיישבים עם אומדניו של ד"ר ארתור רופין לגבי הרבע הראשון של המאה העשרים על אוכלוסיה של כ- 55,000 בדואים בנגב ומדגיש פעם נוספת את התנודות החריפות של האוכלוסיה הבדואית בין העונות השונות ולאורך שנים.

פרק הסיכום בספרו של גרוסמן נותן אולי את התמונה הטובה ביותר לגבי המתרחש בנגב ברבע האחרון של המאה התשע עשרה והמחצית הראשונה של המאה העשרים:

למרות העליות והירידות הקלות בתנאים הכלכליים לא הוקם אף ישוב של ... מקובל להניח כי מקומם של הבדואים בתנודות הדמוגרפיות היה מכריע, אך יש לאזן 'תפקיד' זה בנזק שנגרם להם ולכלכלתם עקב חוקי הקרקע. הבדווים נפגעו יותר מאחרים כי הממשל לא הכיר בזכותם להשתמש בקרקע ממנה התפרנסו, בעוד שהם עצמם לא החשיבו במידה מספקת את ערכה של הקרקע ואת העליה בערכה בתנאי הכלכלה המשתנים של שלהי המאה התשע עשרה. שוליותו של הבדווי בעיני השלטונות באה לידי ביטוי גם בעובדה שבחלק ניכר מהפקידות הרשמיות הבדווים לא הופיעו כלל או, במקרה הטוב, נפקדו פקידות חסר. אמנם יש לכך סיבות רבות אך הדבר מעיד במיוחד על הקושי לאתרם במרחב הנדודים שלהם ולשכנעם לשתף פעולה עם השלטון. נטייתם להימנע מקיום חובות אזרחיות ובעיקר מתשלום מסים מסבירה גם היא באופן חלקי את הימנעות השלטון מלהכיר בזכויותיהם.

... להתעלמות השלטון העותמאני מזכויות הבדויים היתה השפעה רבה על היחסים בינם לבין היהודים, כי המתיישבים שנאחזו באדמתם יכלו להתעלם באופן חוקי מתביעות הבדווים להכרה בזכותם. מצב זה החריף בגלל ההבדלים באורח החיים וחוסר המודעות ההדדי לערכי התרבות של הזולת. המצב השתנה לחלוטין אחרי הכיבוש הבריטי כי מדיניותה של ממשלת המנדט היתה שונה לחלוטין מזו של קודמתה. הדוגמה הבולטת ביותר לכך היא שבשנת 1921 הוחזרו לבדוים חלק מאדמות הג'יפתליכ ש'נגזלו' מהם. עם זאת רוב אדמות המרעה שלהם נותרו בגדר 'מואת' בגלל ריחוקן מישובי הקבע.[180]

גדעון קרסל וראובן אהרוני (2004)

בעבודה משותפת ניסו **קרסל ואהרוני** לעקוב אחר המעבר של אוכלוסיות שונות ממצרים ללבנט, כולל האוכלוסיות הבדואיות. על פי קרסל ואהרוני, החלו מראשית המאה התשע עשרה מעברים של אוכלוסיה ממצרים אל האגן המזרחי של הים התיכון, בין אלו ניתן למצוא שבטי נוודים מצריים שהגיעו בעידוד השלטונות המצריים לצפון סיני ולמערב הנגב, ואוכלוסיות של עובדי אדמה (פלאחים) שהגיעו ממצרים והתיישבו סביב עזה. הם אף כותבים כי: *"מהגרים מקרב פלאחי מצרים אשר הגיעו לפלסטין משלהי המאה ה- 19 ואילך, ואשר לא מצאו להם מקום כעובדים בערי הארץ וכפריה, הופנו תחילה עם בואם לח'אן יונס ולעזה*

ולסביבות באר-שבע."[181] מימצא זה מתאים לטענתם של נוסעים וחוקרים מאוחרים שהובאו לעיל על תופעת ההתנחלות והחקלאות באזור זה שהיא תופעה שמאפיינת את סוף המאה התשע עשרה ותחילת המאה העשרים.[182]

על-פי 17 מפות נבחרות, ערכנו אף 4 טבלאות המפרטות אספקטים יישוביים שונים:

מטבלה 1 אנו למדים כי במפות בודדות המהוות מיעוט מכלל המפות, מופיעים המקומות הבאים בסימון של יישוב\כפר\יר\אתר: אום א-שווקף, רחייבה, חאלאסה, ביר אבו אירקאייק, ביר תורקיה, ח׳רבת בית מרסים, תל אם ליה, אבו ריסיק, וכן שתי תחנות משטרה באלעימארה ובביר עסלוג׳.

בבחינה מידגמית של 5 סדרות של מפות מפורטות יחסית **בטבלה 2** של המשבצת שנבדקה, אנו רואים כי קיימת עלייה הדרגתית במספר המבנים הבודדים בשטח מחמישה מבנים בודדים בשטח כולו ל- 566, בין שנת 1880 לשנת 1945-6. בהתאם לכך אף עלייה מסויימת בצפיפות הממוצעת לקמ״ר ממספר כמעט אפסי לפחות ממבנה אחד לקמ״ר.

טבלה 3 המפורטת יותר מקודמותיה מראה את המספר הקטן של יישובים (שחלקם נופל מחוץ למשבצת המחקר על-פי מפות מדידה מודרניות). היא מביאה גם שמות של שבטים בדואים במידה ומוזכרים במפה, וכן פירוט של מבנים בודדים, ושטחים חקלאיים המופיעים רק בחלק קטן מאוד של המפות.

בטבלה 4 מפורט המצב היישובי באתרים אלה כפי שהוא מתבטא במפות של מוסיל (1902), מפות מלה״ע הראשונה הבריטיות בקנ״מ 1:40,000 מהשנים 1917-1919, המפות הטופוגרפיות המנדטוריות 1:100,000 מהשנים 1936-1939, והמפות הטופו-קדסטריות 1:20,000 מהשנים 1945-1946. מיקום היישובים הללו מופיע במפה מס׳ 20 לעיל. נראה כי רק מוח׳רקה וכופח׳ה מצויינים ככפרים במפות מוסיל מתחילת המאה העשרים ובמפות מלחמת העולם הראשונה. במפה משנת 1939 מופיעים שני מקומות נוספים, אל שועוט וא-רוויבה כמקומות עם הרבה בתים ורחובות.

סיכום ביניים

בפרק זה נבחן מצב יישובי הקבע בנגב הצפוני בכלל מתחילת המאה ה-19 ועד 1931 לפחות, לא מוזכר במקורות שנבדקו כל ישוב קבע בנגב הצפוני ואף לא קרוב אליו,

פרט לבאר שבע שנוסדה בשנת 1900. ברוב המקורות מודגש המצב ההפוך, בו אין כל ישוב קבע בנגב הצפוני. מתוך חלק מהמקורות עולה מצב של תנודות חריפות במספר תושבי האזור עקב תנאי אקלים קשים שאינם מאפשרים בניית יישובי קבע ויציבות של האוכלוסייה. גם אם החוקרים שחקרו את החברה הבדווית בנגב בתקופת המנדט מעטים, ניתן לסכם ולומר על פי המחקרים שהוצגו לעיל כי החל משנות השלושים של המאה ה-20, החל תהליך ההתנחלות של הבדואים בנגב בצורה לא אחידה ולא סדירה, בנייה לא הייתה באופן סדיר וגם לא באופן קשיח, ואף לא היו יישובי קבע. יישובי הקבע היחידים שהיו בתת-מחוז באר שבע בסוף 1946 הם העיר באר שבע ו-510 נפשות בכפרים יהודיים. גם אם אין אחידות בין החוקרים, ברור לחלוטין שהתנודות החריפות באוכלוסייה, כמו גם תהליכים של פלישת פלאחים לשטחי מרעה, ונדודי השבטים הבדואים לעתים לעבר הירדן, מדגישים את המצב הבלתי יציב והנזיל בתחום האוכלוסייה.

על-פי מגוון מקורות ראשוניים הכוללים ספרות נוסעים וחוקרים רציניים מהמאה ה-19 ותחילת המאה ה-20, דוחות שונים של שני ממשלים ומקורות נוספים (עיתונות התקופה ועוד), ניתן לומר מספר דברים על הדגם היישובי בנגב בשנים 1800 עד 1945: המבנה הראשון באזור המתואר הינו מבנה משטרה בודד שאינו קשור כלל לכל מערכת יישובית קיימת (מצודה על ואדי פתיס). בתחילת המאה ה-20, בשנת 1900, הוקמה עיר חדשה בבאר שבע, גם היא ביוזמה שלטונית, על אדמה שנקנתה על ידי הממשלה מהבדואים (כדי למנוע מחלוקת עתידית).

לפחות עד 1931 לא מוזכר במקורות שנבדקו כל ישוב בשטח הנסקר ואף לא קרוב אליו, ב-1945 מופיעים בנתונים ארבעה כפרים שגם הם מרוחקים מרחק גדול מהשטח הנסקר. ברוב המקורות, מודגש המצב ההפוך בו אין כל ישוב בשטח הנסקר ולעיתים אין אנשים כלל. מתוך חלק מהמקורות עולה מצב של תנודות חריפות במספר תושבי האזור עקב תנאי אקלים קשים שאינם מאפשרים בניית ישובי קבע ויציבות של האוכלוסיה.

ניתוח מרחבי מפורט ושיטתי של השינויים ההתיישבותיים במפות של האזור בתקופה של כמאה וחמישים שנה מתחילת המאה ה-19 ועד לאמצע המאה ה-20 (מכיבוש נפוליאון ועד לקום מדינת ישראל), שהינו ייחודי למחקרנו על הנגב, מלמד אותנו רבות על תהליכי השינוי במצב היישובי בתחום המחקר. על פי המפה המסכמת (מפה 20) נראה כי במשבצת אזור המחקר שנקבע לספר זה, לא היה אף יישוב כפרי וותיק עד לסוף תקופת המנדט. היישובים הכפריים הוותיקים הסמוכים ביותר לגבול המשבצת הנם דהריה

בצפון מזרח, הוג' בצפון, ודיר אלבלח ואבסאן במערב. כמו כן היו שני יישובים כפריים חדשים (כופח'ה ומוח'רקה) שנוסדו באדמות השולטאן עבדול חמיד השני בסוף המאה ה-19, והחווה היהודית ברוחמה שנוסדה לפני מלחמת העולם הראשונה. לגבי האתרים המסומנים במספר מפות כיישוב וכן היישובים אותם מציין גזית, ערכנו בדיקה נוספת, כדי לראות אם אכן היו קיימים ומסתבר כי רק כופח'ה ומוח'רקה מופיעים ככפרים במפות ממלחמת העולם הראשונה ולא כל היתר המוזכרים אצל גזית.

על-פי 17 מפות נבחרות, ערכנו אף 4 טבלאות המפרטות אספקטים יישוביים שונים. אנו למדים כי במפות בודדות המהוות מיעוט מכלל המפות, מופיעים פחות מעשרה מקומות בסימון של יישוב\כפריר\אתר, וכן שתי תחנות משטרה בתחום המשבצת הנחקרת. בבחינה מידגמית של 5 סדרות של מפות אנו רואים כי קיימת בתחום השטח שהוגדר ונבדק עלייה הדרגתית במספר המבנים הבודדים בשטח מחמישה מבנים בודדים בשטח כולו בשנת 1880, ל- 566 בשנת 1945-6. בהתאם לכך אף עלייה מסויימת בצפיפות הממוצעת לקמ"ר ממספר כמעט אפסי לפחות ממבנה אחד לקמ"ר. בסך הכל בולט המספר הקטן של יישובים (שחלקם נופל מחוץ למשבצת המחקר על-פי מפות מדידה מודרניות). מהיישובים ה"חדשים" לפי גזית, נראה כי רק מוח'רקה וכופח'ה מצויינים ככפרים במפות מוסיל מתחילת המאה העשרים ובמפות מלחמת העולם הראשונה. במפה משנת 1939 מופיעים שני מקומות נוספים, אל שועוט וא-רוויבה כמקומות עם הרבה בתים ורחובות.

2. תהליכי שינוי בחקלאות

לפני שניכנס לבדיקה של נושא הבדואים והחקלאות, יש להתייחס לאספקט האקלימי של הנגב הצפוני. הגורם המכריע שהפריע לכל התיישבות חקלאית באזור הוא גורם מיעוט הגשמים וחוסר יציבותם, כולל שנות בצורת רבות. במידה והייתה חקלאות באזור, הייתה זו חקלאות לא רצופה של עיבוד-בעל אקסטנסיבי. יש לציין גם את מיעוט מקורות המים בנגב הצפוני. מפאת מיעוטם של המעיינות והכמות הקטנה של המשקעים, נזקקו תושבי האזור בעיקר לבארות ובורות מים להשקאת אדם ובעלי חיים. רבות מבארות הנגב העתיקות היו סתומות בתחילת המאה ה- 20 והבדוים לא ניסו לחפרן מחדש. חלק מבארות עתיקות אלו, נחפרו ונוקו על ידי צבאות הגרמנים והתורכים במלחמת העולם הראשונה.[183]

העות'מאנים הכירו בבעיית המים ובצורך בפתרונה על ידי קידוחים באזור, עוד בעת הקמתה של באר שבע, כפי שכתב בתורכית עות'מאנית במקור, אחמד מאג'ד ביי, ראש המועצה האדמיניסטרטיבית העות'מאנית בינואר 1914:

> For the most part, the land is fertile and suitable for agriculture. Rejuvenation of this expansive region necessitates the drilling of wells in several locations. Water shortage (lack of water) had led to the troubles of famine and inflation in prices, which burdened the clans (tribes) in the region with severe misery and poverty. In fact, in this large continent which can support a population of 1 million people, the current state of misery and privation suffered by the population of approximately 60,000 Bedouins (nomads) roaming this land is the result of water scarcity. As this water demand had been recognized (acknowledged) by the government, 13 years ago [1901. R.K.], at the time of the establishment of the administrative and juridical district of Birrüsseba, one of the existing wells had been cleaned and attached a gas engine.[184]

בבאר שבע, נערכו מדידות מטראולוגיות כמעט רצופות משנת 1931 ואילך. לפי זהרי בטבלה משנת 1955 הרי שממוצע המשקעים ב- 28 שנות מדידה בבאר שבע

היה 200.2 מילימטרים לשנה ובתל מלח ב- 6 שנות מדידה 151.9 מילימטרים. ממוצע ימי הגשם היה 27 ו- 23 בהתאמה.[185]

קרק מביאה בספרה על ההתיישבות היהודית החלוצית בנגב את המפה הבאה:

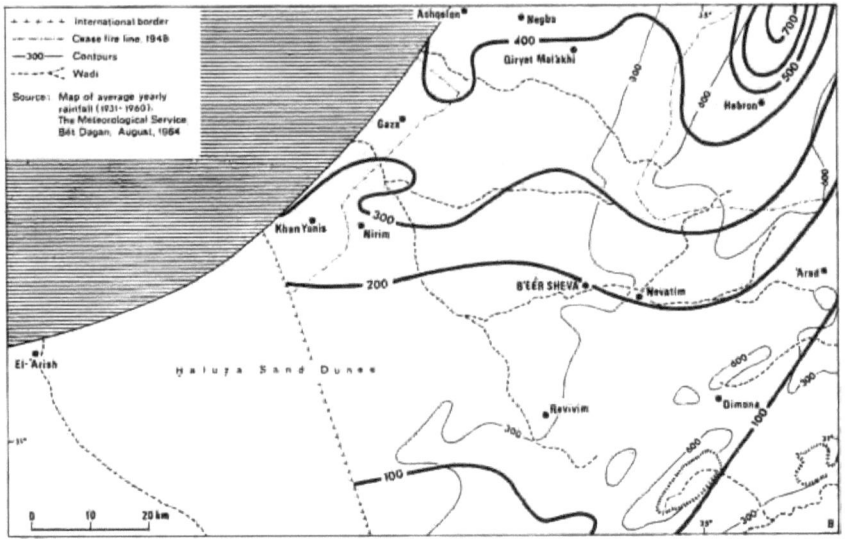

מפה 21. ממוצעים רבשנתיים של כמות הגשם השנתית בנגב הצפוני, 1931 – 1960
מקור: רות קרק, *תולדות ההתיישבות היהודית החלוצית בנגב עד 1948*, מהדורה ראשונה, הקיבוץ המאוחד, רמת גן, 1974 (ומהדורה מצולמת, 2002), עמ' 28.

מטרתו של פרק זה היא לתאר את אורחות החיים ודפוסי הקיום של הבדואים ונושא עיבוד האדמה, וקיום או אי קיום חקלאות על ידם בשטחי המחייה שלהם, בתקופה הנדונה בנגב הצפוני. מספרות הנוסעים והחוקרים האירופים והאמריקאים שעברו בארץ-ישראל במחצית השנייה של המאה ה-19 עולה כי הבדואים, או כפי שאחדים מהם מכנים אותם ה"ערב", מתפרנסים בעיקר מגידול גמלים וצאן, ומגביית מס חסות ופשיטות על האזור החקלאי המיושב.

יש לציין כי מתוך המקורות עולה תמונה של היעדר עיבוד אינטנסיבי (רצוף לאורך זמן ובמרחב גדול), גם לא בתמורת השלטון העות'מאני והבריטי. ממקורות נוספים וביניהם מקורות רשמיים עות'מאניים (חלקם בארכיון מושל ירושלים אכרם ביי, בארכיון מדינת ישראל), וכן מצוטטים במאמרה של יסמין אבצ'י)[186], ספרות נוסעים וחוקרים ומפות מהתקופה העות'מאנית (שחלקן יצוטטו להלן), כמו גם

תעודות, מסמכי ממשל ופרסומים מתקופת המנדט (המופיעים בין היתר במאמריי המשותפים עם פרנזמן)[187], ומחקרי חוקרי הבדואים מן העשורים האחרונים, שאת חלקם אני מצטטת, עולה תמונה דומה לפיה הבדווים באזור זה התפרנסו בעיקר מנדידה ורעייה ולא מחקלאות, לפחות עד לתקופת המנדט הבריטי.

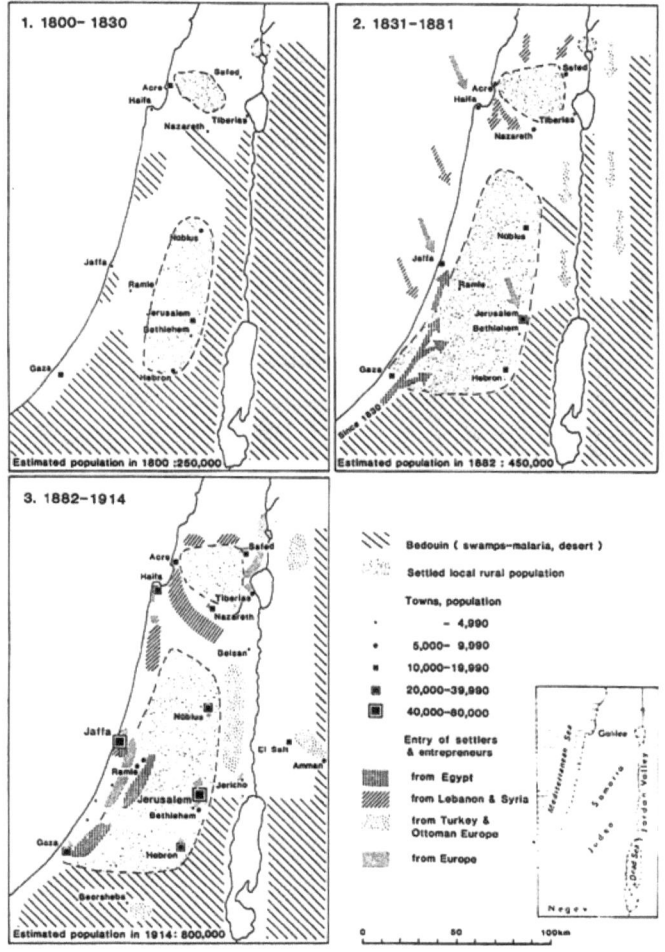

מפה 22. תהליך השינוי המרחבי בארץ ישראל, 1914-1800

מקור: Ruth Kark,"Landownership and Spatial Change in Nineteenth Century Palestine: An Overview", in: M. Roscizewsky (ed.), *Transition from Spontaneous to Regulated Spatial Organization,* Polish Academy of Sciences, Warsaw, 1984, p. 186.

היסטוריונים וארכיאולוגים מדברים על "מלחמת המזרע והישימון", מלחמת חורמה בין נוודים המייצגים את כוחות ההרס והתוהו, המגיחים מן המדבר כדי להרוס את אזורי הישוב (הוטרוט ועבדול פתח ומשה שרון כדוגמאות למקורות אלו, שניים מני רבים).[188]

חוקרים תיארו את השינויים במאזן הכוחות בין הנוודים ליושבי הקבע כתהליכים צנטריפוגליים וצנטריפטליים. על תהליך זה עמדתי במאמר משנות השמונים של המאה ה-20 והמפה המצורפת אליו, המדגימה בהכללה בקווים אלכסונים מקבילים את התפשטות והתכווצות שטחי הנדידה של הבדואים בארץ-ישראל ובנגב במאה ה-19 וראשית המאה ה-20.[189] מרבית שבטי הבדואים החיים כיום בנגב הגיעו לאזור במהלך המאות ה-18 וה-19.[190]

אברהם גרנובסקי (גרנות), שחקר את המשטר האגרארי בארץ ישראל, כלל במחקרו מסוף תקופת המנדט התייחסות לפשיטות הבדואים במאה ה-18 וציין כי:

באזורים גדולים, במיוחד במזרחה של הארץ, נשתלטו כמה שבטי בדואים חזקים, שהיו מתנפלים מפעם לפעם על התושבים, גוזלים וחומסים אותם, מגרשים אותם ממקומותיהם והופכים את הסביבה כולה לעיי שממה. הפלאחים היו מופקרים לשלטונם של הבדואים, והללו היו מעבידים אותם עבודת עבד, או כופים אותם לשלם להם מס-חסות, הנקרא "חווה".[191]

מקורות ראשוניים

חוקרים וסוקרים מהמאה התשע-עשרה

מספרות הנוסעים האירופים שעברו בארץ-ישראל במחצית השניה של המאה ה-19 עולה כי הבדואים, או כפי שאחדים מהם מכנים אותם ה"ערב", מתפרנסים בעיקר מגידול גמלים וצאן, ומפשיטות על האזור החקלאי המיושב.

קרל ואן דה ולדה (1851 – 1852)

החוקר ההולנדי **ואן דה ולדה** (C.W.M Van de Velde) שהוזכר לעיל, ביקר בארץ-ישראל בשנת 1851 - 1852. הוא פרסם את מפתו והמסמכים הנלווים לה בשנת

1858 בשני ספרים שונים: האחד, תיאור הנלווה למפה (*Memoir*) והשני תיאור המסע עצמו (*Narrative of a journey through Syria and Palestine* in 1851 and 1852). ביקורו באזור זה התבצע באפריל 1852 והקיף אזור שנמצא בחלק המזרחי של אזור המחקר. ואן דה ולדה מתאר את שנת ביקורו כשנה גשומה והאזור היה ירוק ופורח, אך אינו מתאר גידולים חקלאיים כלל באזור באר-שבע ואף צפון לה.[192] המקום הראשון בו מתאר ואן דה ולדה גידולים חקלאים ספוראדיים הוא באזור תל חווילפה (Tell Chewélfeh) ליד קיבוץ דביר של ימינו:

> *We were passing through uniformly low, grassy hills and here and there along cultivated land.*[193]

באזור באר-שבע מתאר ואן דה ולדה מספר בארות, צאן וגמלים בלבד בלא איזכור של גידולים חקלאיים כלל בכל האזור.

ויקטור גרן (1863)

המזרחן הצרפתי **ויקטור גרן** מתאר את מצב החקלאות ביוני 1863, הזמן בו ביקר באזור. מתיאוריו עולה כי, ככל שהיו עיבודים חקלאיים (למשל באזור ואדי אל פתיס), באשר לעיבודים חקלאיים אלו ואחרים, הרי פה ושם הוא מציין עיבודים של חיטה ודורה, ושרידי עיבודים שנכשלו עקב שנת הבצורת. גרן מזכיר גם גידולים באזור באר-שבע.[194] אין הוא מזכיר את הבעלות על הקרקע המעובדת, פרט למידע שנמסר לו בדרכו מח'רבת צאחן לח'רבת כופיה, דרומית מזרחית לעזה, על-ידי בנו של אחד מהאפנדים של עזה המשגיח על הפלאחים הרבים המעבדים את קרקעות אביו דרומית-מזרחית לעזה: *"הוא סיפר לי כי חלק ניכר מן האדמות שייכות לממשלה, המחכירה אותן תמורת חמישית ההכנסות."*[195]

הנרי בייקר טריסטראם (1863 – 1864)

באותן שנים ממש עבר החוקר **הנרי בייקר טריסטראם** באזור באר-שבע ומתאר תיאור דומה של שדות שעורה.

טריסטראם לווה במסעו לנגב על ידי השיח' אבו-דאהוב הישיש ואנשיו משבט הג'הלין. כקוריוז אוסיף כי לתדהמתו, הציע לו השיח' לשהות עמם

שלושה חודשים ולשאת את נכדתו בת החמש-עשרה. ככומר נשוי עם שבעה ילדים טריסטראם כמובן דחה את ההצעה. בהתייחסו לחקלאות ציין כי המקום הראשון בו ראה עיבודים חקלאיים ב-3 בפברואר 1864, היה באר שבע וכי כל הדרך מיריחו וים המלח לבאר שבע, לא ראה כל גידולים חקלאיים עד שהגיע לחלקות בקרבת נחל באר שבע: *"מאז עזבנו את יריחו זה המקום הראשון בו מצאנו אדמה מעובדת...חלקות אלו מוברות שנתיים ונזרעות בחיטה ושעורה בשנה השלישית."*[196]

אדוארד הנרי פאלמר (1870)

דבריו של המזרחן הבריטי **אדוארד הנרי פאלמר**, כפי שהובאו לעיל משקפים את המצב היישובי הכללי בשנת 1870, ולא באזור חלקות התביעה. מכל מקום, בכתבו על הערים של הדרום והנגב מסכם פאלמר כפי שהזכרתי אף לעיל, כי היתה שם תרבות עתיקה אשר נותרו ממנה רק שרידים:

> *... but only the empty names and stony skeleton of civilization remained, to tell of what the country has been.*[197]

בנושא זה כתב פאלמר שביקר בנגב בשנת 1870:

> *Camels and sheep are, as I have before said, the Bedawi's only means of subsistence ... The effect of this is that the soil he owns deteriorates, and his neighbors are either driven away or reduced to beggary by his raids and depredations.*[198]

אנו מוצאים במאמרו של פאלמר תיאור מדברי של סביבות באר שבע בשנת בצורת ב- 1869. ב- 23 בפברואר 1870 הגיע (עם שותפו למסע טירוויט-דרייק) מעבדה [עבדת] לבאר שבע וכך מתאר פאלמר את באר שבע ואת השבטים הבדואים שנאלצו לעזוב את האזור:

> *Our first impressions of Beersheba were anything but favorable. We found it presenting an aspect far different to that described by previous travelers; for such has been the severity of the recent draught that the herbage was entirely burnt up, and in place of rich pasturages there*

was nothing but a dry, parched valley, bare and desolate as the desert itself. This state of things had compelled the Badawin to move off with their flocks and herds to more fertile spots…[199]

פאלמר מזכיר בספרו בפירוש כי רק בהגיעו לכפר דהריה שבדרום הר חברון זיהה שטח מעובד לראשונה.[200]

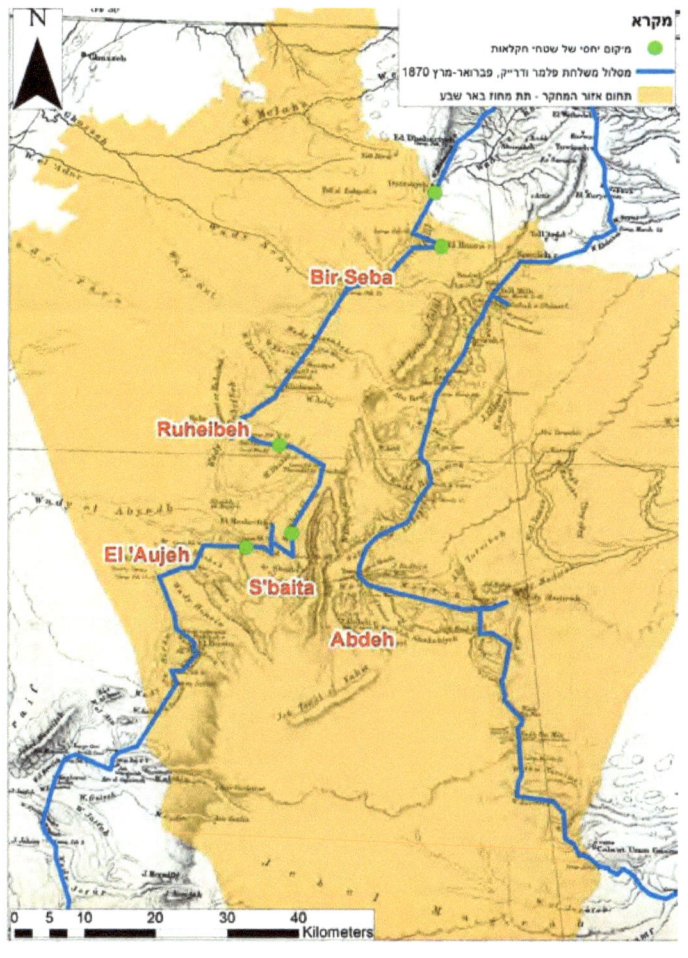

מפה 23. שחזור מיקום מוערך של שטחי חקלאות בצפון הנגב בעזרת GIS על חלק ממפת פאלמר ודרייק, 1871.
מקור: אביב אופנהיים, "התפתחות החקלאות בנגב, 1799 – 1948", עבודת מוסמך, האוניברסיטה העברית בירושלים, ירושלים, 2015, מפה 10, עמ' 51.

הקרן הבריטית לחקירת ארץ-ישראל (1872–1877) וה״ממוארס״ של ה-PEF (1883)
מהטקסט של ה״ממוארס״ של **הקרן הבריטית לחקירת ארץ-ישראל (PEF)**, המתייחס לגיליון XXIV אשר כולל את אזור באר שבע, מודגש כי שטח הגיליון (290 מייל מרובעים או 751 קמ״ר ; 1 מייל = 1,609.344 מטרים) הוא ברובו שטח מרעה לבדואים (המכונים ״ערבי״) עם כמה אתרים עתיקים. לא מוזכר כל יישוב קבע או חקלאות:

> *The district is **mainly pasture land** for theArabs; but a few ancient sites occur on the Sheet. The only Cultivation on the Sheet is on the hills in the north-east corner, where corn is grown. The Arabs, however, grow a little tobacco north-east of Beersheba.*[201] [הדגשה שלי. ר.ק.]

מהטקסט של ה״ממוארס״ המתייחס לגיליון נוסף, גיליון XX שמצפון לקודם, הכולל בתוכו שטח של 373 מייל מרובעים (966 קמ״ר), עולה כי השטח כולל 25 יישובים ו- 104 חורבות עתיקות.[202] מודגש כי השטח בו מצויים יישובי הקבע נמצא מצפון לקו של ואדי אל-חסי (נחל שקמה) ומדרומו שטחי מרעה של נוודים:

> *North of this boundary-valley, the plain is tilled by the inhabitants of the villages; south of it the country is uncultivated, affords pasture to the Arabs. The hills are cultivated to about the same latitude.*[203]

בכרך הנלווה למיפוי המצוין שנערך על ידי הקרן הבריטית לחקר ארץ-ישראל (PEF) בשנות השבעים של המאה ה-19, ישנה התייחסות לחקלאות בשטח שמופה בגליון XXIV, וכך נכתב שם על ידי הסוקרים המקצועיים, אנשי חיל ההנדסה הבריטי באותם ימים:

> *Cultivation – A little corn is grown by the villagers, but most of the district is pasture-land.*[204]

גם בחלק המערבי של המפה הנדונה, מצוין כי:

> *The country south of Wady Simsim is scarcely cultivated at all, **being all pasture land**.*[205] [ההדגשה שלי- ר.ק.]

למעשה, ניתן ללמוד מהצלבת המפה והסקר הכתוב הנלווה אליה כי ככל הנראה לא הייתה חקלאות גידולים סדירה באזור המחקר בתקופה בה נערכו הסקר והמפה (שנת 1877).[206]

הורציו הרברט קיצ'ינר (1878)

במקביל, ניתן להתייחס לתיאוריו של **קיצ'נר**, שתאר את מלאכת הסקר שניהל בעצמו, בכתב העת של הקרן הבריטית לחקר ארץ ישראל. קיצ'נר מתאר גידולי שעורה באזור תל חסי בנגב הצפוני מערבי, אך בו בזמן כותב כיצד הגידולים נכשלו לחלוטין בשנה שלפני כן בגלל התנודות במשטר הגשמים.[207]

אדוארד האל (1885)

אדוארד האל תיאר גם הוא את המצב היישובי והחקלאות בהמשך הדרך מים המלח דרך תל מילח', סמוך לחלקות התביעה, ולבאר שבע. אני חוזרת כאן על הציטוט שהבאתי לעיל כדלהלן:

> *We had now reached the southern margin of the tract included in the Ordnance Survey Map of Western Palestine. All the way between Tel-el-Milh and Bir es Seba (Beersheba) the country is strewn with ruins of walls and foundations of buildings, showing how thickly it was once inhabited. Now, the land is desolate, almost without inhabitants; for during the fourteen miles of march between these places, we only twice fell in with human beings: on one occasion a Bedawin; on the other, fellahin ploughing with their camels.*[208]

אלואיס מוסיל (1902)

החוקר **אלואיס מוסיל** חקר את הנגב והבדווים בנגב ביסודיות במשך כשמונה שנים (1895 – 1902) בעונות שונות ושנים שונות, מתאר גידולים חקלאיים בצפון הנגב כקיימים באופן ספוראדי למדי. מוסיל מדגיש שגידולי השעורה מאפיינים את סביבות עזה ולא את האזור הנמצא ממזרח לבאר שבע, המאופיין בחוסר גידולים חקלאיים. מוסיל שתיאר את אזור הנגב בשנת 1897 התייחס לסוגי השעורה הגדלים בנגב הצפון מערבי, ואף ציין את ייצואם, אך כתב במפורש שאלו גדלים סביב העיר עזה.[209]

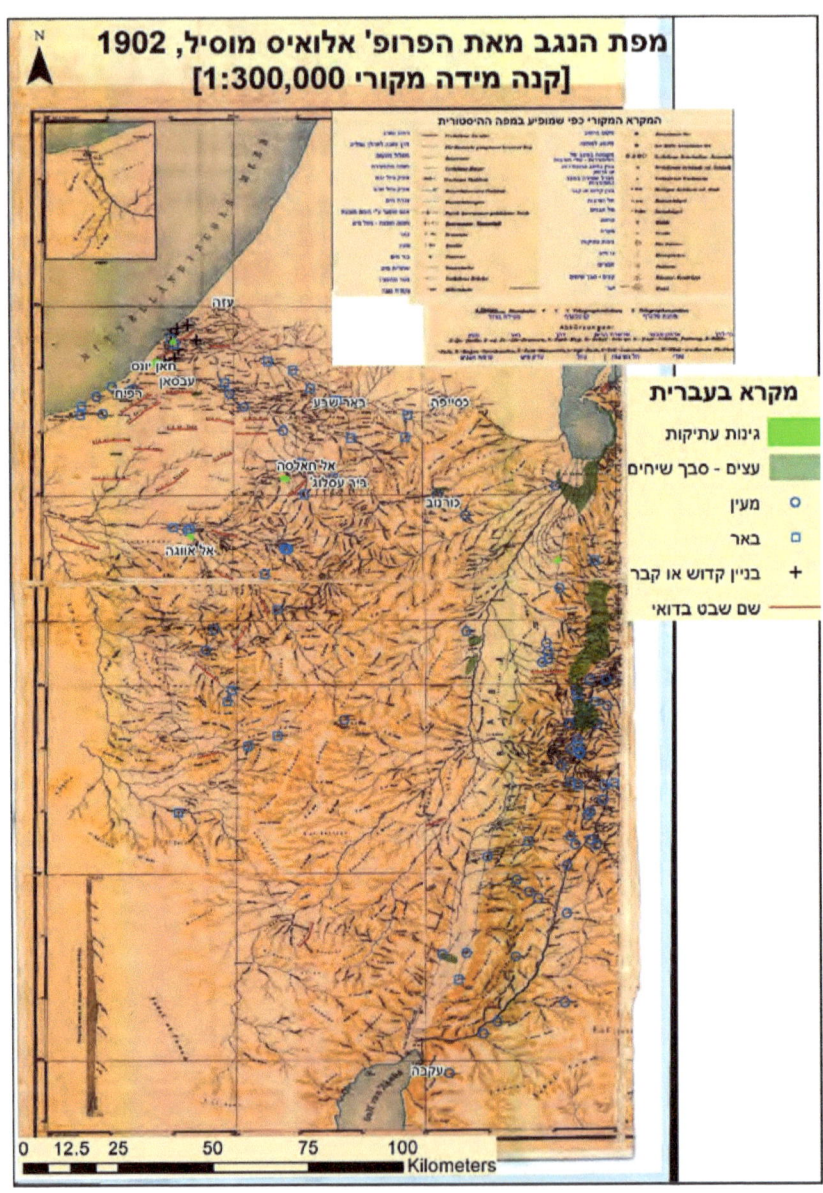

מפה 24. סימון שטחי חקלאות בנגב בעזרת GIS על מפת מוסיל, 1902
מקור: אביב אופנהיים, "התפתחות החקלאות בנגב, 1799 – 1948", עבודת מוסמך, האוניברסיטה העברית בירושלים, ירושלים, 2015, מפה 13, עמ' 61.

מוסיל תיאר את האזור המערבי של שטח המחקר כאזור בו מגדלים גידולים שונים ובעיקר שעורה, יש לזכור כי החלק המערבי של אזור המחקר עובד בחלקו על ידי כפריים מעזה באופן לא סדיר ואף היה קשור לעורף החקלאי של עזה (הינטרלנד) במידה מרובה:

השטח בין w. es-Sini ו-w. es-Seri הוא מישור גלי בו מתרוממים בכוון מערב רק תלים נמוכים מעוגלים (בצורת כיפה) אחדים הנקראים el-Koz. בכוון מזרח נמשך המישור באופן הדרגתי לשורת תלים נמוכים. הוא פורה ועשיר במקומות מרעה.[210]

מוסיל שמתאר את הנגב בשנת 1897 מתייחס לסוגי השעורה הגדלים באזור ואף מציין את ייצואם, אך מציין שוב במפורש שאילו גדלים סביב העיר עזה:

בשעה 3 ו-13 דקות עברנו את הגינות. היינו מזרחית מ- h. en- Nasra משם השתרע שטח חולי עד רצף התלים מסביב ל- Razze [הכוונה לעיר עזה. ר.ק.] *כרבע שעה אחרי זה מתחילים שדות שימינה מהם מצויים מספר קברים מתפוררים ובורות מים h. es-Mansura. בשדות אלה כמו בכלל בסביבת Razze מגדלים חיטה ושעורה כאשר החיטה מצליחה כאן במיוחד ולכן נקנית בכמות גדולה על ידי האנגלים. מגדלים כאן שני זנים של חיטה, הדו-טורית harabawi והשש-טורית shejlawi. העיבוד של השדות נעשה כמעט תמיד על ידי שני אנשים: האחד מעמיד את השדה ואת הזרעים והשני עושה את העבודה; את היבול מחלקים ביניהם באופן שווה כאשר מובן מאליו שהאחד מנסה מדי פעם להערים על השני.*[211]

אנטונין ג'וסן (1908)

אנטונין ג'וסן (Antonin Jaussen) היה איש ה"אקול ביבליק", בית הספר הצרפתי למקרא וארכיאולוגיה שנוסד בשנת 1890 על ידי נזירי המיסדר הדומיניקני בירושלים, והמייסד של ה"אקול ביבליק" בקהיר. הוא פעל כארכיאולוג וחוקר הבדווים בעבר-הירדן, ומעט בנגב. הוא ביקר בנגב בשנים 1902 – 1905 וכך כתב בספרו שפורסם בשנת 1908 על הבדואים הנוודים באזור באר שבע:

"ערביי באר שבע

אני קורא ערביי באר שבע לאוכלוסיה הנומאדית הכפופה לתחום שיפוטו של קאימקאם של אזור זה. רשימה זו מבוססת על רישומי הממשלה. היא מבוססת על אדיבותו של עובד שהיה מספיק נחמד כדי להעבירם אלי. אני מוסר אותה מבלי שהצלחתי לבדוק אותה על כל היבטיה, על ידי בדיקות אישיות במאהלים השונים. למרבה הצער ההערכות לגבי מספרם של המטות וכוחם נדירות מאוד ונשארו מוגזמות ביותר ומבוססות על מידע שסופק על ידי מנהיגיהם או מורי הדרך שלי. אני מציין את שם המטה, החלוקה הראשית שלו ואת שם השיח'...[212]

בהמשך מציין ג'וסן את שמות השבטים המשתייכים לחמשת המטות הבאים: חנאג'רה, תיאהא, תראבין, עזאזמה וג'בראט.

לאונרד וולי וט.א. לורנס (1913)

צ'ארלס לאונרד וולי (Charles Leonard Woolley), הארכיאולוג הבריטי שעבר באזור יחד עם **תומאס אדוארד לורנס** (שנודע בהמשך במלחמת העולם הראשונה כ"לורנס איש ערב") עסק בלווי לסקר המיפוי של הקולונל ניוקומב. בינואר 1913, מתאר וולי את האזור פעמיים במילה Barren שפירושו שממה ואינו מזכיר כל גידולים חקלאיים בדו"ח שלו לקרן הבריטית לחקר ארץ ישראל (יש לזכור כי מטרת מסעו היתה בעיקר ארכיאולוגית).[213]

תעודות משלהי התקופה העות´מאנית

מן **התעודות התורכיות** השונות המצויות בארכיון מדינת ישראל, ניתן ללמוד על מספר מאפיינים מרכזיים של מצב החקלאות באזור בתקופה בה נכתבו. מתעודה שזמנה העשור הראשון של המאה העשרים עולים הקשיים שבגביית מיסי מעשר תבואה באזור זה בשל התנודות החריפות במצב הגשמים ובשל כך בכמות השטח המעובד. בתעודה נוספת מארכיון אכרם ביי, שכיהן כמושל העות'מאני של המתצריפליק האוטונומי של ירושלים בשנים 1906 – 1908, למשרד הוזיר העליון, הוא מוסר כי:

עדות והוכחה לזאת היא החסכון (הגרעון) הבולט של מס המעשר (מס התבואה) השנה בעיר באר-שבע... בנסיעתי לעזה ראיתי שדות ומגרשים רחבים ואינסופיים שהזרעים והצמחים שלהם נשדפו ונשרפו כליל. שבולי החיטה והשעורה לא היו גבוהים מעשרה עד חמישה עשר סנטימטרים. אפילו העשב הדרוש לרעות הצאן והבקר לא צמח ולא עלה. והסיבה העיקרית למצב זה היא אי ירידת הגשמים".[214]

לפי חקירתו קיימת מגמה של התמעטות הגשמים משנה לשנה.[215]

מקורות מתקופת מלחמת העולם האשונה ותקופת המנדט

דוח"ות מודיעין צבאי בריטי (1917)

מתוך **דוחות המודיעין הבריטי משנת 1917** ניתן ללמוד פרטים נוספים על מצב החקלאות באזור המחקר נכון למועד כתיבת הדו"ח. הדו"ח מחלק את השטח לאזורים שונים, כאשר האזור שנחקר על ידינו נמצא בתוך האזורים המתוארים בדו"ח כאזורים 2 (קו עזה – באר-שבע) ו-3 (קו באר-שבע – אל עריש). אזור מס' 2 מתואר כ: *"Less cultivated"* [הכוונה לעומת אזור עזה ר.ק] ואזור מספר 3 מתואר במילים: *"Occasional "patches of cultivation..."*.[216]

יצחק בן צבי ודוד בן גוריון (1918)

אחד הנתונים החשובים ביותר על החקלאות באזור זה עד למחצית העשור השני של המאה העשרים, מצוי בספרם של **יצחק בן צבי ודוד בן גוריון** על ארץ ישראל תחת השלטון העות'מאני. בספר זה מובאים נתונים על היקף היצוא מעזה בלירות שטרלינג הכוללות גם מוצרים חקלאיים ומנתונים אלו ניתן היה לחשב את גודל השטח המעובד בנגב הצפוני.[217]

על בסיס הנתונים של בן גוריון ובן צבי נעשה נסיון לחישוב השטח המעובד על ידי חוקרים שונים ובראשם ד"ר יוסף בן דוד.[218] דא עקא, שבחישובים אלה קיימות מספר בעיות כבדות משקל: המקור לנתוניהם של בן צבי ובן גוריון איננו ברור כל צרכו וכיוון שבנתונים נוספים שמביאים השניים בספרם יש טעויות ברורות לעין יש להטיל ספק גם באמינותם של מספרים אלו. הבעיה הגדולה יותר היא שהכותבים מדגישים בספרם שהיצוא של נמל עזה, מקורו בכפרים רבים

הנמצאים צפונית לעזה, לא בתחום הנגב כלל. מתוך הנתונים אי אפשר לבצע הפרדה של הגידולים מצפון הנגב מגידולים באזורים אחרים המהווים גם הם את העורף החקלאי של עזה אך הם אינם מאזור הנגב כלל. יש לציין כי בנושא זה ניתן להמשיך את המחקר באורח יסודי יותר ובהתבסס על נתוני הדוח״ות הקונסולריים של המאה התשע-עשרה וראשית המאה העשרים.

פיליפ בלדנספרגר (1922)

פיליפ בלדנספרגר היה בנו של מסיונר גרמני שפעל בארץ-ישראל במאה התשע-עשרה. פיליפ שנולד וגדל בארץ, שלט בשפה הערבית וחקר את ערביי ארץ-ישראל, כולל הבדואים בפלשתינה בסוף המאה ה-19 ותחילת המאה ה-20. הוא מציין במאמר על הבדואים משנת 1922, שהינו חלק מסידרת מאמריו המתייחסים לתקופה שקדמה למלחמת העולם הראשונה על ״המזרח שאינו נע״, כי בדואי ״אל-ערישיה״, מסביבות אל-עריש הם: *"...a peculiar intermediates Class; practice commerce and agriculture and are Camel-rearers"*.

אולם לעומתם ערביי התיהאה והתראבין [שישבו גם בתת-מחוז באר-שבע. ר.ק.], בני סקר ושקור במזרח [בעבר הירדן .ר.ק.], והעניזה בצפון, אינם עוסקים בחקלאות או מסחר: *"Among the pure non-working Arabs are the Teyaha and Terabin in the south, the Beni Sakhr or Sakhur in the east, and and in the north the `Anazeh"*.[219]

מדריך בריטי (1924)

מתוך ״ספר השימוש לארץ ישראל״ שיצא לאור על ידי ממשלת המנדט הבריטי בשנת 1924 עולה כי בכל הארץ היו בשנים 1920 - 1921 מעל לחצי מליון ראשי צאן (עזים וכבשים) וקרוב ל-9,000 גמלים. נתון זה מתיישב היטב עם נתוני מיפקד האוכלוסין המתאר הגירה מעבר הירדן לצורך מרעה בצפון הנגב כמו גם עם ממצאיו של עארף אל עארף משיחות עם הבדואים עצמם. ומכאן על חשיבות המרעה בכלכלה הבדואית.[220]

מיפקד בריטי (1931)

במיפקד הבריטי מ-1931 נטען כי הפרנסה העיקרית של הבדוים של באר-שבע הנה מחקלאות ומרעה. 42,868 תושבים בתת-מחוז באר-שבע טענו כי הם נתמכים

ישירות מעיבוד (קלטיביישן) למחייתם לעומת 5113 שטענו כי הם נסמכים על גידול בעלי חיים למחייתם. נתון זה היווה בסיס לחוקרים אחדים לטעון על מידת החשיבות של החקלאות לעומת גידול צאן במהלך התקופה הנחקרת ועל היקף השטח המעובד. לא מצויין אם חקלאות זו הנה בתוך תת המחוז או שאולי הוא כולל נתונים לגבי תושביו שעוסקים בחקלאות (כפועלים לדוגמא) בתתי-מחוזות אחרים. בהמשך מצוין כי מניין הנומדים [הבדואים הנוודים. ר.ק.] של באר-שבע, 47,981 איש. יש בבאר-שבע 13,924 מפרנסים ו- 34,057 תלויים. כלומר 2.44 תלויים למפרנס. יש להתייחס לנתונים המופיעים בדו"ח בנושא זה במשנה זהירות, בעיקר כיוון שהנתונים אינם מתיישבים עם שום תיאור אחר הקיים ביחס לאזור ולתושביו. נתונים אלה "הופכים" במידה רבה את כל הבסיס הכלכלי של הבדואים בנגב על פיו ואינם תואמים לתיאורי הבצורות הקשות שגרמו לנדידות חוזרות ונשנות ולמעבר לתעסוקה יזומה של השלטונות כפי שמופיע במקורות רבים בני התקופה.[221]

אליהו אפשטיין-אילת (1933, 1939)

אליהו אפשטיין (אילת) אינו מזכיר כלל בספרו משנת 1933 תהליכי חקלאות גידולים, אלא מקנה בלבד.[222] עם זאת הוא כותב במאמרו על הבדואים בנגב משנת 1939 כי בשנים 1934 – 1935 לפי נתוני המחלקה לחקלאות ודיג של ממשלת המנדט, עובדו בנגב כ- 2,109,234 דונם. מתוכם הסתכם עיבוד השעורה ב- 1,700,000 דונם והחיטה ב- 400,000 דונם. בנוסף עובדו בכמה אלפי דונם נוספים דורה, מלונים, שעועית וגידולים נוספים. העיבוד היה: *"בשיטות הכי פרימיטיביות של מערכות חקלאיות."*[223] לפני מלחמת העולם הראשונה התפרנסו הבדואים אליבה דה אפשטיין כמעט לחלוטין מגידול גמלים, כבשים וסוסים. מעטים ביניהם גידלו שעורה וחיטה בחלקות מבודדות, בואדיות וברמות.[224] אפשטיין מדגיש כי רוב הקרקע אותה מעבדים הבדואים הנה מואת:

> *Most of the land cultivated by the Bedouin in the Negeb is Mewat land... Land without registered ownership, not used for public purposes by villages.*[225]

אפשטיין צירף למאמרו מפה שהכין ביחס לתפרושת העיבוד של שעורה וחיטה בשטחי המחייה של הבדואים. נראה במפה זו כי כל שטחי העיבוד נמצאים בחלק המערבי של הנגב הצפוני.[226]

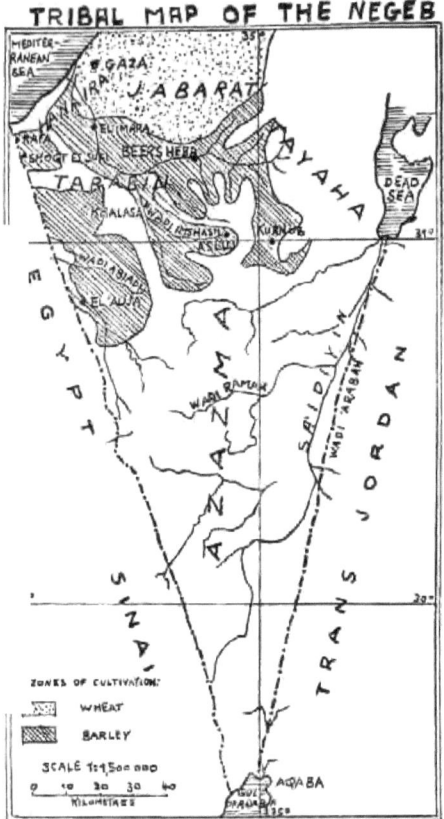

מפה 25.
מפת תפרושת הגידולים
בנגב של אפשטיין, 1939
מקור :
Eliahu Epstein,
"Bedouin of the
Negeb",
*Palestine Exploration
Quarterly*, Vol. 71,
1939, p. 60.

עארף אל עארף (1933 – 1934)

עארף אל עארף מנהיג פלשתינאי, וחוקר ערבי ירושלמי שהיה בין השנים 1928-1939 מושל תת-מחוז באר-שבע בממשלת המנדט, חקר וכתב רבות על הבדואים במחוזו. באחד מספריו הוא כותב על יחס הבדואים לקרקעות ולעבודת אדמה ומציין כי :

תקופות ארוכות עברו על הבדואים מבלי שיתעניינו בקרקעות אפילו כלשהו. ולא עוד אלא שהיו בזים לכל מי שקשר לו עם עבודת אדמה, ... אולם כיום [באמצע תקופת המנדט. ר.ק.] נשתנה המצב, והבדואים החלו נוטים לחקלאות.[227]

לטענתו, גם כאשר החלו בעיבוד חקלאי, היה זה חריש שטחי במחרשה קדומה, וזריעה אקסטנסיבית של חיטה, שעורה, דורה, עדשים ואבטיחים בלבד. בזריעת התבואות תופסת השעורה כתשע עשיריות מסך הכל. אל עארף מציין כי שמע שלפני כשלושים שנה בערך [1905] טענו בנמל עזה עשרים ספינות מלאות שעורת המחוז [השעורה יוצאה לאנגליה לתעשיית הבירה. ר.ק.]. תאוריהם של עצי פרי הם מועטים ביותר וגם הם מתייחסים כשרידים לחקלאות בתקופות קדומות ולא לעניין חקלאות בת הזמן.

ניתן ללמוד מתוך אל עארף כי המרכיב החשוב ביותר בחקלאות הבדואית הוא הגשם, אשר הכתיב למעשה את העובדה כי לא היתה שום אפשרות לבצע חקלאות סדירה או להסתמך על החקלאות. כך, לדוגמא, כותב אל עארף מתוך שיחות עם תושבים, כי בין השנים 1892 – 1909 היו חמש שנות בצורת לא רצופות. **גם מתוך תצפיותיו שלו בשנות העשרים, התנודה בכמויות ופיזור הגשמים יצרה מצב בו לעתים נדדו שבטים רבים צפונה והנגב כמעט והתרוקן מיושביו** [הדגשה שלי. ר.ק.], קל וחומר הסתמכות על חקלאות גידולים סדירה. ניתן לראות כי על פי אל עארף, החשובה ביותר לבדואי היא שאלת המרעה, ומכאן ניתן גם ללמוד על חלקה של חקלאות המרעה בכלכלה הבדואית. המסחר על פיו, אינו מהווה חלק מרכזי בכלכלה הבדואית.[228]

טוביה אשכנזי (1920 – 1960)

חוקר נוסף של אוכלוסיות נוודיות שונות ומיעוטים במזרח-התיכון ובארץ ישראל, בתקופת המנדט וראשית שנות מדינת ישראל, הוא האתנוגרף והעיתונאי היהודי הארץ-ישראלי ד"ר **טוביה אשכנזי**. אשכנזי החל את מחקריו בשנות העשרים של המאה העשרים. רוב מחקריו עוסקים בפרק הזמן שמהמחצית השנייה של שנות השלושים ועד מחצית שנות החמישים של המאה הקודמת. אשכנזי ביסס את מחקריו הן על מחקרים שונים שקדמו לו, הן על עבודת הדוקטור שלו שעשה בצרפת בשנת 1938 על הבדואים בגליל, והן על עבודת שדה והיכרות אישית ומעמיקה עם האוכלוסיה הבדואית בארץ ישראל.[229]

אשכנזי מתאר בשנת 1936, מספר מרכיבים מרכזיים בעבודת האדמה על ידי הבדואים בנגב, ובמיוחד אלו הסמוכים לעזה, החל משנות השלושים של המאה העשרים:

אולם מעט מעט אין הבדוים מסתפקים בקביעת שטחים מסויימים לצרכי מרעה, אלא מתחילים לעבוד את האדמה ולהתיישב עליה. שבטי הבדוים מעל קו באר-שבע חדלו במקצת מדרכי השוד והגזל ולמדו להעריך את השלטון ואת המשטר, בניגוד לשבטים המתגוררים דרומה לבאר-שבע. הם התחילו להתעסק בעבודת האדמה ולמכור את יבולה, את הצאן, את הצמר, שמנת וגבינה וירקות (בענף זה עוסקים הבדוים השוכנים עם חוף הים - ערב אל חנאג'רה). וככה הלכו והתקרבו לפלאחים עד כדי כך, שמשיאין להם את בנותיהם. השיכים ועשירי השבט החלו לבנות להם בניני אבן, לעת עתה לקבלת אורחים ולבאי כח המדינה, ולבוא ביחסי מקח וממכר עם הכפר ועם העיר. גם השבטים המתגוררים בסביבות עזה וצפונה נכנסו למסלול חיים יותר קבועים ומעטות הן המשפחות שנדדו בעונת הקיץ לפנים הארץ, כמו שנוהגים יתר השבטים הדרומיים מזרחיים; הם החלו לעסוק במרץ בעבוד אדמותיהם בהשפעת הפלאחים שכניהם. מחזור הזרעים, שהוא פרימיטיבי, קושר אותם לקרקעותיהם במשך כל עונת השנה. יש גם דרישה לעיבוד אינטנסיבי של הקרקע, ובשנות הברכה האחרונות קצרו חלק גדול מהבדוים, המתגוררים בחלק הצפוני מערבי של הנגב, את יבולם במכונות קציר, שחכרו מאת האכרים היהודים בגדרה.[230]

במחקר אחר של אשכנזי, שרובו מבוסס על חומר שנאסף ב-1937, מעיד אשכנזי כי בקרב השבט "ערב א- תיהאה" המעבר לגידולי שדה הוא נרחב וכולל גידול חיטה, שעורה, דורה ואבטיחים. אשכנזי אינו מביא היקפי שטח מעובד אך טוען כי לחלקים מהשבט יש כ- 40 אחוזים של אדמה מעובדת מתוך סך כל אדמתם.[231]

דברים דומים כותב אשכנזי במחקר שלא נדפס משנת 1960 על שבט התראבין. על פי זאת, עברו בני שבט התראבין לחקלאות גידולים בשנות השלושים של המאה העשרים, אך בעיקר בסביבות הערים עזה ובאר-שבע.[232]

במקור נוסף, שהתפרסם בשנת 1973, מתאר אשכנזי את מצב החקלאות ודפוסי הקיום של הבדוים במזרח התיכון במילים הבאות:

...לעיתים על אדמה השייכת להם אך על פי רוב על אדמה חכורה. הם מעבדים את הקרקעות על ידי אריסים או חראטים ורק לעתים רחוקות בעצמם. ברובם גרים הם באהלי שער עזים ובחלקם בחושות (סוכות) וצריפים מעץ ופח - מה שמעיד כבר על מעבר מחיי בדווים למחצה לחיי מתנחלים.[233]

דין וחשבון של הסוכנות היהודית (1936)

מקור נוסף הוא **דין וחשבון של הסוכנות היהודית**. כותרתו "The Area of Cultivable Land in Palestine" והוא הוצא לאור על-ידי הסוכנות היהודית לארץ ישראל בדצמבר 1936. הוא מתייייחס בעיקר לקרקע הניתנת לעיבוד בפלסטיין, ולקרקע מעובדת. ביחס למחוז באר-שבע ניתן להביא את הדברים כלשונם:

As mentioned above, the Government estimate of the total area of this District is 12,577,000 dunams, of which 1,640,000 dunams are classified as cultivable. In accordance with figures supplied to the Jewish national fund by the Department of Agriculture and Fisheries...the area of this district actually cultivated in the year of 1934 – 1935 was 2,109,234 dunams.[234]

הטבלה המצורפת בנספח 10 של המסמך מפרטת את סוגי הגידולים והשטח בחתך שנים. מתוך הטבלה ניתן לראות כי הגידול העיקרי, שעורה, גדל בצורה סדירה מעיבוד על שטח של מליון דונם בשנת 1930 – 1931 לשטח של מליון ושבע מאות אלף דונם בשנת 1934 – 1935. הגידול השני בחשיבותו, חיטה, גדל מעיבוד על שטח של מאתיים וחמישים אלף דונם בשנת 1930 – 1931 לארבע מאות אלף דונם בשנת 1934 – 1935, אך בשנת 1934 – 1933 היתה בגידול זה נפילה בכמות השטח המעובד לשלושים אלף דונם בלבד. הגידולים הבאים בחשיבותם היו עדשים, דורה, אבטיחים ומלונים שגם בהם, כמו בחיטה, היו תנודות בכמות השטח המעובד.[235]

יוסף ויץ (1935)

מידע נוסף טמון בחומר ארכיוני מסוגים שונים. בתזכירו של **יוסף ויץ** משנת 1935 נטען כי 200 מילימטרים גשם בשנה *"היא המידה המינימלית ההכרחית*

בשביל חקלאות פרימטיבית ונחותה", ובתכניות הפיתוח שלו מונה אפשרות לחקלאות זמנית על מנת להתגבר על הבצורות.[236]

ג'ורג' עדן קירק (1938, 1941)

החוקר הבריטי **ג'ורג' עדן קירק**, מתייחס לעיבודים חקלאיים של הבדואים ומציין כי: *"בשנת 1938 היו חורף ואביב גשומים במיוחד ... אולם בדרך כלל העיבודים מצליחים רק באחת מתוך שלוש שנים וה"ערב" (הכוונה לבדווים) מסתמכים לפרנסה על עדריהם, **ואינם יכולים להתנתק מחיי הנדודים שלהם**"* [הדגשה שלי. ר.ק.].[237]

בשנת 1941 כתב קירק מאמר נוסף על הנגב בו הוא מחלק אותו לשלושה אזורים (ZONES) ברצועות אורך בעיקר, ואף מוסיף מפה סכימטית שהכין כנראה לבדו. האזור הראשון ממזרח וממערב לערבה ועד לחלק שממזרח וממערב לים המלח הדרומי, הינו בלתי ניתן לעיבוד ולחקלאות. חיים שם שבטים קטנים עניים המגדלים עזים וגמלים. באזור השני המשתרע במקביל לו מגבול מצרים מדרום לעין קדיראת ועד למזרחה מבאר שבע בצפון, נמצא ממערב לקו פרשת המים בין הערבה לים התיכון. באזור זה ישנם קצת יותר משקעים וקרקע, וחקלאות לא קבועה בעיקר בואדיות. קירק עבר שש פעמים בגבול שבין האזור הראשון לאזור השני. באזור השלישי ממערב לו ועד לחופי הים התיכון ישנם קצת יותר קרקע, גשם וחקלאות.[238]

מיכאל אסף (1941)

החוקר **מיכאל אסף** כתב בשנת 1941 על שבט מטה א-סעידין היושב בערבה, כי מפאת מעבר הגבול בשטחם והדאגה המתמדת מפני התנפלויות שבטי עבר הירדן **פונה שבט זה עוד פחות מאחרים אל עבודת האדמה** [הדגשה שלי. ר.ק.].[239]

ב.א. לאו (1944)

לעומת קירק טוען סגן מנהל מחלקת החקלאות המנדטורית, **ב.א. לאו** (Lowe), במאמר על הנגב משנת 1944, כי:

> The success of agriculture in this area is almost entirely dependent on rainfall, and the limit of cultivation is probably about 100 millimeters, or four inches of annual rainfall.

על פי זאת מגדיר לאו את קו הגידולים כקו שעובר דרומית מזרחית לעיר באר-שבע ומגיע בחלק המערבי שלו עד לים התיכון. לאו קובע את כמות השטח המעובד בנגב בשנת 1944 במילים הבאות:

The area under cultivation is estimated to be about 750,000 dunams or 75,000 hectares, equivalent to a little less than 200,000 acres, which supports a population believed to be approximately 80,000, with livestock estimated at 60,000 sheep and goats, 14,000 camels, 25,000 horses and donkeys and 10,000 cattle.

בנוסף קובע לאו כי השטח זרוע שעורה בלבד במחזור זריעה שנמשך מספטמבר עד דצמבר ונעשה במחרשת יד עם להב מתכת (מחרשת מסמר) הרתומה לגמל. כמות יבול המתקבלת על הדעת נעה לפי לאו בין 40 – 50 קילוגרם זרעים בשנה ועד 70 בשנה גשומה. כמות זו סבירה רק בשל העבודה הזולה. חיטה נזרעת על פי לאו רק באזורים הצפון מערביים של האזור בהן כמות הגשמים עולה על 200 מילימטרים והיבולים הממוצעים שם הם כ-10 ק״ג לדונם.[240]

ד. האריס, דו״ח סודי (1943)

בדין וחשבון סודי שהוכן על ידי **ד. האריס** (D. Harris) [לימים סיר דאגלאס גורדון האריס. ר.ק.] עבור קבינט המלחמה הבריטי באוגוסט 1943, נטען כי הנגב הינו אזור ריק כמעט לחלוטין מתושבים וכל סיכוי לחקלאות בעלת ערך יכול להתבצע רק תוך הסתמכות על השקיה מבחוץ ולא על מי הגשמים [הדו״ח מסתמך בעיקר על מאמרו של קירק (G.E. Kirk) מתוך ה- *P.E.Q.* משנת 1938. ר.ק.].[241]

יוסף ברסלבסקי (1947)

יוסף ברסלבסקי, איש ידיעת-הארץ, תיאר בסוף שנות הארבעים בכרך מסידרת כרכיו המקיפים, את הנסיונות היהודיים להתיישבות בנגב. במסגרת ניסיונות אלו נערכו מספר בדיקות בנוגע לאפשרות הקמת מושבות יהודיות, בין היתר באזור רפיח ואזור בקעת ערד. בבדיקות אלו השתתפו מהנדסים, אגרונומים וחקלאים. אלו קבעו כי ללא השקייה סדורה לא יצלח האזור לחקלאות בת קיימא. ערב מלחמת-העולם הראשונה הוזמן המהנדס החקלאי ד״ר מנחם

זגורודסקי על-ידי מר אלברט ענתבי מראשי כי"ח בירושלים לבדוק קרקעות לרכישה בנחל גרר. הוא ציין כי בכל האזור לא נמצאו מים, אפילו להשקיית הסוסים, וכי התרשם ש"*השטח אשר בדקתי לא עשה עלי רושם של אדמה חקלאית ראויה להתיישבות.*"[242]

יעקב שמעוני (1947)

המזרחן **יעקב שמעוני** בחן את מצבם של הבדואים על רקע היישוב הערבי הכללי לתקופתו וקבע כי כל בדואי נמצא למעשה במעבר מנוודות לחקלאות ועיבוד הקרקע, כולל בארץ ישראל בה קיימים בדואים המעבדים את הקרקע "בצורה פחותה או יתרה" כלשונו. שמעוני מונה שבעה מטות עיקריים לבדואים בנגב ומפרט את אזורי שליטתם במפה המצורפת לספרו. כענפי כלכלה מונה שמעוני את גידול הבהמה הדקה כעיקרי, בכל הנוגע לחקלאות של גידולי שדה מתאר שמעוני את המצב כך:

> *אולם היום עוסקים כל שבטיהם - פרט למועטים המתרכזים בפינתו הדרומית בלבד [של הנגב. ר.ק] - גם בחקלאות של זריעה, פלחה זו אכסטנסיבית היא ושטחית מאד, ובמידה שמדרימים וחודרים למדבר עצמו היא נעשית שטחית וארעית עוד יותר - עד בואך ואדי ערבה והמדבר הדרומי שבנגב בהם אין זורעים כלל. על החקלאות שבנגב נאמר פרימיטיבית היא ומיוסדת על "משק גזל" המקובל מאד במשק החקלאי הערבי... שנה שנה זורעים שעורה; פה ושם חיטה אחרי שעורה; לפעמים מובירים את השדה שנה אחת, ושנתיים זורעים שעורה .... וכנתינתם של הבדואים לאדמה כך קבלתם ממנה: יבולים זעומים ... בצורת ושדפון שנה אחר שנה. רק בשבע שנים - כפתגם הבדואי - יביא השדה את תנובתו, וגם אז אינה רבה ....*[243]

הדיון בהיקף השטחים המעובדים בנגב אצל שמעוני מפורט ומורכב ועדיף להביאו כלשונו [הדגשות שלי. ר.ק.]:

> *על שטחי האדמה הנמצאים מדי שנה בעיבוד יש אומדנות שונים. לפי א. אפשטיין השטח הוא כשני מליון דונם, ועם השטחים המוברים שנה אחת ומעובדים בשנים האחרות יהיה השטח המעובד עיבוד כלשהוא כ-* ***3,350,000 דונם****, מתוך 12 - 13 מליון דונם שהם אדמות הנגב כולן. לפי*

עארף אל עארף השטח המעובד הוא פחות מזה. מומחים אחרים אומרים שיש להעריך את האזור החקלאי שבנגב ב- ***4,300,000 דונם****; מהם קרוב לשני מליון דונם - אדמת בור, כמליון דונם בעיבוד מתמיד* ***וכ-600,000 דונם*** *אדמה מוברת ומעובדת חליפות כל שנה. נמצא שהשטחים המעובדים עיבוד כלשהו, יגיעו ל-* ***2,200,000 דונם - 2,400,000 דונם*** *בערך; י. וייץ נוקט מספר של* ***2,058,000 דונם****. באזורי הספר שבין שטחי הבדוים ובין הישוב הכפרי יש לעתים אדמות השייכות לבדוים, וביחוד לשייכים, והמעובדות בידי פלאחים כאריסים או כפועלים ("חראתים").*[244]

ניתוח על-פי מפות

שטחים של עיבוד חקלאי מצויינים במפות בשתי דרכים:

(1) פוליגונים (שטחים) מדוייקים אשר תוחמים את שטחי הגידולים. בכל המפות למעט אלה של זלמן ליפשיץ אשר מכסות רק את שולי תחום העבודה, נתחמים כך רק גידולי קבע של מטעים/גפנים/תמרים וכו׳, ולא גידולי שדה. לעתים מצויין בדיוק מהו סוג הגידול.

(2) תוויות הפרושות על שטח המציינות שיש שם גידולים חקלאיים (Cultivation) כלשהם, אך לא ניתן לדעת על סמך תוויות אלה את סוג הגידול, או את השטח שלו. לעתים מצויין בתווית שהעיבוד הוא חלקי וב"טלאים" (למשל *Cultivated in patches*).

המפה הראשונה בה מצויינים שטחים חקלאיים כלשהם היא מפת ה- PEF של קונדר וקיצ׳נר (1880). דבר זה נובע מכך שזו המפה הראשונה המבוססת על מיפוי מדעי של צפון הנגב, וכן מהקנ"מ הגדול שלה אשר איפשר להכניס מידע כזה. במפה זו מצויינים 7,065 דונם, 6,915 מתוכם ליד עזה, והשאר ליד דיר אל-בלח׳. מפות נוספות בהן מצויינים שטחי גידולים בצורה מדוייקת הן המפות של מוסיל (1902), ניוקומב (1915), מפות מלה"ע הראשונה הבריטיות 1:40,000 (1917), המפות הטופוגרפיות הבריטיות 1:100,000 (1936-1939) והמפות הטופו-קדסטריות הבריטיות 1:20,000 (1945-1946). הרוב המוחלט של הגידולים הללו נמצא בקירבת יישובי הקבע, ובעיקר ליד עזה והיישובים מדרום-מערב לעזה

לאורך החוף, ליד באר-שבע, דהרייה, וליד הכפרים כופח׳יה ומוח׳רקה (ראו פירוט שטחים מעובדים בטבלה 3 לעיל).

במפות של ניוקומב (1915), במפות מלה״ע הראשונה הבריטיות 1:40,000 (1917), במפות הטופוגרפיות הבריטיות 1:100,000 (1939-1936) ובמפות הטופו-קדסטריות הבריטיות 1:20,000 (1946-1945) מצויינים גם גידולים חקלאיים ע״י כיתוביות של Cultivation. אך כאמור, מתוכן לא ניתן להעריך את סוג וגודל השטח המעובד. עם זאת, מעיון במספר צילומי אוויר נבחרים מחורף 1945/1944, ניתן ללמוד כי בשטחים נרחבים אכן היו גידולי שדה באותה עונה. ניתן להניח אם כך שהתוויות הללו של Cultivation מתייחסות לגידולי שדה. המפות היחידות המציינות במדוייק את השטחים של גידולי שדה, הן אלה של זלמן ליפשיץ (אשר יצאו בקנ״מ של 1:20,000 או 1:40,000 בסוף תקופת המנדט), אך אלה לא מכסות את מרבית תחום העבודה. מקוצר הזמן המוקצה למחקר, עוד לא נותחו כל הגליונות 1:20,000 שיש לנו.

ניתוח על-פי מקורות שניוניים פוסט-מנדטוריים וראשית מדינת ישראל

עמירן (1953, 1963)

גם הגיאוגרף **דוד עמירן** במחקרו משנת 1953 ראה בפשיטות הבדואים את הסיבה המרכזית להתיישבות המועטה בארץ ישראל, במיוחד במישורים.[245] עשור לאחר מכן פירסם עמירן יחד עם יהושע בן אריה המשך של המחקר על הבדואים בישראל. במאמר שפירסמו בשנת 1963, התייחסו השניים לנושא הסדנטריזציה (התיישבות קבע) והחקלאות של הבדואים בישראל ובנגב, לחריש במחרשת עץ, עיבוד במידה והיה של פעם בארבע עד עשר שנים, והרושם המוטעה לדעתם שנוצר באומדן השטח הכולל של עיבוד שטחים נרחבים בטריטוריה הבדואית:

> *בסוף המאה ה-19 הבדואים החלו לעבד אדמות במה שנודע בכינוי 'חקלאות בדואית'... חקלאות בדואית היא חקלאות בעל [ללא השקייה. ר.ק.] באופן כמעט בלעדי של דגנים, בעיקר שעורה וחיטה. קרקע מסויימת עובדה רק פעם אחת במהלך מספר שנים (חמש עד עשר [עמירן כתב במאמרו הראשון*

"ארבע עד עשר שנים." ר.ק.] ללא מעורבות בעיבוד; הכלי העיקרי הוא מחרשת עץ גסה, במקור אף ללא ברזל [להב המחרשה. ר.ק.], אשר חרצה תלמים בעומק של פחות מ- 10 ס"מ. מאחר ולבדואי אין כל ידע בחקלאות שימור, החריש שלו היה בגדר נס, מאחר והוא לא גרם לסחיפת אדמת הלס העדינה של אגן באר שבע, וזאת למרות מנהג הבדואים לחרוש ממעלה המדרון כלפי המורד. חוץ מהחריש ופיזור הזרעים לא נעשה שום עיבוד נוסף. למרות שהבדואים עיבדו כמה חלקות (לא את אותן אחדות) בכל שנה, השונות בכמות המשקעים שמאפיינת את הנגב (כמו גם את השוליים של שאר האזורים הצחיחים) גרמה לכך שהיבול היה דל לפחות בחצי מהשנים. לא ניתן היה לצפות ליבול טוב יותר מאשר פעם בארבע שנים.

הבדואים נהגו לעבד חלקות שונות בכל שנה והאופי הצחיח של סביבתם, המשמר את סימני העיבוד במשך שנים רבות, יוצר רושם של אדמות מעובדות בשטחים נרחבים של הטריטוריה הבדואית. הנוסע המקרי יכול לקבל מכך רושם מוטעה של אזור מעובד נרחב, במקום הרושם האמיתי של אזור מעובד מוגבל אשר נסוב סביב מרחבים גדולים. בעוד שבנגב האזור הברור של עיבוד מזדמן הגיע דרום-מזרחה עד קורנוב [ממשית. ר.ק.] ודרומה עד מישור הרוחות צפונית למכתש רמון, בכיסים של אדמה חקלאית טובה (בעיקר לס) ניתן היה למצוא אותו אף דרומה משם, כגון באגני מישר ועובדה.[246]

לפי מחקרם המשותף של **דוד עמירן ויהושע בן אריה** משנת 1963, הרי שבתחילת שנות השישים של המאה ה-20 הבדואים בנגב היו עדיין בשלב של נוודות למחצה:

> בדואי דרום מערב הגליל נמצאים בשלב של מעבר מחיי נוודות למחצה לחיים מיושבים. אלה שבנגב עדיין בשלבים מוקדמים של חיי נוודות למחצה. ניתן למנות שתי סיבות להבדל בשלבי ההתפתחות. ראשית, המרחק של שבטי הנגב ממרכזי התעשייה והחקלאות האינטנסיבית, והביקוש הרב לעובדים שהם מייצרים. שנית, זמינות מספיק גדולה של קרקע עבור הבדואים בנגב. אבל אין כמעט ספק שהבדואים בנגב יתפתחו באופן דומה לזה של אחיהם בגליל.

התפתחות מרכזי התעשייה כגון אלו של מפעלי ים המלח, ערד וכו', תצור הזדמנויות עבורם ודרישה לעובדים כפי שקרה בגליל. סימנים ראשוניים של התפתחות מעין זו כבר הופיעו בכפר הבדואי מערבית לערד, היכן שהבדואים בנו כפר חצי-מיושב מהסוג שנמצא במקומות אחרים בנגב בזמן שערים החלו להיבנות. הם מצאו תעסוקה בעבודות בנייה בערד ובכבישים המהירים המובילים אליה. בנגב, בטווח הארוך, העבודה השכירה תהפוך אטרקטיבית אף יותר עבור הבדואים. אפילו כיום זהו מקור הכנסתם העיקרי, והחקלאות הינה משנית בגלל חוסר היציבות של משטר הגשמים בשולי המדבר. נטייה זו תתגבר בשני הכיוונים. נתן לנחש שרק המנהג המכובד של הברחות, עוד יחזיק מעמד בכלכלה הבדואית לאורך זמן.[247]

אל דבאע' (1959)

החוקר הפלסטיני **מצטפא מראד אל דבאע'** פרסם את ספרו, *בלאדנא פלסטין* (ארצנו פלסטין) ב- 1959. בספר זה הוא מביא אינפורמציה לא מעמיקה, מסודרת על-פי אזורים גיאוגרפיים ותת-מחוזות, על הערים והכפרים הערביים ועל השבטים הבדואים לפני 1948, ככל הנראה על פי נתונים שנאספו בסוף שנות הארבעים. על פי דבאע', שטח נפת באר-שבע סווג לפני תום המנדט כלהלן: שטח העיר באר-שבע (העיר היחידה בנפה): 3890 קמ"ר. האדמות החקלאיות: 2000 קמ"ר. האדמות שאינן מתאימות לעיבוד חקלאי, המהוות את המדבר הפלסטיני המשתרע מדרום לקו עוג'א – עסלוג' – כורנוב: 10,573.11 קמ"ר. בסה"כ 12,577 קמ"ר, מהם מחזיקים היהודים בבעלותם כ-0.5 אחוזים בלבד, מתוכם נרכשו 5,160 דונם לפני מלחמת העולם הראשונה. (מבוסס על הערכה ממשלתית מה-1.4.1945).[248]

משה שרון (1964)

משה שרון, בהסתמך על ספרות נוסעים וכרוניקות מוסלמיות, טען כי באזור הנגב במחצית המאה התשע עשרה גודלו עזים וכבשים בלבד לעומת בקר בחלקים אחרים של הארץ. שרון, בהסתמך על החוקר הצרפתי וולניי טוען כי כבר במהלך המאה השמונה עשרה החלו בדואים לעסוק בגידול כותנה סביב העיר עזה יחד עם אוכלוסית עובדי האדמה (פלאחים). בנוסף לכך החלו מאמצים ליישוב של שבטים בדואים ממצרים על ידי מוחמד עלי בתקופת הכיבוש המצרי של ארץ ישראל (שנות השלושים של המאה התשע עשרה) מצפון לשטח המחקר. נראה שניתן

ללמוד מכך כי שטח המחקר היה חסר חקלאות לחלוטין במחצית המאה השמונה עשרה. יש לציין כי שרון טוען שהמסחר עם הארץ הנושבת היווה מרכיב חשוב מאד בכלכלת הבדואים [טענה מקובלת במחקר החל מסוף שנות השמונים של המאה העשרים. ר.ק] ובין הדברים שקיבלו הבדואים בתמורה לבשר ומחצבים שונים שהביאו היו גם דגן וקטניות.[249]

רות קרק (1974 / 2002)

הגיאוגרפית-היסטורית **רות קרק** שחקרה את ההתיישבות היהודית החלוצית בנגב והתייחסה גם לנושאי הממשל והבדוים, סיכמה את המצב היישובי של הבדווים בנגב הצפוני בשלהי התקופה העות׳מאנית כדלהלן:

במחצית המאה הקודמת [ה-19] נדדו שבטי הבדווים במרחבי הנגב ופשטו אלו על אלו במסעות ביזה. עיקר קיומם עד מלחמת העולם הראשונה היה על גידול גמלים, צאן, וסוסים. פרנסות נוספות היו כגמלים ומורי דרך לעולי הרגל למכה, העלאת מלח מהר סדום, ומכירתו בשווקי הערים, שריפת צמחי מדבר לאפר-אשלג ומכירתו לתעשיית הסבון, גבית מס דרכים מהעוברים בתחומם, שוד סחר נשק והברחות, וגביית שכר הגנה על ישובים ... אין מקורות לקביעת מספר הבדווים שעסקו בעיבוד אדמה לפני מלחמת העולם הראשונה וכן אי אפשר לקבוע את גודל השטח. הממשלה התורכית ניסתה לעודד את השבטים בנגב לעבוד את האדמה במטרה להשליט בטחון בדרום הארץ, אולם ניסיונות אלו הטילו פחד על הבדווים והביאו לתגובה הפוכה.[250]

לדעת קרק ואחרים, עם עליית הבדוים צפונה, החלו בגידול הבהמה הדקה שהיא בררנית יותר מהגמל לגבי מזון ודרישותיה למים רבות ותכופות יותר. זוהי הסיבה לפרוץ מלחמות רבות בין השבטים שתכליתן – השתלטות על מקורות המים והמרעה המצויים בעיקר בנגב הצפוני. נחל באר-שבע היה אחד המוקדים למריבות אלה שבעטין שלחו התורכים ב- 1890 משלחת עונשין בראשות רוסתום פחה, ויזמו את הקמת באר-שבע. קרק סיכמה כי:

הקמת המחוז החדש ובנין העיר, תרמו להתגברות השלטון התורכי על התוהו ובוהו ששרר בקרב השבטים, ריסונם, הסדרת ענייני המרעה וגם

גביית מס תקין מאנשי השבטים. את שלטונם באזור ביססו התורכים, בין היתר, על קו תחנות משטרה מחוף הים ועד באר-שבע.[251]

מסיבות שונות אותן פירטה קרק, החל חלק מהבדוים לעסוק בחקלאות בין שתי מלחמות העולם (1918 – 1939), בדרך כלל בצורה נוודית למחצה וללא מעבר ישיר להתיישבות קבע. ב- 1928 נמצאו בנגב כולו (ולא רק במשבצת הנחקרת כאן בפרוטרוט), שטחים מעובדים בהיקף של 1.5 מיליון דונם מתוך שטח כללי של כ- 12 מיליון דונם. ב- 1934-5 נמצאו בעיבוד חקלאי 2.1 מיליון דונם שעובדו לסירוגין (שנה כן ושנתיים לא), מה שמעיד על גידול השטחים המעובדים. לפי אומדנים שונים, רוב השטח הוקצה לשעורה (1.7 מיליון) ולחיטה (0.4 מיליון).[252]

אבשלום שמואלי (1980)

גם **אבשלום שמואלי**, שחקר את תופעת הנוודות בארץ-ישראל קבע כי: *"ההתנחלות של רבים משבטי הבדווים בארץ-ישראל החלה רק עם תחילתה של תקופת המנדט הבריטי. כך היה הדבר בגליל, בעמק בית שאן, בשרון ובספר של מדבר יהודה".* לדעתו החל תהליך ההתנחלות בנגב עוד יותר מאוחר: *" אולם אצל רובם של הבדווים בנגב החל תהליך ההתנחלות רק בתקופת מדינת ישראל..."*[253]

יוסף בן דוד ואחרים (1978-1991)

חוקר אחר של הבדואים בנגב, **יוסף בן דוד**, סבר כי תהליך המעבר של הבדואים בנגב לנוודות למחצה החל כבר בין השנים 1858-1917. אחד הגורמים לכך לדעת ההיסטוריון גבריאל בר אותו מצטט בן דוד, ולדעתו, היה חוק הקרקעות העות'מאני והסעיף הנוגע לאדמות 'מואת'. הדבר הוביל למלחמות שבטים ולשינוי בגישת הבדואים לחקלאות, אולם היה שוני גם בכך בין אזור לאזור. הפסקת המלחמות השבטיות וייסוד באר-שבע בתחילת המאה ה-20 הן שמביאות ליתר יציבות ולהתגברות ההתנחלות למחצה והעיבוד החקלאי בקרב הבדואים. בן דוד הביא נתונים על עיבוד שעורה בנגב בשנת 1911 בשטח המגיע לפי חישובו ל- 250,000 דונם (כיוון שיוצאו 22,500 טון שעורה מנמל עזה באותה שנה). כפי שנאמר לעיל, נתוניו של בן דוד מתבססים על ספרם של יצחק בן צבי ודוד בן גוריון, אשר כתבו במפורש כפי שציינתי לעיל, כי התבואה אשר הגיעה לנמל עזה הגיעה מצפון ומכשלושים כפרים הנמצאים צפונית מזרחית לעזה בתוך הארץ הנושבת ואינה קשורה לנגב כלל.[254]

יוסף בן דוד וששון בר צבי (1978)

בן דוד ובר צבי טענו ב-1978 כי החקלאות בשנות השלושים של המאה העשרים היתה חקלאות בעל ב*"כלים פרימטיביים"*. כלשון החוקרים, שימשה רק כהשלמה לקיום העיקרי, גידולי חיטה, שעורה, טבק, אבטיחים ודוחן. הבדווי היה מתיר לעצמו כדי צרכו בלבד ואת העודפים מכר. במסגרת זו מראים החוקרים את מחסן התבואה המכונה "מנטרה".[255]

יצחק ביילי (1980)

חוקר הבדואים **יצחק (קלינטון) ביילי** מזכיר במאמר משנת 1980 המבוסס על היסטוריה שבעל פה, חקלאות בעל שהיוותה מעין תביעת בעלות בדואית, הן על ידי שבט התראבין אל מול השלטונות העות'מאניים לאורך המאה התשע עשרה והן כהכרזת בעלות בין-שבטית באזור באר-שבע סביב שנת 1830.[256]

יוסף בן דוד ועזרא אוריון (1998)

יוסף בן דוד ועזרא אוריון טוענים ב-1998 כי חקלאות הגידולים היא חלק בלתי נפרד מהכלכלה הבדווית, כמו גם העובדה שיכולה להיות הפסקה בנדידה למשך שנים ברוכות. יש לציין כי עדויות הנוסעים על חקלאות שמביאים הכותבים הן בעייתיות ביותר, כיוון שהפניותיהם בלתי מדוייקות והם מתעלמים מהבעייתיות שבהסתמכות בלעדית על עדויות נוסעים. הכותבים טוענים כי בשלב הראשון היתה חקלאות ללא התקבעות ולאחר מכן (1890 ואילך) חקלאות עם התקבעות (בתר נוודית). נוהגים משפטיים חקלאיים נקבעו מביסוס ערכאות משפטיות בבאר-שבע החל משנת 1900. הכותבים טוענים כי כמויות היבול היו 30 ק"ג לדונם שעורה והגידולים היו בעיקר שעורה וחיטה, אך אינם מביאים סימוכין לדבריהם.[257]

עומר חואלדי (1992)

עומר חואלדי מסתמך בעבודתו משנת 1992 על מקורות שניוניים ושלישוניים, אך גם על מתודה של ראיונות עם זקני כמה מן השבטים הבדואים בנגב, דבר שמוסיף מקור חשוב לעבודתו. גם חואלדי טוען כי בצפון מערב אזור המחקר גודלה חיטה לעומת שעורה בחלקים הדרומיים והמזרחיים של האזור בשל תנאי האקלים והבצורות התכופות. החוקר מצטט את דו"ח מחלקת החקלאות והדייג המנדטורית לגבי גודל השטח המעובד (שהובא לעיל וביתר פירוט מחואלדי מתוך

דו"ח של הסוכנות היהודית), אך מאידך גיסא מביא גם נתונים מתוך מיפקד האוכלוסין של 1931 לפיו 89.3 אחוזים מאוכלוסיית מחוז באר-שבע דיווחו על פרנסתם מחקלאות [ראו דיון לעיל על נתוני מיפקד 1931. ר.ק.].[258]

מחמד יוסף סואעד (1992)

מחמד יוסף סואעד כותב בעבודת המוסמך שלו כי במחצית המאה התשע עשרה התייחסו הבדואים אל האדמה כאל אדמת מרעה בלבד. סואעד, הנסמך על מגוון מקורות ראשוניים ושניוניים במספר שפות, מתאר את כל המלחמות בין שבטי הבדואים בנגב במחצית השנייה של המאה התשע עשרה כמאבקים על שטחי מרעה ושכל היחס לגידולים היה ברמה של גביית דמי חסות מהחקלאים.[259]

עארף אבו רביעה (1994)

חוקר הבדואים האנתרופולוג **עארף אבו רביעה** מציג בעניין זה דעה מעניינת לפיה הבדואי **נצמד** [הדגשה שלי. ר.ק.] לגידול חקלאי כתוספת כלכלית לעת צרה. הנתונים שמביא אבו רביעה לגבי כמות השטח החקלאי לפני 1948 אינו חדש ומסתמך על חוקרים אחרים ובינהם בן דוד, מרקס ועוד שהוזכרו לעיל. לפי אבו רביעה היו תנודות חריפות ביבולים שנעו בין 20 - 30 ק"ג יבול לדונם (הכוונה בעיקר לדגן) בשנים שחונות, לעומת 120 עד 150 ק"ג לדונם בשנים טובות, כאשר כמות השטח המעובד היה שני מליון דונם לפני הקמת המדינה. אך נתוניו הם נתונים ממקורות שניוניים ושלישוניים.[260]

דוד גרוסמן (2004)

הגיאוגרף **דוד גרוסמן** התייחס לשאלה זו בפירוט והביא את הניתוח הבא:

> תושבי עזה וח'אן יונס המכונה קלעה - מבצר (מקור הכינוי גלעיה) ובני סוהילה עקרו מביתם לשטחי הבדווים ותרמו באופן משמעותי להתפתחות שטח הספר של היישוב לעבר שטחי הבדווים ולעיבוד אדמות רבות ששימשו קודם לכן אך ורק לגידול מקנה. התפתחות זו תרמה בין השאר גם להתקבעותם של ישובי הבדווים, להקמת העיר באר-שבע ולהגברת הביטחון והפיקוח הממשלתי בשטחי הבדווים.[261]

בנוסף לכך, גידלו גם הבדואים כותנה. בנוסף כותב גרוסמן כי:

> *וכאן יש להדגיש שבעקבות יישומם של דיני הקרקעות שפורסמו בשנת 1858 היו שינויים ניכרים בהיקפם של שטחי החקלאות המעובדים ובאופן העיבוד. במסגרת התהליך נושלו אלו שסירבו לרשום את הקרקע על שמם...הבדווים נושלו כמעט כליל מאדמות המרעה שלהם, בעקבות חוסר נכונותם לרשום את שטחיהם או משום שלא העריכו נכונה את משמעותו של הרישום.*[262]

אביב אופנהיים (2015)

עבודת המוסמך של **אביב אופנהיים** בנושא "התפתחות החקלאות בנגב, 1799 – 1948" (שהונחתה על ידי נעם לוין ועל ידי רות קרק) מפרטת על חקלאות בכל רחבי הנגב. אופנהיים מצא במחקרו פעילות חקלאית מצומצמת בשנים נבחרות באזורים ספציפיים בנגב הצפוני. אופנהיים לא בחן בעבודתו את מצב הבעלות על הקרקעות בשטחים אלו.[263]

שטחים ראויים לעיבוד ומעובדים בנגב בתקופה העות'מאנית ותקופת המנדט

הנתונים על שטחים מעובדים בנגב משלהי התקופה העות'מאנית ועד לסוף תקופת המנדט שנויים במחלוקת. אלו מובאים תכופות במקורות וחוות דעת שונות כראייה לכך שהיו שטחים נרחבים של קרקעות שעובדו בנגב, ובתת-מחוז באר שבע, ואף כהוכחה לבעלותם של הבדואים על מליוני דונמים של קרקעות. להלן אביא נתונים ממקורות שונים לנושא זה. אחת הבעיות העיקריות המסתמנת הנה שקיים במקורות ערבוב בין קרקעות הראויות לעיבוד (cultivable) לבין קרקעות מעובדות (cultivated). כמו כן, ישנה התייחסות לרוב לשנה מסויימת, מבלי להביא בחשבון את שנות הבצורת הרבות בנגב אשר לא איפשרו כלל עיבוד. שני נושאים נוספים שמן הראוי לבודקם הנם: חישוב של היבול לדונם שהיה בדרך כלל נמוך מאוד ושלפיו ניתן אולי לחשב את סך הכל השטח שעובד, וכן העובדה שלפחות עד אמצע תקופת המנדט נעשה החריש במחרשת יד וגמל, או גמלים, ולא ברור לנו עדיין איזה שטח ניתן לעבד באמצעים טכנולוגיים לא ממוכנים שכאלה. רק בשנות הארבעים של המאה הקודמת

מוזכרת הכנסת טרקטורים מעטים לעיבוד בנגב. לפי הערכות שונות היו במחוז באר שבע, בתקופת המנדט שטחים ראויים לעיבוד חקלאי או מעובדים, שנעו בין כ-814,600 דונם למעל 2 מליון דונם ראויים לעיבוד חקלאי. לא מדובר על שטחים מעובדים, אלא על אומדנים של שטחים ראויים לעיבוד.

מצויים בידנו דוחות של הקונסולים הזרים בארץ ישראל ביחס ליצוא ויבוא בנמל עזה, בסוף המאה ה-19 ותחילת המאה ה-20. אלו כוללים גם יצוא של שעורה וחיטה, שלפיהם ניתן לחשב את גודל שטחי העיבוד בנגב, בחלקם בסביבות עזה ולא באזורים אחרים של הנגב. הקונסולים של המעצמות הזרות שישבו בירושלים כללו בדוחו״ת השנתיים שנשלחו למדינתם נתונים שאספו או קיבלו מהרשויות העות׳מאניות ביחס ליצוא ויבוא מנמלי הארץ. כך למשל בדקתי דוחו״ת שנתיים ואומדנים של הקונסולים הבריטיים בירושלים, על יצוא ויבוא מנמל עזה, שנשלחו למשרד החוץ בבריטניה בין השנים 1892 – 1911.[264] על פי טבלה שהכנתי נע יצוא השעורה בשנים אלו מעזה בין אפס טון בשנה (שבע שנים מתוך 16) ל- 38,000 טון בשנה הטובה ביותר. בחישוב ממוצע ל-9 השנים הנותרות נקבל יצוא שנתי של 14,482 טון. אם נחלק זאת ליבול של כ-10 קילוגרם לדונם נקבל שטח של 1,448,166 דונם, שחלקו בשטחים שבסמיכות לעזה. אם נחלק את היבול הכולל של 130,335 טון ב- 16 שנים נקבל יצוא שנתי של 8,146 טון, או שטח שנתי מעובד בממוצע של 814,600 דונם מטרי.

דותן הלוי מתייחס במאמרו למספרים נמוכים יותר. לטענתו, בשנת 1905 נרשמו יבולים גבוהים במיוחד בעיר עזה והוערכו בכ-40 אלף טון. עם זאת, מספר שנים שחונות פגעו באזור בעשור שלפני מלחמת העולם הראשונה ולדבריו ״היו הרות גורל עבור עזה״ ואף הובילו לנדידת בדואים ופלאחים משם למקומות אחרים.[265]

לפי נתונים המתבססים על ספר של **אלכסנדר שולש** הגיע יצוא שעורה לפני מלחמת העולם הראשונה לפי הערכת הבריטים ל - 60,000 – 40 טון. שולש למעשה מצטט את תומסון ביחס ליבולים בשנות החמישים של המאה ה-19. שולש מביא גם נתונים על 20 ספינות אירופאיות ו- 5 תורכיות שעגנו בנמל עזה בשנת 1872. לעומת זאת עגנו רק 9 ספינות זרות בנמל בשנת 1873. אין אצלו פירוט של כמויות יבול בטונות. כפי שראינו ונראה גם להלן, הרי חלק גדול מהעיבוד היה באזור החוף של הנגב הצפוני מערבי.[266]

נתונים נוספים מביא **יוסף ברסלבסקי** בספרו על הנגב. לפי ברסלבסקי: *״... ואילו בשנת 1920, שהיתה שנת-ברכה ושפע לנגב קבעו השמאים את יבול השעורה*

ב- *53,118,737 ק"ג (!) ואת יבול החיטה ב- 16.570.375 ק"ג."*. באותו עמוד מציין ברסלבסקי כי: *"בשנת 1927, שהיתה שנת-בצורת, קבעו השמאים גובי המעשר את כמות יבול השעורה בנפת באר-שבע ב- 1.870.960 ק"ג, ואת יבול החיטה ב- 1.080.680 ק"ג ... בשנת 1927 היה יבול השעורה קטן פי 50 (!) מאשר בשנת 1921, ויבול החיטה קטן פי 16 (!)"*. כלומר 1,870 טון שעורה, ו- 1,080 טון חיטה. לפי ברסלבסקי, גם בחורף תרצ"ה (1935-6): *"היה חורף זעום בגשמיו: ומה תימה אם יבול הנגב באותה שנה היה דל ועלוב כל כך"*.[267]

אחד הנתונים החשובים ביותר על החקלאות באזור זה עד למחצית העשור השני של המאה ה-20, מצוי בספרם של **יצחק בן צבי ודוד בן גוריון** משנת 1918 על ארץ ישראל תחת השלטון העות'מאני. בספר זה מובאים נתונים על היקף היצוא מעזה בלירות שטרלינג הכוללים גם מוצרים חקלאיים, ומנתונים אלו ניתן היה לחשב את גודל השטח המעובד בנגב הצפוני.[268]

ביולי 1937 פורסמה **תוכנית ועדת פיל** המנדטורית לחלוקתה של ארץ-ישראל למדינה ערבית ברובו של השטח הכולל של 28 מליון דונם, ומדינה יהודית בשטח של 5 מליון דונם בלבד. בהקשר לתת-מחוז באר שבע נכללה עדותו של עיזת אל-עטאונה שנגעה לחוסר מים ושירותי חינוך בנגב:

> *The Royal Commission had received in 1937 testimony from Izzat el Atawneh on behalf of the Beersheba sub-district. He complained of lack of water resources, roads and educational facilities and requested that the 'government should not have registered in her name extensive grazing grounds adjoining the Dead Sea and Wadi Araba'. In addition, he requested that agricultural loans should be provided and land and animal taxes should be reduced or suspended. The government reply did not address the land and water issues but instead noted that there were only five tribal schools for the Bedouin, 'owing to the indifference of the Bedu and the difficulty in finding competent teachers willing to live in the conditions prevailing in those areas ... [agricultural] loans issued to them [...] in kind or cash are rarely recovered [and that] the Bedu of Palestine should be classed not separately, but with the fellahin [for higher elementary education].*[269]

הועדה התייחסה גם לבקשות יהודים להתיישב בנגב, ולכך שהאדמות מעובדות "מעת לעת.":

In essence, while the Mandate had no interest in bringing Jews into the Negev, it took a decidedly dispassionate attitude to Bedouin complaints. A subsequent report shows that the commission had found that 'it is possible that there may be private [Bedouin and effendi] land claims to over 2,000 square kilometers (2,000,000 dunams), which are cultivated from time to time'.[270]

בתזכירו של **יוסף ויץ** משנת 1935 נטען כי 200 מילימטרים גשם בשנה "היא המידה המינימלית ההכרחית בשביל חקלאות פרימטיבית ונחותה", ובתכניות הפיתוח שלו מנה אפשרות לחקלאות זמנית על מנת להתגבר על הבצורות.[271]

מקור נוסף הוא דין וחשבון על שטח קרקעות ראויות לעיבוד בארץ ישראל של **הסוכנות היהודית** משנת 1936. כותרתו "The Area of Cultivable Land in Palestine" והוא הוצא לאור על-ידי הסוכנות היהודית לארץ ישראל בדצמבר 1936. ביחס למחוז [בפועל תת-מחוז. ר.ק.] באר-שבע, השטח הניתן לעיבוד הינו 1,640,000 דונם. בעונת העיבוד 1934-5 עובדו בנגב בפועל יותר מכך, אבל חסרה לנו מפה של תפרושת עיבודים אלו בשטח, ואף אין התייחסות לבעלות על הקרקעות בשטחים המעובדים. ניתן להביא את הדברים המתייחסים גם לאדמות ניתנות לעיבוד כלשונם:

*As mentioned above, the Government estimate of the total area of this District is 12,577,000 dunams, of which 1,640,000 dunams are classified as **cultivable**. In accordance with figures supplied to the Jewish national fund by the Department of Agriculture and Fisheries... the area of this district actually cultivated in the year of 1934 – 1935 was 2,109,234 dunams.*[272]

הטבלה המצורפת בנספח 10 של דו"ח הסוכנות היהודית מפרטת את סוגי הגידולים והשטח בחתך שנים. מתוך הטבלה ניתן לראות כי קיימת תנודתיות גדולה בגודל

השטחים המעובדים מדי שנה. הגידול העיקרי, שעורה, גדל בצורה סדירה מעיבוד על שטח של מליון דונם בשנת 1930 – 1931, לשטח של מליון ושבע מאות אלף דונם בשנת 1934 – 1935. הגידול השני בחשיבותו, חיטה, גדל מעיבוד על שטח של מאתיים וחמישים אלף דונם בשנת 1930 – 1931, לארבע מאות אלף דונם בשנת 1934 – 1935, אך בשנת 1933 – 1934 היתה בגידול זה נפילה בכמות השטח המעובד לסך כל של שלושים אלף דונם בלבד. הגידולים הבאים בחשיבותם היו עדשים, דורה, אבטיחים ומלונים שגם בהם, כמו בחיטה, היו תנודות בכמות השטח המעובד.[273]

בספר של קרק על "תולדות ההתישבות היהודית החלוצית בנגב" משנת 1974, הייתה התייחסות לדו"ח זה. אז כתבה קרק כי מפאת עיבוד הקרקעות לסירוגין על ידי הבדואים: *"...יש להביא בחשבון שטח עיבוד של כ- 3.5 מליון דונם"*. אך בהסתכלות לאחור היום, ולאחר קריאה של מקורות רבים בני התקופה מאז שנת 1974 ועד היום, מגיעה קרק למסקנה כי הבנתה דאז הייתה שגויה, והערכה זו איננה סבירה.[274]

אליהו אפשטיין (לימים אילת) כתב במאמרו על הבדואים בנגב משנת 1939 כי בשנים 1934 – 1935 לפי נתוני המחלקה לחקלאות ודיג של ממשלת המנדט, עובדו בנגב כ- 2,109,234 דונם. מתוכם הסתכם עיבוד השעורה ב- 1,700,000 דונם והחיטה ב- 400,000 דונם. בנוסף עובדו בכמה אלפי דונם נוספים דורה, מלונים, שעועית וגידולים נוספים. העיבוד היה: *"בשיטות הכי פרימיטיביות של מערכות חקלאיות"*.[275] אפשטיין הוסיף כי לפני מלחמת העולם הראשונה התפרנסו הבדואים כמעט לחלוטין מגידול גמלים, כבשים וסוסים. מעטים ביניהם גידלו שעורה וחיטה בחלקות מבודדות, בואדיות וברמות.[276] אפשטיין הדגיש כי רוב הקרקע אותה מעבדים הבדואים הנה **מואת**:

> *Most of the land cultivated by the Bedouin in the Negeb is Mewat land... Land without registered ownership, not used for public purposes by villages.*[277]

אפשטיין צירף למאמרו מפה שהכין ביחס לתפרושת העיבוד של שעורה וחיטה בשטחי המחייה של הבדואים (ראו מפה 25 לעיל). נראה במפה זו כי כל שטחי העיבוד נמצאים בחלק המערבי של הנגב הצפוני.[278]

לעומת זאת טוען סגן מנהל מחלקת החקלאות המנדטורית, **ב.א. לאו (Lowe)**, במאמר משנת 1944, כי בסך הכל לפי אומדן עובדו בנגב באותה שנה 750,000 דונם:

The success of agriculture in this area is almost entirely dependent on rainfall, and the limit of cultivation is probably about 100 millimeters, or four inches of annual rainfall.[279]

יש להניח שלאו בתוקף תפקידו היה מודע לנתונים, ועל פי זאת הגדיר את קו הגידולים כקו שעובר דרומית מזרחית לעיר באר-שבע ומגיע בחלק המערבי שלו עד לים התיכון. לאו קבע את כמות השטח המעובד בנגב בשנת 1944 במילים הבאות:

The area under cultivation is estimated to be about 750,000 dunams or 75,000 hectares, equivalent to a little less than 200,000 acres, which supports a population believed to be approximately 80,000.[280]

בנוסף קבע לאו כי השטח זרוע שעורה בלבד במחזור זריעה שנמשך מספטמבר עד דצמבר ונעשה במחרשת יד עם להב מתכת (מחרשת מסמר) הרתומה לגמל. כמות יבול המתקבלת על הדעת נעה לפי לאו בין 40 – 50 קילוגרם זרעים בשנה ועד 70 בשנה גשומה. כמות זו סבירה רק בשל העבודה הזולה. חיטה נזרעת על פי לאו רק באזורים הצפון מערביים של האזור בהן כמות הגשמים עולה על 200 מילימטרים והיבולים הממוצעים שם הם כ-10 ק"ג לדונם. כפי שציינתי לעיל, כמות הגשם הממוצעת באזור באר שבע הנה כ- 200 מילימטרים בשנה.

דאגלס ג. האריס (D.G. Harris), לימים סיר דאגלס גורדון האריס, היה מומחה בריטי לחקלאות והשקייה בשטחי הקולוניות הבריטיות. בארכיון המדינה הבריטי מצויים דוחות והתייחסויות שלו לנגב ולתת-מחוז באר שבע, והתכתבויות עם קבינט המלחמה, עם משרד המושבות הבריטי, ועם ממשלת בריטניה מהשנים 1943 ו-1947. אלו נוגעות לכושר הנשיאה של הנגב והשטחים הבלתי ראויים וראויים לעיבוד חקלאי, גם בהתחשב בממוצע המשקעים השנתי. זאת בהקשר לעתידו של הנגב, נושא חלוקת הארץ לשתי מדינות, ואפשרויות מוצעות של התיישבות יהודית בתת-מחוז באר שבע. באחת הסקירות נאמר כי:

It is only the fact that the Negeb is wasteland practically uninhabited which renders possible the adoption of the recommendation made in paragraph 26 of the Committee's report to the effect that, pending fuller investigation of its potentialities, the area should be administered direct to the High commissioner of Jerusalem in his personal capacity...[281]

במיסמך זה ממנו לקוח הציטוט מוצגת אצל האריס מפה עם שתי אופציות לקביעת הגבול הצפוני של הנגב. בתעודה הנלווית למפה הומלץ, לאחר התלבטות, על קבלת האופציה הראשונה של הוצאת האזור של מפעלי האשלג וכל סביבתו מתחום הנגב והכללתו ב"דרום סוריה" או "עבר הירדן". זה אומר שהבריטים ראו עצמם לפי מיסמך זה כמורשים לקבוע את גבולו הצפוני של הנגב.

להתכתבות סודית אצל האריס, מינואר 1943 מצורפת חלוקה לשלוש קטגוריות של תת-מחוז באר שבע וכן מפה המראה את גבולותיהן. בקטגוריות 1 ו-2 מצוין כי זהו שטח מידברי שומם ללא התיישבות וללא אפשרות של חקלאות. רק בשטח שבקטגוריה השלישית, בנגב הצפון מערבי, המצוי מדרום מזרח לח'אן יונס, ישנן קרקעות פוריות יותר. יש לציין כי כל ההתכתבויות נוגעות בחלקן לשיקולים למען או נגד הענקת הנגב או חלק ממנו ליהודים, ולמדינה היהודית או הערבית. מצוין בחלק מהתכתובות משנת 1943 כי הנגב הנו שטח גדול של אדמת שממה וכי הבריטים יכולים להקצותו כרצונם ללא הגבלה אם ירצו. אחת המסקנות העולה מהכתוב הנה כי הקצאתו של המדבר לערבים לא תניב כל תוצאות בעוד ליהודים יש סיכוי מסויים, אם כי לא גדול, לפתח חקלאות והתיישבות.[282]

במפת הארץ משנת 1938 שדומה למפה המופיעה בהתכתבויות שצוינו לעיל, ויתכן שהאריס הסתמך עליה, נצבעו השטחים בנגב לפי שלוש קטגוריות.[283] הראשונה בצהוב –הוגדרה על פי הטקסט של האריס כ: "שטחים צהובים אזורים בלתי ראויים לעיבוד". המדובר ב- 9.6 מיליון דונם מטרי או 77% משטח הנגב. הקטגוריה השנייה בירוק בהיר, הוגדרה כ: "אזורים ראויים לעיבוד (ללא אפשרות השקייה)". אלו מופיעים במפה מסביב לבאר שבע ומסתכמים ב- 2.9 מיליון דונם, שרובם מעובדים. הקטגוריה השלישית הצבועה בירוק כהה הנה של: "אזורים ראויים לעיבוד (עם אפשרות השקייה)" הנמצאים בדרום רצועת עזה.

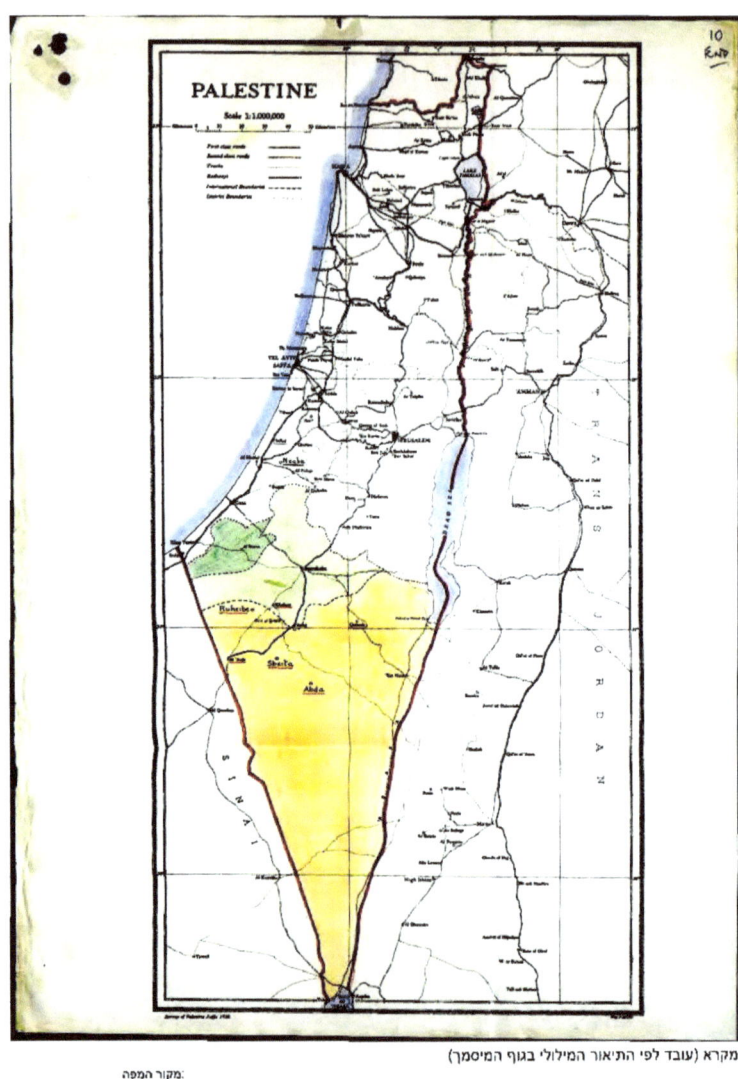

מקרא (עובד לפי התיאור המילולי בגוף המיסמך)

שטחים צהובים: אזורים בלתי ראויים לעיבוד
שטחים ירוקים בהירים: אזורים ראויים לעיבוד (ללא אפשרות השקייה)
שטחים ירוקים כהים: אזורים ראויים לעיבוד (עם אפשרות השקייה)

מקור המפה:
The British National Archives
FO 371-61868
p. 10

מפה 26. מפת בסיס מנדטורית עם סימון האזורים בנגב הבלתי ראויים לעיבוד והאזורים הראויים לעיבוד ללא השקייה ובהשקיה, 1938

מקור: Map of Palestine, Cultivable and Uncultivable Land, 1: 1,000,000, Survey of Palestine, Jaffa, 1938, in: The British National Archives, FO371-61868, p. 10.

באותו דין וחשבון סודי שהזכרנו, שהוכן על ידי האריס עבור קבינט המלחמה הבריטי באוגוסט 1943, נטען כי רוב שטח הנגב אינו ניתן לעיבוד, וכי הנגב הינו אזור ריק כמעט לחלוטין מתושבים וכל סיכוי לחקלאות בעלת ערך יכול להתבצע רק תוך הסתמכות על השקיה מבחוץ ולא על מי הגשמים [הדו"ח מסתמך בעיקר על מאמרו של קירק (G.E. Kirk) מתוך ה-P.E.Q משנת 1938, אותו הזכרתי בהקשר של נוודות לעיל. ר.ק.].[284]

בדו"ח מפורט נוסף של האריס על הנגב מיום 14 בינואר 1947, הוא עוסק שוב בכושר הקליטה של פלסטיין והנגב. שם קובע האריס כי 77 אחוזים מהשטח של תת-מחוז באר שבע אינו מתאים לחקלאות:

> ...*agriculture is not only non-existent but is virtually impossible... No portion of this area has an average annual rainfall of more than four inches, while much of it has less than two; ... The possibility of agricultural development in the area is wholly excluded... This brings us to the northern Negeb, where the soil washed down from the southern hills has been deposited to form the Beersheba plain, show in green on the map. This area is about 725,000 acres in extent* [2,900,000 metric dunams. R.K.] *and contains about 410,000 acres* [1,640,000 metric dunams. R.K.] *of* **cultivable** *land, a considerable portion of the plain being covered by a block of shifting sand.*[285]

האריס מזכיר הכנסת עיבוד בטרקטור בנגב רק בשנים האחרונות לפני 1947, וכן כמות משקעים ממוצעת שנתית של פחות מ-12.5 אינטשים [כ-31.25 מילימטרים. ר.ק.] ומחזור של 7 שנים עם בצורות עם שלושה וחצי יבולים בכל שבע שנים. מכאן הוא מסיק גם שאין ביסוס לטיעון להתיישבות יהודית נרחבת בנגב.[286]

נתונים על שטחים בכלל, ראויים לעיבוד ומעובדים בפרט, מצויים ב**וילג' סטטיסטיקס המנדטורי** משנת 1945 ובהתייחסותו המגמתית המאוחרת של החוקר הפלסטיני **סמי הדאוי** לפרסום זה.[287] הדאוי מתייחס בפירוט גם לנתונים שבו בהקשר לנגב ולתת-מחוז באר שבע ששטחו 12,577,000 דונם:

נפת באר שבע:

אוכלוסייה: ערבים 53,550 ; יהודים 150 ; סך הכל 53,700

...

קלסיפיקציה של בעלות:

ערבים: 1,936,380 דונם 15.39%

יהודים: 65,231 דונם 0.52%

פבליק: 2,279 דונם 0.02%

קרקע שאינה ראויה לעיבוד, 10,573.110 84.07%

(בעלות לא מוגדרת).[288]

לדעת הדאוי השטח לעולם לא נסקר על ידי הממשלה העות'מאנית או המנדט הבריטי, כך שאין סיווגים או רישום בעלות, פרט לשטח בתוך וסביב באר שבע. הוא מביא לפי הוילג' סטטיסטיקס את הנתונים הבאים:

שטח בנוי שטחים אורבניים וקטגוריה 4: ערבים 1,531 יהודים 80 דונם ציבורי 2,270 אדמה בלתי ניתנת לעיבוד פאבליק 10,573,110 סך הכל 10,577,000.[289]

לאחר הקדמה מגמתית למדי ולפני שהוא מביא את הנתונים מהוילג' ססטיטיקס משנת 1945, מציין הדאוי כי ביקר בבאר שבע בשנת 1944 ודן עם רשויות תת המחוז באפשרות של יישום מס רכוש כפרי (Rural Property Tax Ordinance) לאזור. בשנה זו, לפי מה שהוא מוסר לנו, היה גשם רב ועלייה בהתאם של השטחים שנחרשו. על בסיס ה- Schedules of production prepared for the Food Controller השטח המעובד נאמד אז לפי הדאוי כקרוב לארבעה מליון דונמים. הדאוי לא מפרט לפי מה קבע את האומדן שלו ועל כן זהו, לדעתי, נתון ללא ביסוס. גם בשנת 1945 נראו בתצלומי האויר שערכו הבריטים שטחים מעובדים נרחבים. כאמור, שנת 1945 הייתה שנה גשומה במיוחד, מצב יוצא דופן שאינו מאפיין את רוב השנים בנגב.[290]

הדאוי מוסר כי האומדן הראשון של אדמה ניתנת לעיבוד (cultivable land) היה 1,500,000 דונם, שהמחלקה הממשלתית לסקרים הודתה שהוא ניחוש לא מבוסס. כאשר סר ג'ון הופ סימפסון ביקר בפלסטיין ב- 1930 ללימוד מצב הקרקע, העלה את האומדן ל- 1,640,000 דונם. נתון זה נותר בשימוש וצוטט גם בוילג' סטטיסטיקס משנת 1943. בוילג' סטטיסטיקס משנת 1945

הנתון של קרקע ניתנת לעיבוד הינו כ- 2,000,000 דונם. מומחי הקרקע של הסוכנות היהודית סתרו נתון זה, ולדעת הדאוי בצדק. אברהם גרנובסקי, שכתב מטעם הקק״ל, ביקר את הנתון של 1,640,000 דונם וכתב שנתון זה אינו זהה למה שכבר מעובד באזור. לפי נתוני ה- Agricultural Department of the Palestine Government נראה כי השטח המעובד בנפת באר שבע בשנים 1931 – 1935 עלה ביותר מ- 65%:

1930 - 1931	*1,266,362 דונם;*
1931 - 1932	*1,380,742 דונם;*
1932 - 1933	*1,493,682 דונם;*
1933 - 1934	*1,345,429 דונם;*
1934 - 1935	*2,109,234 דונם.*[291]

לפי הדאוי, גרנובסקי טען שמומחי הסוכנות היהודית העריכו את השטח הניתן לעיבוד בנפת באר שבע ב- 3,500,000 דונם, וגם חלק עם ההגדרה הרשמית של המושג **cultivable**.[292] גם ג׳ון הופ סימפסון סבר שישנה כמות בלתי מוגבלת של קרקע באזור באר שבע רק במקרה של השקייה.[293]

לדעת הדאוי, בקביעה מגמתית ומוטעית, נפת באר שבע הייתה מיושבת מקדמת דנא (time immemorial) על ידי שבטי הבדואים של פלסטיין שגם עיבדו שטחים שיכלו, מותנה בכמות הגשמים בשנה נתונה [כמובן ששתי הקביעות שגויות. ר.ק.]. בנוסף, הפרקטיקה הערבית הייתה עיבוד ברוטציה (rotate cultivation), כלומר הקרקע מעובדת שנה אחת ונותרת בור שנה או שנתיים נוספות. לכן, לדעת הדאוי, שלא נראית לי הגיונית, כאשר נאמר 2 מליון דונם אדמה ניתנת לעיבוד, הכוונה קרקע מעובדת בכל שנה נתונה, והנתונה לעיבוד פי שניים ויותר מכך.[294]

לדעת הדאוי, כאשר קרקע לא ניתנת לעיבוד בנפת באר שבע, אין להתעלם מזכויות השבטים הבדואים. לטענתו, לא הממשלה העות׳מאנית ולא המנדט הבריטי התערבו אי פעם בזכויותיהם בטריטוריה כולה. כל הקרקעות האלו הוכרו מסורתית כשייכות לשבטי הבדואים, בעוד שבטים בדואים מירדן וחצי האי סיני, נהנו מזכויות מרעה בתקופות שונות של השנה. העובדה שממשלת פלסטיין לא כללה אדמות אלו בטור ״ציבורי פאבליק״, אלא הראתה אותן בנפרד והודתה בממורנדום של ועדת החקירה האנגלו-אמריקאית כי:

It is not safe to assume that all the empty lands south of Beersheba or east of Hebron, for instance, are mewat (dead land).[295]

הדבר מהווה הוכחה, לדעת הדאוי, שהממשלה הכירה בזכויות ובאינטרסים ערבים לקרקעות אלה. לאור זאת, יהיה זה נכון להניח שהנתון של 10,573,110 דונם המופיע בוילג׳ סטטיסטיקס בטור נפרד כאדמות בלתי ניתנות לעיבוד בבעלות הממשלה הנו שגוי [כמובן שלהדאוי מסקנות מוטות, כפי שאני מפרטת בחלקים שונים של ספרי. ר.ק.].

אנו רואים נתונים שונים ומגוונים אצל הדאוי ואחרים, שגם הם מבוססים לעתים על הנחות מוקדמות שלא בהכרח יש לקבלן. כך למשל **בסקר פלסטיין משנת 1946** (Survey of Palestine 1946) מופיע שוב הנתון של 1,640,000 דונם כשטח הניתן לעיבוד (cultivable) בנגב.[296]

במאמרו מיולי 1947 על יישובים יהודיים חדשים בארץ, התייחס **יוסף ויץ** גם לאדמות בבעלות יהודית ולהתיישבות קיימת ועתידית בנגב. לפיו מדובר על שטח של 125,000 דונם, מהם מיושבים 75,000 דונם בחלקי הנגב השונים, ונותרו 50,000 דונם של קרקעות חקלאיות טובות שלהן יהיה פוטנציאל גבוה לאחר השקייה.[297]

בכתב היד של **עארף אל עארף** משנת 1974 מוזכרת הערכתו של **ג׳ון ברנקאסל**, מי שהיה פקיד במחלקות הקרקעות של ממשלת המנדט. ברנקאסל ציין כי:

את מה שאנחנו יודעים על באר שבע מסתכם בכך שהקרקעות שניתנות לזריעה ושבהן התקיימה חקלאות לאורך הימים, הם לא יותר מ-2 מיליון דונם מבין קרקעות המחוז שמוערך ב-12,000,567 דונם. ומה שרשום ברשומות הטאבו מתוך ה-2 מיליון הללו, ושבפועל כן יועד לחקלאות, הרי אלו אינו עולה על 200 אלף דונם.[298]

בהקשר לברנקאסל מצאתי דיווח סותר של יוסף ויץ למשרד החוץ, על פגישה שהתקיימה ביום 1.8.1951 במשרדו של ויץ בקרן הקימת לישראל בירושלים:

הבוקר ביקרני במשרד מר ברנקסטל [כך במקור. ר.ק.], מי שהיה פקיד במחלקות הפיתוח של ממשלת המאנדאט ועתה חבר ״ועדת הפיצויים של האו״מ״, והוא המעריך. הוא הזמין את עצמו אלי. לאחר שהתייעצתי עם

משרד החוץ, קבעתי לו היום ראיון. בשיחתי רצה לקבל ממני ביאורים בשאלת שטח האדמה הנטושה והערכתה. את פרטי השיחה העליתי בכתב בצורת מכתב למשרד החוץ שהעתקו בזה.[299]

בסיכום השיחה התייחס ויץ להערכות שלו ושל ברנקאסל ביחס לכלל השטח המעובד בארץ ולנגב: *"השאלה השניה בשיחה זו היתה שטח הקרקע. גם בזה היו המספרים שלי לפניו ואמר, שבנוגע לנגב הוא מקבל את מספרי כמו שהם..."*. באשר לכלל השטח המעובד בארץ-ישראל המנדטורית כתב ויץ: *"אז הראה לי שיש הבדל גם בשטח המעובד שלפי סיכומי השטח הוא כ- 2,200,000 דונם ולפי סיכומיו 2,700,000 דונם* [המדובר בכל שטח ארץ-ישראל ולא הנגב בלבד כפי שציין אל עארף לעיל. ר.ק.]" והשניים קיימו דיון על ההסבר להבדל בין שתי ההערכות.[300]

סיכום ביניים

בפרק זה נבחנו אורחות חיי הבדואים ונושא קיום או אי קיום חקלאות על ידם בנגב הצפוני. מספרות הנוסעים ובמיוחד החוקרים האירופים והאמריקאים שעברו בארץ-ישראל במחצית השנייה של המאה ה-19 ותחילת המאה ה-20 עולה כי הבדואים בנגב, או כפי שאחדים מהם מכנים אותם ה"ערב", מתפרנסים בעיקר מגידול גמלים וצאן, המצריך נדידה עונתית, ומפשיטות על האזור החקלאי המיושב.

יש לציין כי מתוך המקורות עולה תמונה כללית יותר של היעדר עיבוד אינטנסיבי (רצוף לאורך זמן ובמרחב גדול) בנגב בכלל ובנגב הצפוני בפרט, הן במאה ה-19, והן בתמורת השלטון העות'מאני והבריטי. ממקורות נוספים וביניהם מקורות רשמיים עות'מאניים (חלקם בארכיון מושל ירושלים אכרם ביי, וכן מצוטטים במאמרה של יסמין אבצ'י), ספרות נוסעים ומפות מהתקופה העות'מאנית (שחלקן צוטטו לעיל), כמו גם תעודות, מסמכי ממשל ופרסומים מתקופת המנדט (המופיעים בין היתר במאמרי עם פרנזמן), ומחקרי חוקרי הבדואים מן העשורים האחרונים, עולה תמונה דומה לפיה הבדווים באזור זה התפרנסו בעיקר מגידול מקנה ורעייה, המצריכים נדידה עונתית, וכן מפשיטות על האזור החקלאי המיושב ולא מחקלאות, לפחות עד לתקופת המנדט הבריטי.

נראה כי מתוך המידע הטמון במגוון גדול של מקורות ראשוניים שונים ובהם מקורות ארכיוניים, פרסומים רשמיים, דוחות שונים, תיאורי נוסעים ומאמרים בני הזמן מתקבלת תמונה שרב בה הנסתר על הגלוי בנושא החקלאות הבדוית. ככל הנראה הגידול העיקרי אכן היה שעורה, בעיקר בחלק הצפון מזרחי של שטח המחקר שהוא שטח גשום יותר, עם זאת קשה לשרטט מתוך המקורות היכן נגמר העיבוד על ידי בדואים ומהיכן מתחיל העורף החקלאי המסורתי של עזה שעובד על ידי חקלאים (פלאחים) מאזור עזה, ח'אן יונס וכדומה. בנוסף לכך, לא ניתן להבין במדויק מה היתה כמות השטח המעובד, כיוון ששלל מקורות שונים הנחשבים אמינים ולמעשה שייכים לעתים לאותו מנגנון נותנים נתונים שונים לחלוטין שיכולים להעיד אולי על תנודות אקלימיות חריפות ביותר (כפי שמעיד מושל הנגב), או על הערכות שאין להן כל בסיס מוצק.

מתוך בחינת המקורות של חוקרים בני התקופה ניתן לומר כי חקלאות בנגב החלה משנות השישים של המאה התשע עשרה ונעשתה בכלים פשוטים ובצורה ספוראדית בלבד. החקלאות היתה לא רצופה מבחינת שנים: יש שנים בהן נעשה עיבוד רצוף של הקרקע ולעומת זאת היו שנים בהן לא נעשה עיבוד כלל, לעתים יותר משנתיים רצוף בשל תנאי האקלים. בנוסף ניתן לומר כי החקלאות היתה לא רציפה בשטחה: החקלאות התקיימה בכתמים, לעיתים תוך מרחק גדול בין אזור מעובד למשנהו בשל תנאי הקרקע. העיבוד נעשה עם גמלים, במחרשות וכלי עיבוד פשוטים ולכן גם היתה שטחית וכמות היבולים היתה זעומה. בנוסף לכך החקלאות אינה רצופה בזמן, אלא תלויה לחלוטין בתנאי האקלים המשתנים. לכן כל חקלאות גידולים, הייתה קיימת באזור המחקר בצורה מועטה, ספוראדית ומשתנה שינויים קיצוניים משנה לשנה.

התחלה ממשית וקבועה של עיבוד חקלאי קבוע והתנחלות למחצה של הבדואים בנגב הייתה בתחילת המאה העשרים, וגם זאת לא ככלל, אלא בשבטים ואזורים מסוימים. התהליך התחזק בתקופת המנדט הבריטי, ומגיע לשיאו בתקופת מדינת ישראל. קביעת העיתוי המדויק של תהליך ההתנחלות (שלהי התקופה העות'מאנית, תחילת, אמצע או סוף תקופת המנדט?), דורשת מחקר נוסף. בנושא החקלאות והעיבוד רב הנסתר על הגלוי בכל הנוגע לכמות השטח המעובד וכמויות היבולים וההבדלים בין החוקרים גדולים באופן יחסי. בנוסף ניתן לומר כי חלק מהחוקרים המאוחרים מבססים את קביעותיהם על עובדות בעייתיות ביותר שאחיזתן במציאות לעתים מוטלת בספק. לא

התייחסתי כאן לחקלאות היהודית בנגב, ולניסיונות שנעשו בשלושת המצפות שנוסדו בשנת 1943, שאולי לפיהם ניתן לחשב יבולים לדונם, ושטחים. לדעתנו קיימים מקורות נוספים מן המאה התשע-עשרה ותחילת המאה העשרים, שלא נוצלו כאן מפאת חוסר הזמן המוקצה, לפיהם ניתן להגיע לחישובים יותר מדוייקים של כמויות וסוגי גידולים, השטחים שנדרשו להם, ושנות גשם ובצורת. לא התייחסתי כאן ליישובים היהודיים שנוסדו בשנים שלאחר מכן עד לייסוד מדינת ישראל.

מבחינת גודל השטח המעובד, קיים להערכתי חוסר בהירות גדול המונע מאתנו להגיע למסקנות חד משמעיות בנוגע לנושא זה. אין אחידות באומדני השטח המעובד לשנה בין החוקרים בני התקופה ולכן קשה לקבוע קביעה ברורה בנושא זה. הנושא דורש מחקר שיטתי נוסף, אולם האומדנים נעים בשנים מסוימות בין 750,000 דונם בנגב כולו, ל- 814,000 דונם, ועד מעל לשני מיליון דונם. רוב שטחי העיבוד היו בחלק הצפון מערבי של הנגב. לדעתי קיימים מקורות נוספים מן המאה ה-19 ותחילת המאה ה-20, לפיהם ניתן להגיע לחישובים יותר מדויקים של כמויות וסוגי גידולים, השטחים שנדרשו להם, רצף רב-שנתי של הגידולים, והצלבת הנתונים עם מידע על שנות גשם ובצורת. ב-1934-5 נמצאו על-פי מקור מנדטורי בעיבוד חקלאי 2.1 מיליון דונם שעובדו לסירוגין (שנה כן ושנתיים לא). רוב השטח הוקצה לשעורה (1.7 מליון) ולחיטה (0.4 מליון). בריטים ציינו במקורות רבים רשמיים ומחקריים כי רוב אדמות הנגב הנן לא ראויות/ניתנות לעיבוד, למעט בהשקיה שלא הייתה קיימת.

3. מעמד היסטורי משפטי של הקרקעות

סיווג הקרקעות בשלהי התקופה העות'מאנית ומצב קרקעות הנגב

על אף שאינני משפטנית, על מנת להביא את התמונה הכוללת אתייחס להלן למעמד הקרקע בנגב כפי שהוא משתקף במקורות היסטוריים ובמקורות היסטוריים-משפטיים שחקרתי והתייחסתי אליהם בפרסומי הרבים, ובחוות דעת מומחית שנתתי בבתי המשפט. מטבע הדברים, אתן בסקירתי דגשים על פי מומחיותי ומחקרי בנושא.

הגדרות הקרקע העות'מאנית[301]

ראשית, נציג את הגדרות הקרקע, ההבדלים ביניהן והשלכותיהן ולאחר מכן נתמקד בקטגוריה של המואת בכלל, ובנגב בפרט. על פי חוק הקרקעות משנת 1858 (1274) מתחלקות הקרקעות באימפריה לחמישה סוגים:

1. מלכ
2. מירי
3. מואת (קרקעות מתות)
4. מתרוכה
5. וקף או מוקפה

מלכ

קרקע מלכ מוגדרת כך שגם הקרקע עצמה (רקבה) וגם פירותיה (תצרף) שייכים לבעלי הקרקע.

מירי

קרקע מסוג מירי (או קרקע אמיריה) היא קרקע שזכות קנין הבעלות עליה היא של הממשלה וזכות השימוש בה ואכילת פירותיה בידי העובד אותה. במקרה בו

בעל קרקע מסוג מירי לא השתמש בה או עיבד אותה כלל במשך שלוש שנים רצופות הוא מאבד את הבעלות עליה, הקרקע עוברת להגדרה חדשה של קרקע מחלול וחוזרת לרשות הממשלה.

ההבדל המרכזי בין קרקעות מלכ ל-מירי הוא הבעלות על ה-רקבה (רקבה – זכות קנין הבעלות).[302]

מתרוכה

סוג קרקע נוסף הוא מתרוכה – כלומר קרקעות שנמצאות בידי הציבור. סוג אחד של מתרוכה הוא קרקעות שנמסרו לידי הציבור כגון לכפר או עיר בתור שטח מרעה, יערות וכדומה. הסוג השני הוא קרקעות שהרבים מחזיקים בהן בתור ציבור לא קבוע, כגון דרכים ראשיות שווקים וכדומה.

וקף

וקף הינה אדמה שהוקדשה על ידי המדינה, הסולטאן או אדם פרטי למען מטרה מסויימת. נכסים אלו הוקדשו על פי רוב למטרות דתיות (כגון מסגדים ובתי ספר דתיים), תרבותיות (כגון מוסדות חינוך), או צדקה (בעיקר בתי יתומים ובתי חולים), אך לעתים הוקדשו לטובת אנשים פרטיים. הקדשים מסוג זה (תח'ציצאת – בערבית) היו מוגנים מפני החרמות והפקעות.

מואת

ארחיב מעט בהגדרות המואת מפאת חשיבותן לנושא הנגב. סעיפי חוק הקרקעות העות'מאני משנת 1858 הדנים באדמות המוואת הם סעיפים 6 ו- 103.[303] סעיף 6 לחוק הקרקעות העות'מאני (1858) מגדיר מהי אדמת מוואת:

> *קרקע מתה (מוואת) היא זו, שאינה מוחזקת בידי איש ולא הוקצתה לשימוש הציבור ולא הונחלה לבני איזה כפר. לקרקע כזו נחשבת קרקע הרחוקה מן הכפר או מן העיר במידה כזו, שהקול הרם ביותר שמשמיע אדם מן המקום המיושב הקרוב ביותר, לא יישמע שם. ושיעורו של מרחק כזה הוא מיל וחצי* [כשניים וחצי קילומטרים. ר.ק.] *או כדי הליכה במשך חצי שעה.*

סעיף 103 מציב תנאים ודרישות נוספות לקרקע המוואת, כולל הימצאות הקרקע במקום שומם:

קרקע מתה (מוואת) היא: המקומות המוזנחים, כגון: ראשי הרים ומקומות הטרשים והסלעים והקוצים והמרעה, שלא החזיק בהם אדם על פי שטר טאבו ולא הוקצו מימים קדמונים לרשות עיר אחת או כפר אחד, והם רחוקים מן היישוב, עד כדי שהעומד בתוכם לא ישמע קולו של חברו העומד בקצה היישוב, אף על פי שהוא מרים את קולו. מי שרוצה בקרקע מן הקרקעות הללו, עובדה ועושה אותה שדה ניר ומחזיק בה בחינם ברשות הפקיד, אלא שגוף הקרקע (רקבה) הוא לאוצר המלכות, וכל הדינים הנוהגים בשדי מזרע נוהגים בה. מי שלקח אחת מן הקרקעות האלו ברשות הפקיד, על מנת לעשותה שדה, ועשה אותה שדה, אלא שהניחה ולא זרעה 3 שנים רצופות שלא באמתלא, נותנים אותה לאחרים.

מי שלקח אחת מן הקרקעות הללו ועשה אותה שדה שלא ברשות הפקיד, אומרים לו – והוא נותן דמי שוויה לפי מידת המקום שעשה אותו, ונותנים לו שטר טאבו.[304]

החייאת קרקע – לפי סעיף 1272 של המג'ילה, ישנה אפשרות להחיות קרקע מתה ולקבל עליה קושאן בעלות בשטר טאבו. לרוב, החייאת קרקע מובילה לקבלתה על ידי המחייה בצורה של אדמת מירי. כך, אם ניתנה לאדם רשות להחזיק בקרקע מתה ולהחיותה – מקבלה בחינם כאדמת מירי, אך עליו לשלם דמי רישום של 5 אחוז מערכה. אם החייה את הקרקע ללא רישיון – הוא נאלץ לשלם את דמי שוויה [בדל אלמתיל – סעיף 103 בחוק הקרקעות מ- 1858] ומקבל קושאן מירי. לעתים רחוקות ניתן היה לקבל שטר מלכ על החייאת קרקע במקרה ונתקבלה הסכמת השולטאן לכך מראש.[305]

המוואת בארץ ובנגב וחלק מפסקי הדין הרלבנטיים בבית המשפט העליון

בפסקי דין בבית המשפט העליון נקבע כי התאריך הקובע [להיותו יישוב קבע. ר.ק.] הוא יום פרסום חוק הקרקעות העות'מני בשנת 1858. בפסק דין בדראן התייחס בית המשפט לנושא "ישוב":

... יתר על כן, לפני שהוקמו הבניינים היה השבט גר באהלי קידר (בתי שיער) אך איש לא העיד שהם שכנו שם והיוו ישוב של קבע מימים קדומים, כלומר מלפני פרסום חוק הקרקעות העות'מאני, שהוא המועד הקובע לעניין זה.[306]

מכאן ברור, כי יישוב חייב להיות מוכר ככזה לפני שנת 1858. כן ברור, כי אם קרקע מסוימת אינה מרוחקת כיום מיל וחצי ממקום יישוב, אך בשנת 1858 הייתה מרוחקת ממקום יישוב, בין היתר כי היישוב שקיים היום, לא היה קיים בשנת 1858, הרי שהקרקע המדוברת תוגדר כמוואת (בכפוף לשאר התנאים). בית המשפט העליון בעניין הוואשלה, דן ביסודות פיסקה א' לסעיף 103 וקבע, כי היא כוללת שני תנאים: ריחוק הקרקע מהיישוב, והימצאותה במקום שומם בלי שהוקצתה בעבר למאן דהוא, ובלי שהחזיק בה מישהו. שם נקבע גם כי מאהל וצמחיית בר אינם עולים כדי "ישוב".[307]

מאמר קצר של **יהושע ויסמן** משנת 1964 שכמעט ולא צוטט מאז, עסק בסוגית המואת, בפקודת המואת המנדטורית משנת 1921 ובפסק דין שניתן בשנת 1962 בתביעת מדינת ישראל נגד בדראן. המדובר בקרקע בכפר בענה בגליל. בפסק דין זה נקבע כי מאז שנת 1921 לא זכאי מי שהחיה אדמת מואת, שלא בהסכמת השלטונות או חליפיו של אדם כזה, לכוף על המדינה את רישום הקרקע על שמו תמורת תשלום ערכה, ואפילו הוחייתה האדמה עוד מלפני שנת 1921.[308]

במאמר מתייחס ויסמן למהפך בפסיקה, והסתמכותו הנכונה משפטית לדעת ויסמן של פסק הדין על שילוב של סעיף 103 של חוק הקרקעות העות'מאני משנת 1858, והשינוי שלו בפקודת המואת המנדטורית משנת 1921 כפי שהופיע אצל דרייטון (1934) בפרק 97. לפי דרייטון: *"כל המשדד או מחייה/מעבד כל קרקע שוממה, בלא הסכמת השלטון, לא יהא זכאי לקבל שטר קנין של אותה קרקע, ולא עוד אלא שיהא צפוי להיות מובא במשפט על הסגת גבול"*. ויסמן מביא את הציטוט בשפת המקור:

The following shall be substituted for the last paragraph of Article 103 of the Ottoman Land Code:

Any person who, without obtaining the consent of the Director of Lands, breaks up or cultivates any waste land shall obtain no rights to a title deed for such land and shall further be liable to be prosecuted for trespass.[309]

כמו כן הוא מזכיר סעיף קטן נוסף לפקודה שנחשב כבעל תוקף, אשר הופיע בעיתון הרשמי המנדטורי משנת 1921, וכן במהדורה המעודכנת של החוקים משנת 1934. בסעיף זה נאמר כי:

(b) Any person who has already cultivated such waste land without obtaining authorization shall notify the Registrar of the Land Registry within two months of publication of this Ordinance and apply for a title deed.[310]

ויסמן ציין, כי הגישה הישנה שהייתה רווחת בארץ ישראל היא, כי בתי משפט היו נכונים להסתפק רק בהחייאה בכדי ליתן בעלות על הקרקע. גישה זו שונתה בהלכת בדראן, שם נקבע כי לפי הוראות התיקון הבריטי, לא ניתן לרכוש בעלות ללא אישור מהפקיד, למעט ההיתר הזמני של 1921.[311]

המשפטנית **רונית לוין-שנור**, המנתחת בין היתר מאמר זה של ויסמן, מציעה פרשנויות היסטוריות-משפטיות שונות לנושאי המירי והמואת, שלא אכנס אליהן כאן. היא מתבססת גם על פרסומים ועל פסקי דין מאוחרים יותר:

לימים שימש פסק הדין בדראן לתשתית שעליה נדחו תביעות הבדואים למקרקעין בנגב. כך היה בעקבות הפיכתו של פסק הדין בעניין אל הואשלה לבעל תחולה רחבת היקף לעניין היעדר זכות הבדואים בנגב. באותו העניין קבע בית המשפט העליון, מפי השופט אברהם חלימה, כי בהיעדר הגשה של בקשת רישום במועד הקובע, חודשיים לאחר פרסום פקודת המוואת, "הוחמצה ההזדמנות שעמדה ל [תובעים] לבלי שוב". דברים אלה נקבעו אגב הנמקה קצרה שהתבססה על פסק דין קודם, זה שבעניין בדראן. כאשר גם שם, כאמור, וגם כאן הדבר נעשה ללא דיון שקול ופתוח בהסתייגויות או בקשיים. ובעת האחרונה, בעניין אלעוקבי אומצה שוב עמדה זו גם כן בהסתמך על עניין בדראן וצאצאיו, אף כי בית המשפט ציין כי שלטונות המנדט נקטו גישה מקילה.[312]

בפסק דין של בית המשפט העליון ממאי 2015 (שאימץ את פסק דין דברת בבית המשפט המחוזי בבאר שבע) הנוגע לבעלות אל-עוקבי על הקרקעות בערקיב,

נקבע בסוגיית המואת ונושא הסדרים פנימיים, בהתייחסות לחלקות ערקיב ואף לנגב כולו כי:

3. בית המשפט בחן את זכויות המערערים בחלקות במועד הקובע (1954) על פי ההוראות שבחוק הקרקעות ובפקודת המוואת והגיע אל המסקנה כי מקרקעין אלה היו במועד הקובע מקרקעין מסוג מוואת בבעלות המדינה. במסקנתו זו נסמך בית המשפט המחוזי בעיקרו של דבר על חוות דעת המומחית מטעם המדינה פרופ' רות קרק אותה העדיף על פני חוות דעת המומחה מטעם המערערים פרופ' אורן יפתחאל. בית המשפט דחה את טענת המערערים כי החלקות שבמחלוקת הן קרקעות מסוג "מירי" אשר הוחזקו ועובדו מקדמת דנא על ידי שבט אלעוקבי אליו הם משתייכים (להלן: שבט אלעוקבי או השבט). כמו כן, נדחתה על ידו טענתם כי גם אם מדובר בקרקע מסוג מוואת הם רכשו בה זכויות מכוח עיבוד והחייאה. עוד דחה בית המשפט את טענת המערערים לפיה בשלב כלשהו ועל פי הסדרים פנימיים שנעשו בין בני השבט, נרכשו זכויות הבעלות באותן החלקות על ידי משפחת המערערים. בהקשר זה לא קיבל בית המשפט את טענת המערערים לפיה בתקופת השלטון העות'מאני וכן בתקופת השלטון המנדטורי שבא אחריו, נהגו השבטים הבדואים בנגב ובכללם שבט אלעוקבי מאוטונומיה אשר מכוחה הכירו השלטונות בהסדרים פנימיים שנערכו על ידי בני השבט לגבי הקרקעות בנגב כהסדרים תקפים המשקפים זכויות קנייניות, גם אם הזכויות הללו לא נרשמו בטאבו....[313]

ביחס לביקורת על פסק דין זה בספרם באנגלית של אורן יפתחאל, אחמד אמארה וסנדי קדר,[314] ראו בתוך מאמרה היסודי העדכני של רונית לוין-שנור,[315] ותגובתם של השלושה בכתב העת עיוני משפט משנת 2021.[316]

לנושא זה כותבת לוין-שנור:

דוגמה בולטת לכך היא ההתייחסות לעבודתה של פרופ' רות קרק, אשר חוות דעת המומחה שלה עומתה בבית המשפט בעניין אלעוקבי עם חוות הדעת של אחד המחברים, פרופ' אורן יפתחאל. יתר על כן, הספר לוקה בכך שאינו נזהר דיו בנקודות מורכבות. דוגמה לכך היא טענת המחברים, שלפיה אדמת מוואת שהוחייתה הפכה לעד לאדמת מירי, אפילו אם עיבודה פסק

לפני שנרשמה ... אחד התנאים להיותה של קרקע מסוג מוואת הוא כאמור שלא הוקצתה למאן דהוא בשטר. ככל הידוע אין בידי הבדואים כל תעודה או שטר כאמור, ובהליכים המשפטיים כמו גם בספר [של קדר, אמארה ויפתחאל. ר.ק.] לא נטען לקיומו של רישום על שמם.[317]

ניתוח על-פי תעודות מקוריות וספרות מקורית בת-התקופה

בשלהי התקופה העות׳מאנית ובתקופת המנדט הבדואים היו מאורגנים ב-7 מטות שכללו 95 שבטים. מספרם הוערך כבין 57 ל-65 אלף. העות׳מאנים לא הכירו בבדואים, כבעלים פרטיים של המרחבים אותם תפסו.[318] דיני הקרקעות העות׳מאניים, לרבות חוק הטאבו 1859 ותקנות הטאבו 1860, קבעו כי, על מנת לתת תוקף לעסקאות במקרקעין, יש חובה לרשום אותן במשרדי הטאבו שנפתחו לשם מטרה זו.[319] בדואי הנגב לא פנו לטאבו בכדי לנסות ולעגן את מעמדם בקרקע והם הסתפקו בהבנות פנימיות ביניהם.

סוג מקורות נוסף העומד לרשותנו בבואנו לבדוק את המעמד ההיסטורי והמשפטי של הקרקעות באזור זה בתקופה הנדונה, הוא מגוון של מקורות מהתקופה העות׳מאנית ומקורות עות׳מאניים המתארים מצב יישובי וקרקעי בנגב.

תעודות ומקורות משלהי התקופה העות׳מאנית

ארכיון הקונסוליה הגרמנית בירושלים (1876-1880)
התעודות המוקדמות ביותר לענייננו שמצאתי הנן תרגום מתורכית לגרמנית של מכתבים ממושל ירושלים העות׳מאני לקונסול ממשלת גרמניה בירושלים, הן מ-1876 ו-1879. בראשונה מוזכרים סכסוכים שנמשכו כשנתיים במקום הנקרא עורבאן [אולי שבט ולא מקום?! עורבאן בתורכית עות׳מאנית פירושו בדואים. ר.ק.] בנפת עזה, וביקור במקום של המושל בנפת עזה ליישוב הסכסוך ובדיקת ענייני המעשר. מכאן ניתן להניח כי המדובר באדמת המדינה. בשניה ביקור נוסף לקידום אינטרסים חיוניים והרחבת תשלום המעשר. תעודה נוספת מ-1880 מוסרת על ביקור נוסף של המושל ביפו ובעזה למטרת יישוב בעיות חשובות.[320]

תעודה מארכיון הקרן הבריטית לחקר ארץ-ישראל (PEF) (1877)

אישור למלחמות בין הבדואים באזור באר-שבע ממש באותן שנים, עולה ממכתב שכתב איש חיל ההנדסה הבריטי המוכשר, שהיה מנהל הסקר והמיפוי של הקרן הבריטית בארץ-ישראל, הורציו הרברט קיצ'נר (1916 – 1850) לבסאנט מזכיר הקרן ב- 2 באוקטובר 1877. בתארו את אזור באר-שבע והסקר והמיפוי שלו הוא כותב כי האזור מסוכן, ריק ומשמש מוקד למלחמות:

> *I know you will be glad to hear the map is an accomplished fact. We wound up at Beer Sheba on the 28th of Sept. much quicker than I expected though the work in the South was 340 sq. miles instead of 200. The fact is we had to work like niggers. The water was so bad being salt & the color of weak tea & our bread all went mouldy. The country we have been in is only inhabited by Arabs who have been at was amongst themselves for the last 3 years. They said no Europeans had ever been in this part of the country before which I can believe from the very bad state of all existing maps of that part... Every body was very full of the dangers of going to Bir es Seba but I found no Arab within 5 hours of the place...*

קיצ'נר מזכיר כי הקאימקאם העות'מאני של עזה הציע להם ליווי מזוין מתוך דאגה לשלומם.[321]

תעודות עו'תמניות (1888 – 1911)

מצויות בידנו מספר תעודות מסוף המאה ה-19 ותחילת המאה ה-20 מהארכיון העות'מאני באיסטנבול וכן מארכיון המתצריף (מושל) של ירושלים עלי אכרם ביי בארכיון מדינת ישראל, המתייחסות למדיניות האימפריה ולמעמד הקרקעות בנגב. כמו כן, חשוב לציין בהקשר זה גם את מאמרה של החוקרת התורכית יסמין אבצ'י, שעוסק בתקופה זו ומתבסס בחלקו על תיעוד מקורי מהארכיון העות'מאני באיסטנבול, את ספרו של דוד קושניר, ואת מאמרם של נדב סולומונוביץ ורות קרק.[322]

ישנן תעודות מהארכיון העות'מאני באיסטנבול העוסקות בנפות באר שבע, חפיר וגם עזה בין השנים 1888 – 1911. תעודות אלו עוסקות בבדואים להם

הוקצו או הוחכרו אדמות, בתכנון סקר ומדידת אדמות שייערך בעזרת צבא ואנשי מקצוע, הרצון לישב את הבדואים לאחר סיום הסקר ורישום הקרקעות בטאבו על שמם כדי להגדיל את הכנסות המדינה ממעשר, פיתוח חקלאות בנגב בין היתר בעזרת פתיחת בנק חקלאי ובית ספר חקלאי לילדי הבדואים בנפת באר שבע, ייעור חלקים מהנגב, והכנסת מיכון חקלאי מודרני לייעול העיבוד במקום מחרשת הברזל והגמל. להלן אתייחס לתעודות הנוגעות לסקר ולכוונה של העות'מאנים לרישום בטאבו שלא הגיעה לכלל מימוש כנראה בכלל, ולפי תיעוד זה עד לאמצע שנת 1911.

בתעודה עות'מאנית מהתאריך 18 בנובמבר 1888, ישנה התייחסות למס המעשר הנמוך באותה שנה בנפת עזה וגם להחכרת קרקעות לבדואים:

... מיסי המעשר של שנה הנוכחית היו פחותות [כך בתרגום. ר.ק.] *פי שבע מאחוזי מיסי המעשר הקודמים, למרות* ***שאזורי*** [כך בתרגום. ר.ק.] ***חקלאיים שונים הוקצו ובחלקם הוחכרו גם לבדואים***... [הדגשה שלי. ר.ק.].[323]

בתעודה מה-4 במאי 1891, מופיעה החלטת הנהלת המחוז בשל מחלוקות וריבים של הבדואים בנפת עזה אשר במחוז ירושלים. היא נובעת מ *"הצו והרצון הסוני (של הסולטאן) ליישב מחדש את השבטים"* והרצון להגדלת הכנסות המדינה. ההחלטה קבעה שיישלחו קצינים ממשרד רישום הקרקעות, חמישה מנהיגים וכן מפקחים ממשלתיים לאזור, לשם הגדרה ורישום בהסכמת השיח'ים והבדואים המקומיים של האדמות המוחזקות, אך לא רשומות על ידי המטות השבטיים. אלו הוערכו לפני הסקר והמדידה שתוכננו בכ- 5 מליון מתוך 10 מליון דונם תורכי:

בשל המחלוקות והריבים המתעוררים מעת לעת והנוצרות [כך בתרגום. ר.ק.] *מכיוון שהאדמות הנמצאות תחת עיבוד וחזקת השבטים הבדואים בנפת עזה במחוז ירושלים הנשגבת* ***עדין לא נרשמו בטאבו*** [הדגשה שלי. ר.ק.], *נקרא התזכיר ממשרד רישום הקרקעות והכולל נתונים על רישום אדמות אלה, בפני המועצת המייעצת...*

רישום הקרקעות בשטרות רישום יאפשר לשבטים אלה להתיישב וליהנות מברכות הציוויליזציה. העימותים והריבים שהעסיקו את השלטון המקומי והצבא יגיעו לסיומם. זה גם יגדיל את הכנסות אוצר המדינה.[324]

בתעודה נוספת מה- 21 ביוני 1891 מתאשרים שוב הדברים על הרצון **[שלא התממש. ר.ק.]**:

כפי שמובא בהחלטה זו, ונידונה במועצה המדינה [כך בתרגום. ר.ק.], *היות וקרקעות הבדואים הנמצאות תחת עיבוד בנפת עזה במחוז ירושלים, עדיין לא נרשמו בטאבו במסגרת שטרות רישום, ובכן סוכם והוחלט לרשום את הקרקעות במרשם הטאבו ולהנפיק שטרות רישום.*[325]

מספר תעודות מה-24 ביוני 1891, 21 בינואר, 21 במאי, 7 באוגוסט ו-15 בנובמבר 1892, מתייחסות לכך שהקרקעות לא נרשמו על שם הבדואים, לקשיים שמתעוררים בקשר לעריכת הסקר ומדידת הקרקעות המתוכננים ולצורך להקצות לכך משאבים לניהולם. עד אמצע נובמבר 1892 לא בוצע הסקר.[326]

כך למשל בתעודה מיום 21 בינואר 1892, המדגישה כי הרישום כרוך בהתיישבות השבטים הבדואים:

ישנם קשיים שנתגלו במהלך סקר ומדידת אדמות הערבים הבדואים באזור עזה השייכת למחוז ירושלים, ***אדמות שעד כה לא נרשמו בטאבו*** [הדגשה שלי. ר.ק.]. *בדו"ח שהוגש ללשכת המושל נכללו כמה רעיונות והערכות בנושא, והוא נשלח יחד עם התזכיר שהוצג על ידי לשכת הפיקוח על המדידות בביירות, שם ראה לנכון להשתמש בכוחות צבאיים על פי הצורך, ולהקצות קרקעות נוספות עבור כל שבט, ובכן הקצאת מספר מספיק של חיילים עם נציגי ממשלה* ***לכל שבט ושבט אשר מתיישבים בפת*** [כך בתרגום. הכוונה לנפת עזה. ר.ק.] ***עזה*** [הדגשה שלי. ר.ק.], *לאחר שהיה צפוי שזה (הסקר והמדידה) ייעשה בצורה חלקה מאוד.*[327]

ב-28 בדצמבר 1895 מוזכר הרצון לערוך גם סקר קרקעות בתשעה כפרים בנפת עזה, מה שאינו קשור לנושא הבדואים אבל כן לנושא מס המעשר.[328]

נושאי הרישום בטאבו, המעשר, והקמת בנק חקלאי, בצורות, פתיחת בית ספר חקלאי, ייעור ומיכון חקלאי, והנפה החדשה של חפיר, חוזרים בתעודות בין השנים 1910 – 1911.[329] למשל בתעודה מהארכיון העות'מאני מדובר על בצורת חזקה בבאר שבע בשנת 1908 – 1909 וחלוקת סובסידיות של הממשל. כדי לעודד

חקלאות ועיבוד קרקע בבאר שבע הוקם שם סניף של הבנק החקלאי העות׳מאני, כנראה בשנת 1910, גם לצורך מניעת הלוואות ממלווים ברבית גבוהה.[330]

מכל מקום נראה שבמשך 23 שנים, משנת 1888 עד לפברואר 1911, לא נעשה דבר בנושא הסקר והרישום בטאבו המתוכנן. אחת הסיבות לכך הייתה התנגדות השיח׳ים הבדואים ללקיחת הלוואות בבנק החקלאי ולרישום הקרקעות מהחשש שיידרשו לשלם יותר מסים. כך עולה למשל מתעודה מיום 20 ביוני 1910.[331]

מתעודות מיום 14 בפברואר 1911 ו- 28 ביוני 1911 אנו למדים על כך שבינתיים לא נעשה רישום ושמעמד הבדואים בהקשר לקרקעות הנו של ״מחזיקים (מותסרפין)״ ולא בעלים:

המחלקה לענייני התכתבות של הוויזייר הגדול

חטיבה: 1

ספאר 14 1329 [תאריך לועזי = 14 בפברואר 1911. ר.ק.]

1 בפברואר 1326

למשרד האוצר

אדמות נפת באר-שבע אמנם רחבות וחשובות, אך למרות כך אדמות אלו טרם נרשמו במסגרת שטרות רישום בטאבו, ובשל כך, ישנם [כך בתרגום. ר.ק.] *מחלוקות רבות המתעוררות בשימוש בקרקעות באזור זה בין השבטים. ממשרדו של מושל ירושלים נמסר כי יש לערוך מפקד אוכלוסין בבאר שבע על מנת לעודד את השבטים לחקלאות רחבה יותר ולוודא יחד עם זאת את תועלת האוצר מההכנסות, וכי הוצאות העובדים מכוסות על ידי האוצר. מידע זה נכלל במכתב שנשלח למשרד רישום הקרקעות מס׳ 370 ב-29 בינואר, 13, בנוגע לסיוע להערכת תוכן המכתב.*

בהתייחסו של מזכיר המדינה.[332]

בנוסף לתזכיר מיום ה- 1 בפברואר 1326 [תאריך לועזי = 14 בפברואר 1911. ר.ק.], *מבקש בזאת משרד רישום הקרקעות בדחיפות להשלים את תהליך רישום קרקעות הבדואים בטאבו בשטרות רישום על מנת למנוע מחלוקות וריבים בין המחזיקים (מותסרפין) באדמות אלו בנפת* [כך בתרגום. ר.ק.] *באר שבע ולשם השלמת יישובם שם.*[333]

תעודות עות׳מאניות בארכיון עלי אכרם ביי (1906–1908)
ובתוך ספרו של דוד קושניר (1995)

בארכיונו של עלי אכרם ביי המושל העות׳מאני של מתצריפליק (מחוז אוטונומי) ירושלים, כולל נפת באר שבע, בשנים 1906 – 1908, המצוי בארכיון מדינת ישראל, נמצאות מספר תכתובות רשמיות בתורכית הנוגעות לנגב ולבדואים. אלו כוללות אף התייחסות לקרקעות, למעמדן המשפטי, ולאדמות מדינה ואדמותיו הפרטיות של הסולטאן עבדול חמיד ה-2, ששלט באימפריה העות׳מאנית באותה עת. התעודות הנן בתורכית עות׳מאנית ותורגמו לעברית בארכיון מדינת ישראל לפני שנים רבות על-ידי אברהם דנון בסיוע דוד קושניר. מסמכים אלו מתארים את באר שבע עצמה כמצויה בלב אזורם של הבדואים הנוודים (נומאדיים כלשון התעודה) ואת הקמתה של באר שבע כסנונית ראשונה האמורה להביא לייסודם של יישובים נוספים. מכאן עולה שהאזור היה בלתי מיושב לחלוטין עד ליוזמה שלטונית זו. מן העבר השני, מוצגת עזה כעיר שסביבה קרקעות ממשלתיות רבות מאוד העומדות תחת לחץ הנדל״ן של גורמים זרים שונים. אכרם ביי הציע לישב באופן הדרגתי מהגרים מוסלמים רבים מהבלקן באדמות הרחבות החל בבאר שבע ואחר כך ביפו ובעזה.[334] תיאור זה תואם גם את תיאורו של החוקר ויקטור גרן לגבי מצאי הקרקעות בואך עזה, שרובן ממשלתיות.[335]

אחד המיסמכים החשובים בארכיון זה הנה סקירה על נפת באר-שבע שנשלחה ללשכה העליונה של השולטאן שהוזכרה לעיל.[336] בסקירה שנכתבה כנראה בין 1906 ל-1908, מודגש הפוטנציאל של הנפה וגודל אדמותיה המספיקות להקמת סנג׳יק (מחוז) נפרד שיהיה מיושב, וגם אוכלוסיית השבטים והערבים שהיא בערך ששים שבעים אלף. חשיבות המקום הוערכה על-ידי משלחת של השולטאן, והוקמה שם נפה (קאד׳א) ועיירה קטנה, באר-שבע, המיועדת להפוך לעיר, באמצע המדבר. מצויינים כאן היתרונות הכלכליים והפוליטיים שיצמחו ממדיניות ממשלתית ליישוב הבדואים *״שהיו מאות בשנים יחד עם גמליהם וסוסיהם תחת האהלים...״*. לטענת הכותב: *״אשר לתנאי הראשון להתיישבות הוא, לרשום את האדמה במסמכים רשמיים. ברשות אף אחד מבעלי האדמות בנפת באר-שבע שהמעשר החוקי שלהם מגיע לכמה אלפי לירות, אין שום מסמך רשמי. הרכוש והגבולות המסורתיים קבועים על פי השמועה בעלמא. עתה אחת הסיבות הגורמות לשפיכות דמים כאן, היא מצב הבדואיות והנומאדיות הזה. בין הבדואים ישנם בעלי אדמות של מאה אלף דונם, והאדמה בשטח הקטן ביותר אינה פחותה מעשרים אלף דונם.״*

מתוך סקירה זו עולים האינטרסים הכלכליים של האימפריה העות׳מאנית (הבטחת הכנסה), ונושא התחרות וייצוב הגבול עם הבריטים. לטענת המושל: *״היות שאין בבאר-שבע איש שאין לו ברשותו אדמות. לכל אחד יש לו שטח אפילו הוא קטן. במצב זה יירשם כל שטח, יירשם שמו של האדם בעל השטח.* ובהתאם *לכשרונם ומרצם של פקידי הרישום יוכלו לרשום גם את שמות של האשה והילדים.״* ... *״קשירת האדמות של באר-שבע לטאבו תביא ברכה מכל הבחינות״* ... ו *״באשר לאנגלים הרי ש״אם היו קושרים בזמנו את האדמות למסמכים רשמיים אי אפשר היה לאנגלים להעלות בעית הגבולות שם ולקבוע את קו הגבול״.*[337] הוא מציין כי גם האנגלים לא הצליחו לרשום את האדמות בצדו השני של הגבול.

בגלל החסדים הרבים שהעניק השולטאן לזקני הבדוים *״הצלחנו לקבל כתב התחייבות מוחתם מהזקנים הנכבדים ביותר ובעלי האדמות ושבו התחייבו לרשום את קרקעותיהם בטאבו. וכתב התחייבות הזה הוגש למזכירות העליונה יחד עם העתק התרגום ועם זכרון הדברים (מאזבאטה) של מועצת הנהלת הנפה.״* אכרם ביי המליץ על רישום בטאבו חינם ואי הטלת מסי קרקע חוץ ממעשר, מס צאן ותמיכות במפעלים של המדינה. הוא אף פירט כיצד לדעתו יש לבצע את הרישום ומהו המימון הנדרש לכך.[338] קיימת סתירה פנימית במיסמך זה (או בתרגומו לעברית שבו עשיתי שימוש) בכל הנוגע לבעלות או אי-בעלות על הקרקעות, אולם עולה ממנו ללא ספק כי לא היה קיים באותה עת רישום בטאבו של אדמות נפת באר-שבע החדשה.

גם המזרחן **דוד קושניר** בספרו על אכרם ביי מושל ירושלים, המסתמך על תעודות מארכיון אכרם ביי, ומביא חלק מהן בספרו, מגיע למסקנה כי המושל ראה צורך דחוף במיוחד ברישום קרקעותיהם של הבדוים כחלק מתהליך יישובם. אכרם ביי סבר כי רישום האדמות על-שם הבדוים יביא גם לרישום אוכלוסין, אולם קיימים קשיים הנובעים מחשדנותם המסורתית כלפי הממשל ואמונתם שבעקבות הרישום יבואו מסים נוספים [מס רכוש כבעלים רשומים על האדמה בנוסף ל״מעשרות״ – המעשר ששילמו על אותן חלקות אדמה שעיבדו] וגיוס לצבא. אכרם ביי כתב כי הצליח להשיג מן השיח׳ים התחייבות חתומה לרישום האדמות, ועל-ידי-כך מילוי פקודות הממשלה.[339] הנקודה הכי חשובה כאן היא שהמסמך מראה ניסיון אקטיבי של השלטונות לבוא לקראת האוכלוסיה המקומית בתנאים מועדפים כדי לרשום את הקרקע ואת ההתנגדות של הבדואים לתהליך, כי בסופו של דבר הם נמנעו מרישום האדמות על אף ההתחייבות.

ב-27 ביוני 1907, נמסר על-ידי הכותב דאוד מפקד ג'נדרמה באר-שבע, כי מונה כשנתיים קודם לגביית מסי המדינה שלא נגבו שנים רבות, ובהאשמות שהועלו נגדו על ידי מחמד אצף ביי, הקאיימקאם של באר-שבע וראשי חמולות העורבאן [הבדואים. ר.ק.] ואחרות בעת עיסוקו בגביית המסים.[340]

בדיווחו של אכרם ביי על בעיות של מחסור במים במחוז ירושלים הוא מוסר על *"גרעון שנראה השנה (נכתב כנראה באביב או קיץ 1907) במעשרות של נפת באר-שבע, בעוד שבשנה שעברה הושג מן הנפה הנזכרת סכום של עשרים ושלושה אלף לירות במעשרות, השנה יכולנו לגבות אחד-עשר וארבע-מאות [בלבד], ואף כסף זה ניתן על-ידי התושבים כמין תרומה. כל הבדיקות והשומות מראות, כי המעשרות של באר-שבע השנה יישארו בגובה של רבע [מאלה] של השנה שעברה".*[341] מכך ניתן ללמוד לדעתי [ר.ק.] כי המדובר באדמת מירי של המדינה עליה שולמו מעשרות ולא שולם מס רכוש.

המקרה של תל ערד:

קושניר מזכיר גם את פרשת הסכסוך בין שבט ט'ולאם ואנשי הכפר יטא [בתרגום התעודה המקורית שבדקתי מכונה הכפר בשם: *"השבט ייטה"*. ר.ק. תעודה 225 מיום 5 ביוני 1907] על זכויות עיבודן מחדש של אדמות תל-ערד, שהגיע לשיא ב-1907. אדמות אלו היו בעבר ברשות שבט כעבנה [בתעודה 225 – הקרקעות האלה מלפני חמישים שנה השתייכו לשבט *"קוואעיין"*. ר.ק.], אולם הן לא עובדו תקופה ארוכה ועברו לידי המדינה כאדמות נטושות (מחלול מירי). *"בשל היעלמות והתמוטטות השבט הנ"ל ומפני שהקרקעות נשארו זמן רב ללא עיבוד חקלאי, לכן היו לקרקעות מירי (שייכות לשלטונות) בזמן האחרון החלו שני השבטים האלה להחיות אותן ולהביאן למצב פוריות ומתאים לחקלאות...החזקת הקרקעות הנ"ל ע"י שני הצדדים היא בגדר של גניבה ושוד..."*. בתעודה זו הומלץ לבנות בקרקעות שבמרכז הכפר "תל ערד", תחנת משטרה וליישב באופן זמני חיילים מצבאות השולטאן ולהשכיר את הקרקעות [יותר משלושים אלף דונם] לבדואים או חקלאים אחרים.[342] אכרם ביי המליץ באוגוסט 1907, על סיפוח שטחי המריבה לנחלת השולטאן, וההמלצה התקבלה.[343] הצדדים היריבים חתמו על מיסמך התחייבות להימנע ממעשי הסגת-גבול בעתיד. אכרם ביי הציע גם לתחום מייד את האדמות ולהשכירן למבקשים אותן, לבל ינזק אוצר השולטאן.[344] יש לציין לפי תיעוד נוסף להלן כי תל ערד שויך לנפת חברון ולא לנפת באר שבע.

במברק שנכתב ב- 12 באוגוסט על-ידי המזכיר הראשי של הסולטאן, ונשלח מארמון "ילדיז" בקושטא [מעונו של הסולטאן עבד אלחמיד השני. ר.ק.] למותצרף של ירושלים ב- 13 לחודש 1907 רשום כי: *"ניתן התר מכב' הסולטאן לצרף ע"ש נכסי המלכות במחיר הולם אדמות "מירי מחלול" שעל 60 אלף דונם* [תורכי = 919 מ"ר. ר.ק.] *נטושה מריבה בין בדואי יטה וטיולאם על מנת שיושכרו לבדואים. על סמך זאת נמסר בפקודה מלכותית שיש להודיע לשיכים שאדמות ה"מירי" צורפו לנכסי המלכות* [הכוונה לאדמות פרטיות של הסולטאן. ר.ק] *לאחר מסירת ההשקפה הנעלה בענין גובה המחיר ולאחר כל הבקשות (בענין זה); לצייר את* ***המפה הנחוצה*** [הדגשה שלי. ר.ק]; *להקים בית מנהלה בסביבת מקום מתאים באדמות כדי להושיב (בן) גם צבא מלכותי; ולהוציא 45 – 50 אלף גרוש מקופת אוצר ירושלים כפיצוי".*[345] בתשובה מוצפנת למיברק זה מירושלים מדווח על ביצוע צירוף אדמות המריבה לנכסי הסולטאן. צוין כי אין למי לתת תמורה כי שני הצדדים, אנשי יטה וטיולאם, סומכים על נשקם ומעבדים את הקרקע בכוח הזרוע. הוצע בכל זאת כפיצוי להוציא 15 – 20 אלף גרוש מהכנסות נכסי הסולטאן כדי לערוך ברית מילה לילדים העניים. מעבר לכך יש: *"לשלוח פקיד כדי לסמן את גבולות האדמות* ***ולשרטט את המפה שלהן*** [הדגשה שלי. ר.ק], *וכך יושם קץ למריבות ולקטטות שביניהן".*[346] לפי תעודה נוספת מוקדמת יותר נאמר כי: *"על-כן על הנהלת נכסי המלכות להתחיל להשכיר למבקשים אותן את האדמות הנמצאות בתחום הגבולות אשר נקבעו ונודעו* ***לפי המפה שכבר הוגשה****...*[הדגשה שלי. ר.ק.]".[347] מכאן ניתן להסיק כי אדמות מירי אלו שהיו בסכסוך הפכו לאדמותיו הפרטיות של השולטאן עבדול חמיד השני. נוסיף כאן כי השולטאן נהג למפות את אדמותיו הפרטיות ברחבי האימפריה ובארץ-ישראל.[348] בהמשך לאחר מהפכת התורכים הצעירים בשנת 1908, הועברו אדמותיו הפרטיות של השולטאן למדינה העות'מאנית.

נסיונות התנועה הציונית ולבונטין לרכישת קרקעות (1903)

במקביל ניתן לראות כיצד בשנת 1903 נעשה ניסיון של הממשל העות'מאני למכור כמליון דונמים באזור באר שבע לתנועה הציונית. ניסיון זה, גם אם לא עלה יפה, מעיד על כך שהשליט ראה את הקרקעות כבבעלותו, כמו גם על מידת אי יישובו.[349]

על הזמינות של אדמות מדינה בתחילת המאה ה-20, ומגעים מצד יהודים להתיישבות באזור באר שבע ובסיני, אנו למדים מספר הזכרונות של **זלמן דוד לבונטין** ומהתכתבויות שלו בנות התקופה, המצויות בארכיון הציוני המרכזי.

לבונטין היה ממייסדי ראשון לציון בשנת 1882, חזר לרוסיה ושוב לארץ ישראל, עם התמנותו כמנהל הבנק הציוני הראשון שהוקם ביפו, בנק אנגלו פלשתינה (לימים בנק לאומי לישראל). לבונטין היה מעורב בתכנון מספר תוכניות ליישוב יהודים בנגב ובסיני כבר משנת 1882 ואילך, כולל התיישבות באזור עזה ובאזור אל עריש. לאחר מינויו כמנהל הבנק, הגביר את מאמציו בשנים 1903 – 1904 לקדם את רעיון התיישבות יהודים בדרום הארץ. מזכרונותיו ומכתבו של הרצל אליו ביולי 1903, עולה שהיו מגעים בין ד״ר יצחק לוי (יהודי ספרדי ממשפחה תורכית בקונסטנטינופול, שהיה ״דוקטור לאגרונומיה״ וכיהן אז כמנהל מושבות הנדיב ביהודה), לשני ראשי שבטים בדואים החונים במדבר שהציעו קרקעות ליהודים במחיר מצער. לבונטין מדגיש כי: *״אין שם קדסטר של הממשלה הטורקית, אלא השיכים נותנים שטרי מכירה, ומכירות אלו מתאשרות על ידי ״חזקה״... השיכים אמרו, שהם מוכנים ומזומנים לעבוד שכם אחד עם היהודים, - לקחת את הארץ מידי הטורקים ולתת ליהודים את החלק הנקרא ארץ-ישראל, אשר כפי ששמעו, ישבו בה היהודים לפני אלפים שנה....״.*[350]

הרצל מזכיר במכתבו ללבונטין ביולי 1903 את שמו של אחד השיכים ומבקש מלבונטין לחקור יותר פרטים אודותיו באופן עצמאי מבלי לערב בכך את ד״ר לוי: *״הנני מבקש מכבודו למצוא בחכמה ובזהירות מי הוא השיך סבין אבו רביה (אני חושב שכך שמו)* [אבו רביעה?! ר.ק.], *הוא האמיר של אמסולם* [טיולאם?! ר.ק.], *יוצא ירך השבט הגדול טגללא או טנאקה, היושב על הגבול שבין מצרים וארץ ישראל...״.*[351]

כפי שנראה מהתכתבות נוספת בין לבונטין לבין דוד וולפסון הוצע בשנת 1903 לועדה של אנשים מנוסים ברכישת קרקעות בארץ ישראל, אשר ייצגו גופים יהודיים וציוניים, לרכוש שטח עצום של אדמות מדינה באזור באר שבע:

> *במכתבו מיולי 1903 לוולפסון בקלן מספר לבונטין על ועדה שבראשה עומדים אוסישקין* [מנחם אוסישקין היה אז ראש הועד הציוני לרכישת קרקעות בארץ ישראל. ר.ק.], *האנטקה (מנהל בתי ספר של כי״ח ויק״א בירושלים), לוי (מנהל הקולוניות ביהודה), נעגע (מנהל מקוה ישראל) וראוויץ (ראש הועד הפועל של החברה הפלשתינאית באודיסה) והפועלת באזור באר שבע - שם על-פי תיאורו אדמה טובה ואקלים טוב ואפשר לקנות שם לערך כמליון דונמים במקח נמוך של 8 - 10 פרנק לדונם. האדמה תיקנה מהממשלה*

על-ידי המושל בירושלים. הוא מדווח שהם עומדים במשא ומתן על דבר מאה אלף דונם שמהם אלפיים בעיר באר שבע, וסובר שאם יעלה בידם לקנות שטח זה הרי ניתן להוסיף ולקנות אחר-כך עוד אדמה מהממשלה שנחוץ לה כסף, ולסדר שם מושבות גדולות...״[352]

במקורות מסוף המאה ה- 19 ותחילת המאה ה-20, קיים איזכור של מלחמות על קרקעות באס-סיר ממזרח למקום בו נוסדה באר שבע, שהפכו לבסוף על ידי הממשל העות׳מאני לאדמות הכתר [אדמות פרטיות של השולטאן. ר.ק.]. ייתכן שאלו הקרקעות אליהן מתייחס לבונטין בשנת 1903. דו״ח חברת הכשרת היישוב משנת 1920, מפרט בסעיף על תולדות המתנחלים וההתנחלות באס-סיר כדלהלן:

3) חלק גדול של שטח אדמתה הדרומי לקח שבט הטרבין ע״י מלחמה נגד שכניו העזאזמה. המלחמה נמשכה שנים רבות. המלמה [כך במקור. ר.ק.] פרצה על דבר שטח האדמה הידוע בשם אל סיר. לאחרונה התערבה הממשלה התורכית וזו האחרונה ספחה חלק מהאדמה הזאת לאדמת הכתר. כעת חושבים השיכים של שני השבטים להשיג שוב את האדמה הזאת. המושל הצבאי של באר-שבע הציע שהוא ישיב להם את האדמה בתנאי שימכרוה לו במחיר נמוך. ככה ע״י כבושים, רכש לו שבט הטרבין את כל אדמתו.[353]

מקרה דומה של סכסוך על קרקעות בין בדואים בנגב לכפריים בהר חברון והפיכתן לאדמות הכתר הנו זה של תל ערד. ישנה התייחסות למקרה זה גם בדו״ח חברת הכשרת היישוב משנת 1920 שהוזכר לעיל. השטח של תל ערד, 35,000 דונם היה שייך לפי הדו״ח בעבר לאוכלוסיית הכפר יאטה. בדואי הדולם [ט׳ולאם] והג׳הלין היו בקרב ארוך איתם והממשלה התורכית הפכה את התל לאדמת הכתר של השולטאן עבדול חמיד השני:

היתה נקמת דם גדולה בין שבט דולאם מאוחד עם ערב גהלין נגד הפלחים של כפר יאטא על אודות האדמה השידועה [כך במקור. ר.ק.] בשם ארד אל איערד. הממשלה התורכית התערבה בזה וספחה את האדמה הזאת לרכוש הממשלה.[354]

ניתן לסכם את נושא המדיניות העות'מאנית לגבי הבדואים בנגב לפי התעודות העות'מאניות בכך שבסופו של דבר מטרותיהם ביחס למיסוי, חקלאות והתיישבות לא צלחו. סקר, מדידה ורישום לא נעשו, ובהעדר רישום לא הייתה בעלות מוכרת. בנוסף, לא ניתן ללמוד מהתעודות לאיזה קרקעות בדיוק הן מתייחסות במרחב. המחלוקות והריבים בין המחזיקים מלמדים על כך שלא ראו בהם בעלים וממילא החזקה היתה "נזילה".

קניית אדמות רוחמה (1911)

השטח היחיד שנרכש על ידי יהודים לפני מלחמת העולם הראשונה, פרט לשטחים קטנים בבאר שבע היה הקרקע שנרכשה בג'מאמה, עליה הוקמה חוות רוחמה, וכמה עשרות דונמים שנקנו בסביבות באר-שבע על-ידי היהודים שישבו בה. האדמה שנרכשה בג'מאמה (רוחמה) ששטחה כ- 6,000 דונם, נקנתה על-ידי "חברת הכשרת היישוב" בשנת 1911 עבור אגודת "שארית ישראל" ממוסקבה, מן השיח' עלי ראש שבט העטאוונה למטה התיהאה. מבחינה חוקית, נתעוררו קשיים מצד השלטונות לאישור הקנייה מאחר ולא היתה רשומה בספר האחוזה. רק לאחר שרשמו הבדוים את אדמתם בספר האחוזה ואחר כך על-שם יהודים שהיו נתינים תורכיים וכן לאחר שהופעל לחץ ב"שער העליון" באיסטנבול, אושרה הקנייה, והוחל ביישוב המקום.[355] מפאת ראשוניותה של רכישה זו בנגב על ידי יהודים, אפרט להלן לפי מספר מקורות בני התקופה ומאוחרים יותר לגבי קניה זו. ד"ר ארתור רופין שהיה מנהל המשרד הארץ-ישראלי בפלשתינה מאז שנת 1907 מתאר בגוף ראשון את הרכישה:

"ג'ממה - רוחמה (1911)
בשנת 1911 ניסיתי לראשונה לקנות דריסת-רגל בדרומה של ארץ-ישראל וקניתי שם 7000 דונם של אדמת-חול תחוחה למען חברה של יהודים רוסים, [בכוכב למטה* הכונה לחברת "שארית ישראל במוסקבה"] שמחיר הקרקע המועט (8 פרנק, שהם 30 גרוש, הדונם) לקח את לבם. כיון שהחוק התורכי לא התיר רשימת קרקע ב"טאבו" על שם נתיני חוץ, אנוס הייתי לרשמה על שם "נאמנים" יהודים עותומניים. הפעם בחרתי באהרון אייזנברג מרחובות, יהודה גרזובסקי מתל-אביב, יחזקאל דנין מתל-אביב, ויהידה צליליכין מראשון לציון. כנאמנים חייבים היו, לפחות*

פעם אחת, לראות במו עיניהם את הקרקע; לפיכך יצאתי עמהם לאותו מחוז, שהיה עדיין אותם הימים מקום-שממה...

מוכרי אדמת רוחמה היו בידוים, שדרו בסביבה באוהלים; לשיך שלהם היה, אמנם, בית משלו בבאר-שבע, ושם היה יושב ישיבת-ארעי עם שתי נשותיו. לנו באחד האוהלים, גם סעדנו יחד עמהם....

תווך תיווך בינינו יהודי ספרדי זקן מעזה, עמוס שמו, שנמצא נאמן מאד עלינו. ענתבי עמד לו במשאו-ומתנו והוציא לפועל את אישור העברת הקרקע ב"טאבו" על שם ארבעת הנתינים העותומניים הנזכרים למעלה.[356]

מקור חשוב נוסף המתאר את הרכישה, את המוכרים והמקום הינה סקירתו על "רחמה" של צבי הירשפלד, בעל נחלה בראשון לציון שהתמנה בתחילת נובמבר 1912 על ידי המשרד הארץ-ישראלי למנהלה הראשון של חוות רוחמה. הירשפלד הביא פירוט על הקרקע, המוכרים והקונים, שממת המקום והאקלים הצחיח:

רֻחָמָה

הקדמה

היות שהזכרונות שרשמתי כל יום היטשטשו לרגלי סבת הזמן, אתחיל מחדש לרשום את כל המקרים, המעשים והמאורעות שעברו על רחמה מעת התיסדותה, בכדי שישארו לזכרון לימים הבאים. אין ברצוני להאריך במקום שאפשר לקצר, מטרתי היא רק להוציא לאור את המקרים וההרפתקאות העיקריים, בשביל להמשיך את ההיסטוריה של הפעולות והמעשים שלה מעתה והלאה.

אדמת ג'ממה [מנוקד במקור.ר.ק.] *(דזעאמאמא) המכילה שטח של 5621 דונם נקנתה ע"י המשרד הא"י בשנת תרע"א מאת האחים אלי וסלים אטאוני* [מנוקד במקור. ר.ק.] *בדוים היושבים בבאר שבע ונרשם בספר הטבו של באר שבע על שמות ה"ה אברהם דוד חביב-לובמן* [חביב מנוקד. ר.ק.]*, אשר לוין ויהודה צלליכין מרא"שלץ, ויחזקאל דנין מיפו, והמשרד הא"י מכר את הקרקע לחברי אגודת שארית ישראל במוסקוא אשר מייסדיה המה ה"ה שמעון וועליקבסקי, אינזינר לוין, קרייניס ד"ר ברומברג.*

כשהציעו לפני המשרד הא"י לקבל עלי משרת הנהלת ג'ממה - פניתי להצעה זו בתשומת לבי. למרות שהיה לי קשה להפרד ממגוריברא"שלצ [ראשון לציון. ר.ק.] *ומנחלתי וכשבאתי לגממה בפעם ראשונה מצאתי כבר את החוה בעת שהתכוננו כבר לעבודה.*

בסוף אלול תרע"ב [ספטמבר 1912. ר.ק.] *ביקרו את המקום ה"ה ד"ר זגרדסקי, ד"ר פיקהאלץ, והחמאי* [כימאי.ר.ק.] *מר דב קלימקר, והם הגבילו את מקום הבאר ומקום חוה, האחרון נשאר שם עד שימצא פקיד הראוי להנהלת המקום, מר קלימקר מסר בקבלנות לבנאים מעיר עזה שיחפרו ויבנו באר במקום המוגבל, וכן חצר למושב, ששים מטר על ששים, כ"כ קנה סיד וזבה* [אות לא ברורה. ר.ק.] *ולמפקח על העבדה הנל מנה את מר נסים אילקאים ס"ט מעזה.*

אחרי שקנו את האדמה שכרו שני יהודים מהמשרד הא"י שני דונם אדמה ובנו להם טחנה. בעלי הקרקע עזרו להם בהלואה, מים בשביל הטחנה קנו מבאר השכנים שלנו משפחת האטאוני [מנוקד. ר.ק.] *הקרוב מאוד אל גבול אדמתנו.*

ביום ג' כ"ה תשרי תרע"ג [6 לאוקטובר 1912. ר.ק.] *ביקרו את המקום כותב הטורים, מר צלאליכין ומר שמעון הכהן שווארץ מרשלצ, ומר דוב ליבאוויץ מגדרה. מטרת הביקור היתה לסיר את המקום החדש ולהוכח וללמוד (ולנסות) את המקום* [ישנן 3 מלים מחוקות .ר.ק.] *אחרי טלטול של יום שלם לצד נגב בדרכים מקולקלים, בשבילים פראיים, ואחרי נדודים ועינוי דרך הרגשנו שאנו מתקרבים אל מטרת חפצנו.*

עבודתנו הראשונה היתה סיור המקום. העמדנו סוסינו על יד הטחנה וסבינו את המקום מכל צד. חקרנו ודרשנו על כל צעד ושעל בכדי לדעת מה לפנינו. אחרי שביקרנו את המקום לארכו ולרחבו ואחרי שנפגשנו בהבדוים שכני המקום ואחרי שראינו את המקום ויושביה וסביבה, התפלאנו מאוד: מאזו דרך התהוו שלוליות (ודים בל"ע) [ודים מנוקד. ר.ק.] *בשעה שגשמים מרובים לא יורדים שם. בעת ששמענו מפיות הבדוים תלונות הסובלים מאוד מחוסר גשמים.*

הבקור לא עשה עלינו רושם נעים. הסביבה כולה פראית. הרים ובקעות ושלוליות מים מבתרים לרב את כל האדמה. אין בכל הסביבה לא ישוב קבוע של אנשים ואין כפרים ואין סימן של עץ ונטע. פוגשים רק

אהלים של בדוים השחורים ועזים וגמלים. אבל אחרי עיון רב החלטתי לקבל משרה זו לע"ע רק [לשנה אחת מחוק במקור. ר.ק.] *לזמן קצר עד שאידע* [היטב - מחוק. ר.ק.] *ואלמוד את האקלים ועד שאכיר את הסבות המקומיות. לנו הלילה תחת כפת השמים, למחרתו שוב פעם ביקרנו מקומות אחדים ובקרנו שכיני המקום וכ'ו וכ'ו. בשעת ביקורנו את מקום החצר שהתחילו כבר להביא אבנים וכן את מקום הבאר שהתחילו כבר לחפור התפלאנו 1). על המרחק הרב שבין מקום החצר ובין הבאר 2) על שחפרו את הבאר בקרוב מקום לשלולית (ודי)* [מנוקד. ר.ק.] *ובפרט עמד לפנינו השאלה, במקום רחוק מאדם ועיר ובמקום מדבר שממה שתנים ונחשים ישכנו שם ושהסביבה מלאה פראי אדם, אנשים לא מן הישוב, איך זה נגשים ליסד מושב בכמות שטח אדמה כזו. כי לפי דעתנו לא כדאי להשקיע סכום עצום והון רב במקום מצער הכמות שאינו מכיל שטח של עשרות אלפים דונמים משום שקשה יהיה להלחם נגד צורי המכשול הרבים העומדים בדרך התפתחות הישוב בפרט בתנאי המדינה שאנו נמצאים, באין חיבור דרכים מתוקנים וכ"ו וכ"ו. השקפתי ביחס אל המקום הרושם שעשה עלי וההרהורים שעלו על לבי מסרתי להמשרד* [המשרד הארץ ישראלי. ר.ק.] *תשובת הנל היתה קצרה ופשוטה. כי זה החלטת אגרונומים ומומחים ואחרי שהתחילו כבר לחפור הבאר והוציאו הוצאות בשביל זה אין לשנות. ובנוגע להערתי האחרונה הביעו דעתם כי כל ההתחלות קשות. "והיתה ראשיתך מצער ואחריתך ישגא מאוד". בתור איכר היודע פרק בנטיעות ויודע מה זה עבודה ומכיר את הארץ ונשיה ושכניה רוצים הם בי ותלו הבטחתם בארץ פעולתי.*

ביום כ"ג מרחשון תרע"ג [3 בנובמבר 1912. ר.ק.] *קיבלתי עלי משרת הנהלת גממא בדחילא ורחימא. ותיכף ניגשתי לעבודה במקום המעשה, וסדרתי לי תכנית לזמן הראשון...*[357]

בארכיון קיבוץ רוחמה קיים מיסמך בערבית המוגדר כ"פקסימיליה של שטר הרכישה של אדמות רוחמה בצירוף תרגום מערבית". מסתבר שהתעודה לא מתייחסת לקרקע רוחמה שנרכשה בשנת 1911 כפי שתואר לעיל על ידי רופין.

בתרגום נוסף של המיסמך שיזמתי בספטמבר 2022, וגם מהתרגום מערבית על ידי יצחק ספרא באפריל 2014 המובא במיסמך עצמו, מסתבר כי אין זה שטר רכישה

אלא הסכם רכישה שעדיין לא אושר סופי שנשלח מעזה ב- 8.10.1913. בתחתית ההסכם קיימות חתימות שקשה לפענח אותן.

להלן תרגום חדש של טיוטת ההסכם:

עזה, 8 באוקטובר 1913,
לאחר ברכות וכבוד, אנו מתחילים, במועדו, השלמנו רכישת שלוש חלקות אדמה (של בדואים?----) קרוב לאל-גומאמה الجمامة כשלושת אלפים דונם, זאת אומרת ארבעת אלפים, מתוכם שתי חלקות במחיר של שניים וחצי ריאל וחצי מג'ידי לדונם אחד, והחלקה השלישית היא חצי לירה צרפתית, למעט עמלת תיווך (הוואסטה). לפיכך, אנו מתחייבים למסור לכם אותו במחיר של חמישה עשר פרנק לדונם, לא כולל עמלות רגילות וכל הוצאות לא סדירות. עכשיו אנחנו ואתם צריכים ללכת לקבל אישור מהמתצארפיה והטאבו של ירושלים לאשר את המכירה לארבעה יהודים עות'מאנים בעלי רכוש או בעלים באדמות ג'ומאמה. כמו כן, בעת עריכת החוזה, עליכם לשלם לנו מתוך המחיר, בין שמונה מאות לחמש מאות לירות צרפתיות בשטר חליפין למועד הבקשה.

כמו כן, בעת חתימת החוזה (הקונדראטו), עליכם לשלם לנו אותו מתוך המחיר, בין שמונה מאות לחמש מאות לירות צרפתיות תחת טיוטת דרישה. בנוסף לקונטרוטו, חוזה המכר שיהיה בינכם לבינינו, אם אתם מעוניינים בהצעתנו, אנא עדכנו אותנו עד יום שני, 13 באוקטובר, 913, בטלגרף על קבלת התנאים במכתב זה (אם מקבלים או לא). וככה (---) איו צורך, (---) אשר אנחנו מחוייבים למוכרים עד יום שני, ובזה נהיה נקיים מאשמה ולא נהיה מחוייבים כלפיכם, ונשאיר אותן על חשבונינו הפרטי, ואנו מקווים שאחרי חתימת החוזה נקבל כפול. כמו כן, יש בידנו חלקת אדמה במרחק שלוש שעות מעזה לכיוון דרום-מזרח (شرق؟ قبلة؟) על דרך לעגלות (عرابية؟) אדמה חקלאית של חרס, שאין בה הרים ולא יישוב, שטחה הוא בין 5000 ל- 8000 דונם אדמה. ואולי בעתיד, כלומר לאחר החתימה על החוזה, נקנה בערך מ-3000 ל-5000 גם באותו מחיר, ובאותם תנאים המפורטים לעיל, ומכיוון שהבדואים (ערבאן במקור) כעת במצב קשה וזקוקים לכסף ל(--), אז ניצלנו את ההזדמנות הזו, מהרו ונצלו את ההזדמנות הזו, וזה מחייב, שלום.[358]

מקורות יהודיים בתקופה של ערב ובתקופת מלחמת העולם הראשונה

ממיספר מקורות ומיסמכים של גופים ופרטים יהודיים בעשור הראשון של המאה העשרים, ניתן להגיע למסקנות ביחס לזמינות קרקעות מדינה בנגב ובאזורים אחרים בארץ-ישראל.

אדמות הג׳יפתליק (1913)

במיסמך על אדמות הגיפתליק לאורך הירדן (כ- 600,000 דונם) נוספת הערה ביחס לבדואים באותו אזור. נאמר בתעודה מיום 26 באוגוסט 1913 כי חשוב לציין שנורי ביי, מודיר ג׳פתליק לשעבר, מיעץ לדרוש סילוק הנוודים הבדוים מן השטח, סך-הכל כ- 100 משפחות, ושיודגש בחוזה המכירה כי כל הבניינים וכו׳ כלולים במכירה למעט אלה שעליהם מחזיקים הפלחים מיסמכי בעלות. ניתן אולי להקיש מכך על קרקעות מסוג זה בנגב [כפי שצויין לעיל, אדמות שהיו קרקעות פרטיות של השולטאן עבדול חמיד השני והועברו לבעלות המדינה העות׳מאנית לאחר מהפכת התורכים הצעירים ב- 1908. ר.ק.].[359]

אדמות בבעלות יהודית (1914)

על פי טבלה שערך שלום רייכמן על אדמות בבעלות יהודית בשנים 1914 ו- 1947, הרי שבשנת 1914 הגיע סך כל הקרקעות בבעלות יהודית בנפת באר-שבע (על-פי החלוקה המינהלית מ- 1946 ששטחה אז 12,577,000 דונם) ל- 5,514 דונם כולן היו בידים פרטיות. בנפת עזה (על-פי החלוקה המינהלית מ- 1946 ששטחה אז 1,111,000 דונם) היו 5,201 רובם בידים פרטיות ו- 712 דונם בידי קק״ל. בהתאמה בשנת 1947 היו בידי יהודים בנפת באר-שבע סך הכל 168,485 דונם מהם בבעלות פרטית 24,268, בבעלות קק״ל 39,940 והיתר זכיון על אדמות מדינה בנפת באר-שבע בשטח של 64,199 דונם פרטי ו- 40,078 דונם קק״ל בהתאמה. בנפת עזה היו בידי יהודים סך הכל 58,274 דונם, מהם בבעלות פרטית 12,572 ובבעלות קק״ל 43,705 + 1977 בחזקה.[360]

ארתור רופין (1918)

הסוציולוג ד״ר **ארתור רופין**, שהיה משנת 1907 ראש ״המשרד הארץ-ישראלי״ ביפו, והוזכר לעיל, מביא מעט נתונים בנושאי הקרקע לשנת 1915, בספרו הקטן

על: *סוריה: סקר כלכלי* (סוריה כוללת גם את ארץ-ישראל). הוא מזכיר את חוק הקרקעות העות'מאני החדש והמודרני יותר משנת 1913, חוק אשר מושפע משיטות אירופאיות, אולם לא יושם עדיין בסוריה [וארץ ישראל]. ביחס לנגב הוא רק מזכיר כי באזור עזה מגדלים שעורה, גידול נדרש לתעשיית הבירה והויסקי באנגליה.[361] באשר לרישום קרקעות הוא מדגיש כי:

> *So far there is no land registry in Syria, but only a survey of lots made 50 years ago, inaccurate both as to size and to boundary. A law passed in 1913 provides for a new register according to European methods, but so far it has not been carried into effect in Syria.*[362]

סיווג הקרקעות בתקופת המנדט ומצב קרקעות הנגב

כאשר השלטון העות'מאני הוחלף על-ידי המנדט הבריטי, שומרו דיני הקרקעות, תוך שניתנה לבדואים בפקודת המואת משנת 1921 הזדמנות מוגבלת בזמן, לפנות לרשויות על מנת לרשום קרקע מואת בטאבו בתוך חודשיים, אם יוכיחו כי היא הוחייתה על ידם. הבדואים בנגב לא ניצלו הזדמנות זו.[363]

הממשל האזרחי הבריטי בארץ ישראל שהחליף את הממשל הצבאי בארץ ביולי 1920 חוקק זמן קצר לאחר מכן, בפברואר 1921, כפי שציינתי בתחילת הפרק, את "פקודת המואת": "Mewat Land Ordinance". זו היוותה תיקון לסעיף 103 של חוק הקרקעות העות'מאני:

> *An Ordinance to amend the Provisions of the Ottoman Land Law concerning "Mewat" Land.*
>
> 1. *This Ordinance may be cited as the "MEWAT LAND ORDINANCE, 1921."*
> 2. *The following paragraph shall be substituted for the last paragraph of Article 103 of the Ottoman Land Law: [Amendment of Article 103 of the Ottoman Land Law]*

Any person who, without obtaining the consent of the Government, breaks up or cultivates any waste land, shall obtain no right to a title deed for such land, and further will be liable to be prosecuted for trespass.

3. *Any person who has already cultivated such waste land without obtaining authorization shall notify the Registrar of the Land Registry within two months of the publication of this Ordinance and apply for a title-deed.*

16th February, 1921.[364]

ניתוח על-פי תעודות מקוריות וספרות מקורית בת-התקופה

מקורות מהתקופה העות׳מאנית

ויליאם תומסון (1857)

המיסיונר האמריקאי ד״ר **ויליאם תומסון** (W. M. Thomson), חי בשנים 1806 – 1894. הוא פעל בעיקר בלבנון, אולם ערך סיורים גם באזור ארץ ישראל, כולל סיור בנגב הצפוני בשנת 1857, בסמוך לזמן בו פורסם חוק הקרקעות העות׳מאני. תומסון דן בשאלת הבעלות על הקרקעות בתאריך הסמוך לשנת חקיקת חוק הקרקעות, מידבור היישובים והחקלאות. תומסון תיאר את בדואי הג׳באראת ששהו באוהלים בסמוך לעזה. מעקב יסודי אחרי מסעו של המיסיונר תומסון והתיאורים המובאים בספרו משנת 1859, מלמד כי בחלק מדבריו על הנגב, התייחס לפלשת שבמערב, וכמעט לא לשטחים בהם שהו בדואים, אותם הוא הציג בספרו כגורם הרסני לחקלאות וליישובי הקבע. בנוסף, ראויה לציון העובדה כי תומסון הדגיש בספרו בהתייחסו לבדואים, ממש בסמוך למועד פרסומו של חוק הקרקעות העות׳מאני ב- 1858, כי הקרקעות שם שייכות לממשלה:

I cannot promise freedom from Arabs, not even from Bedawin robbers, for we ride along the very borders of their desert homes, and they frequently make inroads quite beyond our track … There was doubtless a time, long ago, when it was covered with dense primeval forests, and there have been ages of prosperity and peace since then, when it was crowded with towns and villages, enclosed in and surrounded by beautiful gardens and orchards. But, since Moslem rule began, **the land has become the property, not of the cultivator, but of the government;** [ההדגשות שלי. ר.ק.] *and while this ruinous régime lasts, this splendid country will remain as it is. No man will plant orchards and make improvements* **on land not his own**; *but give him a secure title, and, under the crude husbandry of even these ignorant peasants, Philistia will quickly be studded with villages, and beautiful with vineyards, olive-yards, and orange groves. This, however, will never be realized until a strong government subdue or drive back the Bedawin to their deep deserts. Neither vineyards, nor fig orchards, nor vegetable gardens can exist, while these people are allowed to roam at will with their all-devouring herds and droves of camels.*[365]

מקורות מתקופת המנדט

ארתור רופין (1920)

לאחר מלחמת העולם הראשונה בשנת 1920, התייחס **ארתור רופין** ראש ההנהלה הציונית לפלשתינה [מקודם כפי שציינתי לעיל ראש המשרד הארץ-ישראלי. ר.ק.] במכתבו להתאחדות הציונית בלונדון לנושא אדמות הממשלה בארץ-ישראל ולזמינות ומעמד הקרקעות במחוז באר-שבע. הוא הביא אומדן של מיליון דונם אדמות ראויות לעיבוד המצויות בידי ממשלת המנדט, שאינן כוללות דיונות חול ואדמת טרשים. אומדן זה ונתונים אחרים נמסרו לרופין על-ידי יו״ר ועדת הקרקעות המנדטורית שהוקמה כסמכות עליונה למסירה לחכירה של קרקעות המדינה. היו״ר ציין כי שאלת הקרקעות במחוז באר-שבע הנה בעייתית במיוחד מאחר ובמחוז זה לא היה בזמן השלטון התורכי תוקף לחוקי הקרקעות התורכיים ביחס למחלול והפקעת קרקעות על-ידי הממשלה (במקרה של פטירת הבעלים ללא יורשים או במקרה של היעדר עיבוד במשך שלוש שנים), לכן אין לממשלה במחוז זה בכלל קרקעות. במקרה יחיד החרימה הממשלה 36,000 דונם

בארד-אס-סיר על יד באר-שבע, כאשר שני שבטים בדוים רבו על קרקעות אלה והממשלה רצתה למנוע החמרה ושפיכות דמים ביניהם... קרוב לודאי שועדת הקרקעות תוציא כעבור כמה זמן הוראות מיוחדות למחוז באר-שבע שיקבעו באיזו מידה מקנות זכויות המרעה של הבדואים במחוז זה גם זכויות בעלות על הקרקע. יו"ר ועדת הקרקעות המנדטורית מנה מספר שטחים אשר לפי מצבם המשפטי ומצב יישובם יוכלו להימסר תחילה להתיישבות יהודית. בין אלו שניים בנגב: 6,000 דונם בתל-ערד מתוך שטח כולל של 40,000 דונם ו- 5,500 דונם בכופחיה [שהיה אחד מהכפרים המתוכננים החדשים שהשולטאן עבדול חמיד השני בנה על קרקעותיו במחוז עזה בסוף המאה התשע-עשרה. ר.ק.].[366]

מינוי ועדת אברמסון ב-1920 והדו"ח שלה משנת 1921 והתייחסותו לנגב ולמואת

מצוי בידנו תיק בן 62 עמודים מהארכיון הבריטי, של המחלקה לרישום קרקעות בממשלת המנדט בפלשתינה, שנשלח על ידי הנציב העליון לפלשתינה לשר המושבות הבריטי. התיק כולל בתוכו דו"ח בן 49 עמודים מיום 10.2.1922: "דו"ח כללי של הועדה שהוקמה באוגוסט 1920 לחקר תנאי הסדר קרקעות בפלסטיין" [להלן דו"ח אברמסון. ר.ק.]. הדו"ח הכללי המקורי הוגש בתאריך 31 במאי 1921. בתחילת התיק מופיע כתב המינוי של הנציב העליון למייג'ור אברמסון על ידי נורמן בנטויץ המזכיר המשפטי של ממשלת המנדט, מיום 19.8.1920. אברמסון מונה כיו"ר הועדה שכללה שני חברים נוספים – פאידי אל עלאמי, קלווריסקי ו[האגרונום חיים מרגליות. ר.ק.]. צוין בכתב המינוי כי הממשלה התורכית שמרה רשומות של אדמות הג'יפתליק המכונה גם אדמת MODAWARA, [קרקעות ממשלה שנעשו קניינו של השולטאן. ר.ק. לפי דוכן], אבל לא נשארו דוחות בדיקה של אדמות המחלול והמואת. כמו כן תדווח הועדה על קרקעות ראויות להתיישבות ולעיבוד אינטנסיבי. בין יתר התפקידים שהוטלו עליה, היו נושא הגנת אריסים ועוד.[367]

זמן קצר לאחר מינויה של הועדה, בימים שבין ה-15 באוגוסט ל-15 בנובמבר [1920], ביקרו חבריה במחוזות נבלוס [שכם], חיפה, יפו ובאר שבע, לבחינת בעלות על קרקעות מסוג מסויים שבהן נתקבלו בקשות להחכרה. חברי הועדה עסקו גם באיסוף רישומים או דוחות של נכסי מדינה.[368]

לגבי אדמות המואת בפלשתינה, כתבו חברי הועדה כי הן מהוות כ-60% מאדמות פלשתינה, רובן נמצאות בדרום ובדרום מזרח הארץ ואינן ראויות אפילו לחקלאות בעל, מפאת המשקעים הנמוכים ואופי השטח:

The Mewat area would therefore be roughly 60% of the total area of the Country. Much of this is in the South and South-East of Palestine and the sand dunes on the Coast. A large proportion is of no use for agricultural purposes for in the S. & S.E. the rainfall is slight and uncertain, and the nature of the ground is stated to be unsuitable even for dry farming...[369]

הם העריכו כי השטח המעובד לשנה באזור באר שבע הנו 1,414,940 דונם, מבלי לקחת בחשבון את שטחי הבור, וכך שלא בכל שנה ישנו עיבוד. לטענתם, היות וחקלאות דו שנתית הייתה נהוגה באזור, הם מדברים על הכפלת השטח (שטח מעובד + שטח בור).

הועדה ערכה חישובים של שטחי עיבוד ומרעה בכל הארץ והגיעה למסקנה כי מעל 70 אחוזים מהקרקעות [בתחילת אותו הדו"ח דיברו על 60 אחוזים. ר.ק.] יכולות להחשב כמואת, ורובן בדרום ודרום מזרח הארץ:

... Or about 28% of the area of the country. A substantial percentage must however be added for spaces occupied by Cities, Villages, Settlements, Roads, etc, etc. The remainder could be considered "Mewat".
At least 50% of this remainder must be considered uncultivable as it is either in the South or South-East of the Country or is on the Coast and consists of sand dunes or is rocky and hilly country which would be chiefly suitable for afforestation.[370]

דו"ח הועדה מתייחס להגדרת המואת בסעיף 103 של חוק הקרקעות העות'מאני [משנת 1858. ר.ק.] וכן ממליץ על מינוי Demarcation Commissions (ועדות תיחום, סימון גבולות) מחוזיות, לבדיקה והגדרה יותר מדויקת של המשמעות של אדמות מואת כדלהלן:

Art. 103 of the Ottoman Land Code states:

The expression dead land (mewat) means vacant (khali) land such as mountains, rocky places, stony fields, pernallik and grazing ground which is not in the possession of anyone by title deed nor assigned ad antiquo to the use of inhabitants of a town or village and lies at such a distance from towns or villages from which a human voice cannot be heard at the nearest inhabited place.

This was considered vague, and it was generally agreed that in the interests of the Public a more accurate definition of Mewat land was necessary.

We suggested therefore that the method adopted in Cyprus should be followed and that all uncultivated land for which no title deeds was held and which was one and a half miles from the outside houses of villages should be considered Mewat.[371]

כיוון שדו״ח הועדה נמסר רק ב-31 במאי 1921 לאחר פרסום פקודת המואת ב-16 בפברואר 1921, היא מתייחסת גם לפקודה זו, לתיקון של סעיף 103, ולפעילות המוצעה של ועדות התיחום של שטחי המואת של המדינה.[372]

ועדת אברמסון הקדישה חלק קטן מהדו״ח לדיון על אדמות השבטים ה״ערבים״ [הבדואים. ר.ק.] של באר שבע. צוין שם כי אין שם משאע (אחזקה משותפת של הקרקעות), וכי מעט מאוד מהקרקעות רשומות. לכל שבט, משפחה או פרט, יש קרקע בה הם נודדים עם בעלי החיים, או מעבדים, אבל לא באופן רציף. הבדואים התנגדו לרישום הקרקעות על שמם מהסיבות הבאות: החשש של הורשת קרקע לנשים (שיקול זה, שלא הוזכר במקורות אחרים כלל, מוזכר בדו״ח זה בשני מקומות כשיקול מרכזי נגד הרישום במידה והאשה תפנה לבית הדין השרעי לקבלת זכויותיה), והחשש מהצורך לשלם מס. ללא שטרי בעלות לא יכלו לקבל הלוואות מהבנק. לסיכום הקטע על באר שבע, הוצע כי יהיה רישום חובה של הקרקעות במחוז באר שבע, וייערך שם סקר קדסטרי לאחר השלמת הרישום:

We further recommend that there should be compulsory registration of lands in Beersheba District of cases which are decided by the Land Settlement Court. It is suggested also that the Cadastral Survey of Beersheba District be held back until the registration of land in that District has been completed.[373]

ביחס למניעת נשים מירושה כשיקול נגד רישום קרקע על ידי הבדואים חוזרים חברי ועדת אברמסון על נושא זה בהמשך הדו״ח:

<u>Law of Inheritance:</u> We remarked on page 28 that one of the reasons the Arabs of Beersheba District have refused hitherto to register their land is because in that event the Ottoman Law of Inheritance would apply and their women would inherit. If their daughters happen to marry out of the tribe, any land inherited by them would go out of the tribe also and inter-tribal quarrels and feuds would probably result.[374]

וינסטון צ׳רצ׳יל ובדואי הנגב (1921)

אשר לשלטון המנדט והצהרתו של מי שהיה אז שר המושבות **וינסטון צ׳רצ׳יל** בעת ביקורו בפלסטינה בשנת 1921, מופיעים במספר מקורות, כולל במאמרם של יפתחאל, קדר ואמארה, טיעונים כי צ׳רצ׳יל הכיר במנהג הבדואי, ואיפשר למעשה אוטונומיה בחיי הבדואים. לטענתו של אמארה, הוכרו למעשה זכויות קנייניות במקרקעין על בסיס המנהג הבדואי. אחת הראיות המובאות לכך הנה פגישתו בתאריך 29.3.1921 עם משלחת של שיח׳ים בדואים מבאר שבע, בה הבטיח כי לא יפגעו "*special rights and customs*", מבלי שפירט מהם אותם מינהגים או זכויות.[375]

בדו״ח הרשמי להלן, מובא הנוסח המלא [אם כי ללא תאריך ושם הכותב במקור. ר.ק.] של הדו״ח הרשמי על פגישתו של וינסטון צ׳רצ׳יל עם המשלחת:

On Tuesday afternoon the Secretary of State for the Colonies received a deputation of the Bedouin Sheikhs of Beersheba, who conveyed to him an expression of loyalty to His Majesty's Government and to the British Administrate of Palestine, as well as an expression of their repudiation of the right of the Haifa Congress to speak in their name.

*The Secretary of State for the Colonies reaffirmed the assurances already given at Beersheba by the High Commissioner to the Sheikhs that **the special rights and customs of the Bedouin Tribes of Beersheba will not be interfered with.***[376] [הדגשה שלי. ר.ק.]

לטענת יפתחאל, קדר ואמארה, המדיניות הבריטית קשורה גם לנושא הקניין:

על אף חקיקת המקרקעין המנדטורית בנוגע למחלול, למואת, לרישום עסקאות מקרקעין וגם פקודת הסדר זכויות במקרקעין משנת 1928, המשיכו הרשויות להתייחס לנגב ולתושביו בגישה שונה ומותאמת להיסטוריה ולייחודיות של המקום. בראש ובראשונה הבטיחו הרשויות להמשכיות המנהג המקומי ולהבטחת אוטונומיה מסוימת לנגב ולתושביו, בפרט על ידי מתן כוח משפטי לחוק הבדואי ולמנהג בנגב, כולל ביחסי הקניין. עוד לפני תום תקופת החודשיים לרישום קרקע לפי פקודת המואת, פרסם שר החוץ הבריטי למושבות, ווינסטון צ'רצ'יל, הודעה מיוחדת ב–29 במרץ 1921 לפיה הנגב ימשיך להיות כפוף לחוק הבדואי המסורתי שהובטח כבר לשייח'ים וכי הממשל המרכזי לא יתערב בזכויות המיוחדות ובמנהג השבטים בבאר שבע.[377]

אולם, כאמור, לא מדובר כאן על בעלות על קרקעות!

גם מקורות אחרים, כגון החוקר הפלשתיני-בריטי **סלמאן אבו סיטה**, מנסים להטעות ולייחס משמעויות שגויות להבטחתו של צ'רצ'יל, תוך איזכור הנציב העליון הרברט סמואל והמזכיר המשפטי ה"ציוני" שלו נורמן בנטויץ:

Yet what aggravated Samuel and his Zionist legal secretary Norman Bentwich was that Winston Churchill, Secretary of State for the Colonies, visited Palestine and met with the sheikhs of Beer Sheba, and told them that Britain recognizes their rights and customs and encouraged them to register their lands without fees.[378]

לעניין זה, אם צ'רצ'יל הכיר בזכויות ובמנהגים של הבדואים לגבי קרקעות, מדוע הוא עודד אותם לרשום אותן, בניגוד למינהג שלהם?!

פרשנות שגויה נוספת הקושרת את הבטחת צ'רצ'יל נמצאת למשל במאמרם של יפתחאל, ברוך, אבו סמור ובן אריה משנת 2011, שם הם כותבים על נושאי המואת, המחלול והצהרת צ'רצ'יל, שכביכול התיר לבדואים להמשיך במשטר המקרקעין המסורתי:

חקיקה ומדיניות בריטית: עם החלת שלטון המנדט, ניסה השלטון הבריטי לארגן את המערכת הקרקעית מחדש. הבריטים חוקקו ב–1920 ו–1921 מספר פקודות מרכזיות, כמו תקנות העברת מקרקעין וחוקי המחלול והמוואת.

פקודת המוואת (הקרקעות המתות) חשובה לעניינו במיוחד. היא אסרה החייאה עתידית של קרקע מוואת ללא אישור השלטונות, ודרשה מכול מי שהחיה קרקע מוואת בעבר לרשמה במשך חודשיים שהוקצבו לכך (אך ללא ציון סנקציות בחוק לאלה שלא ירשמו). רוב רובם של הבדווים לא רשמו את קרקעותיהם עקב מגוון סיבות, כגון חשש ממסים וגיוס לצבא, או חוסר ידיעה. אך הסיבה החשובה ביותר לאי הרישום היא שלא היה בכך כול צורך, כיוון שרוב קרקעותיהם, לשיטתם, לא היו קרקעות 'מוואת' (שוממות ולא מוחזקות). זאת ועוד – הבריטים בדומה לעות'מאנים כיבדו את החוק הבדווי המסורתי גם בנושאי קרקעות, והכרה זו התירה להם הלכה למעשה להמשיך במשטר המקרקעין המסורתי. כך הצהיר השר ווינסטון צ'רצ'יל, שהיה אז מזכיר המדינה לענייני הקולוניות, לאחר פגישה עם משלחת של שייח'ים בדווים בירושלים, ב-29 במרץ, 1921.[379]

יש להדגיש כי חרף נסיונות יפתחאל ואחרים לתת פרשנויות שאינן מופיעות בדו"ח המקורי, המובאה מתוך דברי צ'רצ'יל כאמור אינה מבהירה במה מדובר ולאילו זכויות ומנהגים מכוונים הדברים. אולי לנשיאת נשק? למרעה? למים? אולי לתנועה במרחב? מכל מקום, אין די באמירה כללית שכזו לביסוס הטענה ולא מובהר מה היתה סמכותו של צ'רצ'יל בתפקידו אז לקבוע מדיניות, וכזו שלא עולה בקנה אחד עם הדין. ככל שהייתה כוונה להקים זכויות במקרקעין מעבר לכלול בדין העות'מאני, הרי שדרוש לכך ביטוי בדברי החקיקה. בלא כן, הדברים בגדר הצהרה כללית של דמות פוליטית. נזכיר, כי שנת 1921 היתה גם השנה בה חוקקה פקודת הקרקעות (מוואת) שהתייחסה לארץ כולה, כולל מחוז באר שבע.

מקורות מנדטוריים נוספים

דו"ח חברת הכשרת היישוב (1921-1920)

בארכיון הציוני המרכזי בחטיבה של חברת הכשרת היישוב מצוי דו"ח ארוך ומפורט באנגלית ובעברית ללא פירוט שם הכותב המתייחס לשבטים הבדואים בנגב, קרקעותיהם ועיבודן, אשר הוזכר לעיל (התיק מכיל בסה"כ 126 עמודים, עברית + אנגלית, העברית מתחילה בעמ' 65, התרגום העברי זהה לדברים בנוסח האנגלי). בתחילת הדו"ח, מצוין בכתב יד בשערי התיק: 1921-1920 ובהמשך

העמוד למטה, כי ניתן לד"ר טהון בשעת נסיעתו לחו"ל ב- 12.7.26 וישנה חתימה של גולדברג [כנראה יצחק ליב גולדברג אחד מהדירקטורים של חברת הכשרת היישוב באותה עת. ר.ק.]. בעמוד האחרון בתיק (עם ספרור 6 בכתב יד) הנושא את הכותרת "הערות למחוז באר-שבע" מופיע בתחתית העמוד התאריך 17.8.1920. בעמוד זה מצוין שלא ברור אם השטחים השייכים לאפנדים נכללים בשטחים המובאים לשבטים.[380]

כפי שציינתי לעיל, דו"ח זה נמצא בארכיון חברת הכשרת היישוב בארכיון הציוני, וכן בחלקו בארכיון **לוי יצחק שניאורסון** בארכיון ההגנה, ובארכיונו באוסף כתבי היד בבית הספרים הלאומי.[381] לוי יצחק שניאורסון (1888 – 1975) היה איש ניל"י מחדרה. עם פרוץ מלחמת העולם הראשונה נשלח מטעם המושבה לשירות באזור החזית בבאר שבע. הוא גם נסע עם אהרן אהרנסון לקושטא בשנת 1916, ושימש שם חולית קשר בינו לבין הארץ. לאחר מלחמת העולם הראשונה החל שניאורסון לפעול בשירות המודיעין של "ועד הצירים" של ההנהלה הציונית. לשם כך פתח משרד בתל אביב ואחר כך בירושלים. שירות הידיעות של משרדו המציא לוועד הצירים ידיעות מודיעיניות בעלות ערך רב, ייתכן שהוא קשור להכנת דו"ח חברת הכשרת היישוב, העוסק בקרקעות הבדואים, גם משום שחלקים מהדו"ח נמצאו בארכיוניו האישיים בארכיון ההגנה ובארכיון הספרייה הלאומית.[382]

זהו אמנם דו"ח מפורט, הכולל נתוני בעלות ועיבוד כביכול ומספרי "בתים" [ללא ספק אוהלים ולא מבני קבע כפי שהדגמתי בדיון שלי על המצב היישובי בפרק הראשון של הספר. ר.ק.], אולם כפי שציינתי לעיל, בעייתי מאוד להסתמך עליו מכמה סיבות. קודם כל, אין בידינו תאריך מדויק שבו נכתב הדו"ח, ואין כל פירוט על ידי מי נכתב ובאילו נסיבות. בנוסף מצויין כי הנתונים נמסרו ע"י השייח'ים בעצמם ולא ברור למי, ובאיזה הקשר, ואין לנו כל מסמך או אפשרות לבדוק את דיוקם, כפי שנרמז גם בדו"ח מהארכיון הציוני. בנוסף מצוין, כפי שאצטט בהמשך, **כי האדמה נכבשה בכוח החרב, כי מעולם לא מדדו את האדמה, וכי אין בידי השיח'ים קושאנים על הקרקעות השייכות להם לטענתם. בנוסף, ציין הכותב כי חלקים נכבדים של הקרקעות שייכים לאפנדים של עזה, באר שבע, וחברון**.[383]

במאמרם המשותף, הגיעו קדר, אמארה ויפתחאל למסקנה מוטעית לפיה:

מסקנות הסקר ברורות - חלקים גדולים של אזורי הנגב מיושבים, מעובדים ונמצאים בבעלות בדווית. בדוח מצוין שבאזורים המקיפים את באר־שבע נמצאים 2,660,000 דונם בבעלות הבדווים, ושכ־ 35% מהם מעובדים. על־פי הסקר, בצפון הנגב אחוזי העיבוד עולים על 50%.[384]

זאת למרות שנאמר בדו״ח המקורי מספר פעמים כי **השייח׳ים הם שמסרו את הנתונים, וכי אין בידי השבטים, כולל התיאהא, כפי שיצוטט להלן, כל תעודות בעלות ממשלתיות.**

בסוף הדו״ח מופיעות הערות של הכותב (או הכותבים) מה-17 באוגוסט 1920 המערער על הנתונים המובאים בו לגבי מטה התיאהא ומטות אחרים:

<u>הערות למחוז באר-שבע</u>

<u>חסרונות:</u>

א) משפחות בעלות אדמה ומחוסרות אדמה.

ב) השטחים השיכים לאפנדים - בקרוב.

ג) לא ברור, אם כלולים השטחים השיכים לאפנדים בשטח הכולל של השבט או של בית-האב, או שהם מחוצה להם.

<u>אי-דיוקים:</u>

...

<u>ב) שבט תיאהא:</u> השטח הרשום - 640,000 חבל, ולפי החשבון - 621,000 [חבל. התוספת במקור. ר.ק.]

אחוז האדמה המעובדת הרשום - 40%, ולפי החשבון 28%.

(ואם לפי 640,000 –29%).

...

[בכתב יד] *חוץ מזה כתוב כי, 38000 חבל הם 60000 דונם. גם זה אינו מתאים לערך של 1 ¾ בדונם.*[385]

מבדיקה שערכתי מסתבר כי דו״ח לוי יצחק שניאורסון הנו חלק מהדו״ח בעברית של חברת הכשרת היישוב בארכיון הציוני.[386]

באשר לבעלות המטות בכלל ומטה התיאהא בפרט על קרקעות, מצוין במסמך כי הנתונים מסתמכים על מה שנמסר על ידי השיח׳ים בעצמם, וכי קיים חוסר מיסמכי בעלות ממשלתיים.

להלן לדוגמא קטעים מן הדו״ח המתייחסים לשבט הטיאהא:

<u>חבל הארץ של שבט הטיאהא</u>.

אדמת שבט הטיאהא נמצאת בצפון הדרך עזה - באר שבע, על הגבול הצפוני של אדמת שבט הטרבין.

שטח.

חבל הארץ של שבט הטיאהא משתרע על שטח של 640000 חבלים בערך [כלומר כביכול לפי המכפיל שנמסר שם, 1,120,000 דונם, ובהם שטחים גדולים שלא ניתנים לעיבוד המגיעים עד לים המלח. ר.ק.].

הערה: המספרים האלה נמסרו ע"י השיכים. מעולם לא מדדו את האדמה הזאת. חבל אדמה מגיע לאחד ושלושה רבעי דונם.

....

תולדות המתנחלים וההתנחלות.

... החלק הכי גדול של אדמתם כבשו הם בכח החרב במשך מאות אחדות של שנים.

[בהמשך תיאור מלחמות ונקמות דם ומאבקים על קרקע כולל עם כפריי דהריה ויאטה. ר.ק.].

...

תעודות קנין.

אין בידי שבט הטיאהא דוקומנטים של הממשלה המראות כי השטח היה שיך להם. הדבר היחידי שיש בידם הוא החיגה (דוקומנט חתום בידי השיכים הגדולים של השבטים השכנים העוברים בירושה מאב לבן).[387]

בדו"ח חברת הכשרת היישוב משנת 1920 הנכלל בארכיון-משנה של חברת הכשרת היישוב שמצוי בארכיון הציוני המרכזי, ובקטעים ממנו שהובאו **בדו"ח שניאורסון**, בהם אדון להלן, מוקדש קטע ל"טיאהא" [תיאהא. ר.ק.] כפי שנראה להלן. דו"ח חברת הכשרת היישוב מתייחס לכך שאדמות באחזקת שבט הטיאהא [מטה תיאהא. ר.ק.] נכבשו בכוח החרב וכן ל"אפנדים בעלי אדמה" בשטח של הטיאהא.[388]

כמו כן, להלן פיסקה חשובה ביותר בחלק האנגלי של הדו"ח בקשר לחוסר מסמכי בעלות ממשלתיים במטה התיאהא ובמטות אחרים.

> *OWNERSHIP DOCUMENTS. The TAYAHA have no Government documents showing that this area belongs to them. The only document they do possess is a KHIDJEH (a document signed by the old Sheikhs of the neighbour tribes passed in inheritance from father to son).*[389]

בהמשך הדו״ח אנו מוצאים מידע מעניין בעניין אדמות רבות בשטחי המחיה של השבטים שנרכשו, לפי מקור זה, על ידי אפנדים עירוניים:

__האפנדים של עזה, באר שבע וחברון.__
בכל אדמת השבט הזה שיכת אדמה רבה לאפנדים של עזה, באר שבע וחברון. כמעט כל השטחים הכי פוריים נפלו בידי האפנדים. או שהשיגו את האדמה הזאת בסכומים קטנים מאד של כסף, ע״ז שלוו כסף לשיכים בשנות בצורת, או שלקחון בכח. היו להם הרבה הזדמנויות לאמצעי האחרון בימי התורכים. בעת שפרצה מריבה בין שבט לשבט אז היה על השבט האחד לפנות לעזרת האפנדי שכחו היה חזק מאד אז. האפנדי התערב בזה ובאופן כזה הוא רכש לו אדמה רבה... [בהמשך מופיע פירוט של ״רשימת האפנדים״ ומהיכן הם [28 מעזה, 4 מחברון, 1 מהכפר דורא. ר.ק.].[390]

אריק מילס, מיפקד מנדטורי (1931)

אריק מילס, עורך המיפקד המנדטורי של שנת 1931, התייחס למושג המואת ולנגב בהקשר זה. הוא קובע קודם כל שבתת-מחוז באר שבע אין כלל כפרים, או יישובי קבע, וכן שרוב הקרקע בתת-מחוז זה יכולה להיות מתוארת כמואת. באשר למצב היישובים, הרי שבכל הקשור לתת-מחוז באר שבע מצוין במיפקד 1931 באופן חד משמעי כי לא נמצא בו אף כפר:

Beersheba sub-district must, of course, be excluded as having no villages ... The Beersheba sub-district must be largely, Mewat in character ...

Mewat land is waste land which is not held by title deed and which has not been assigned for public purposes of a village. In tradition, it is land lying outside the territorial confines of a village and these confines were determined as being the limits beyond which a man shouting from the residential site cannot be heard. These limits in virtue of judicial decision are now taken to be about 2.5 kilometers. It follows that unless there were great variations in the distances between villages, territorial limits of villages would form a complete or overlapping mosaic and there would be no Mewat land.[391]

מתוך מיפקד 1931 עולה כי מעבר לירידה החדה בהיקף האוכלוסיה בנגב, זוהי אוכלוסייה נוודית. בתת-מחוז באר-שבע אין בכלל כפרים, ורובו הנו בעל אופי של מואת.[392] אמנם עולה מתוך המיפקד כי מספר בעלי הקרקעות בנגב הם 7,869 אולם מעט קרקעות רשומות אכן בספרי האחוזה על שם בעלים ספציפיים ולכן הקרקע באזור זה נחשבת מסוג "מוואת".[393]

מילס מוסיף כי מספרם של בעלי קרקע מרויחים (מפרנסים) הנו 7,869 וזה של האריסים 2,508. יש להסיק כי בעלי הקרקע נוטים לעבד את אדמתם ישירות. בעל קרקע בבאר שבע הנו בעל קרקע ב-רשות לא מפורשת (הסכמה סבילה – Sufference), מאחר ומעט מאוד מהקרקע בתת המחוז רשומה במשרדי רישום הקרקע הממשלתיים על שם בעלים ספציפיים, ולכן הקרקע באזור זה נחשבת מסוג "מוואת". באופן קפדני רוב הקרקע יכולה להיות מתוארת כמואת, מאחר ולא הוקצתה או הוסדרה ע"י שטר מכר:

In a strict sense most of the land may be described as mewat not having been assigned or disposed by deed. Nevertheless the "privileges" of the nomads have been confirmed from time to time, and it is, undoubtedly, part of the "customary" law, to recognize the nomadic traditional cultivation in this area as a normal assignment. It may be anticipated that, with the advance of good government in the empty territory, these lands will be brought under formal rules of disposition and that the opening of new cultivation will be controlled.[394]

מילס קובע כי למעשה רוב הקרקע הייתה מואת. הוא מציין כי היו עיבודים מסורתיים של הנוודים, שהתקיימו על פי הנוהג, אולם לא הוכרו ונשלטו פורמלית עד לשנת 1931.

בלשון עורכי המיפקד (בתרגום מילולי לעברית) ב- 1931 בכל הנוגע להתיישבות ומואת:

המרחק הממוצע בין כפרים בפלשתיין הוא כ- 4 - 5 ק"מ. (1) אולם המרחק הממשי משתנה מאוד. אם לא היו הדברים כך, לא היו אדמות מואת (Mewat) בפלשתיין. אדמת מואת היא אדמת שממה (Waste) שאינה מוחזקת על ידי שטר בעלות ושלא הוקצתה למטרות ציבור של כפר. במסורת, זוהי קרקע המצויה מחוץ לתחומים הטריטוריאלים של כפר ותחומים אלו נקבעו כגבולות מעבר לתחום שאדם צועק מאתר המגורים יכול להישמע. (2) גבולות אלו, בתוקף של החלטה משפטית נחשבים כיום להיות כ- 2.5 קילומטרים. יוצא מזה שאלמלא היו וריאציות גדולות במרחקים בין כפרים, היו הגבולות הטריטוריאלים של הכפרים יוצרים מוזאיקה של חפיפה שלמה ולא תהיה כל אדמת מואת. (3)

ובאנגלית במקור:

The mean distance between villages in Palestine is about 4-5 kilometers, (1) but the actual distances vary considerably. If this were not so there could be no Mewat land in Palestine. Mewat land is waste land which is not held by title deed and which has not been assigned for public purposes of a village. In tradition, it is land lying outside the territorial confines of a village and these confines were determined as being the limits beyond which a man shouting from the residential site cannot be heard. (2) These limits in virtue of judicial decision are now taken to be about 2.5 kilometers. It follows that unless there were great variations in the distances between villages, territorial limits of villages would form a complete or overlapping mosaic and there would be no Mewat land. (3)

(1) Beersheba sub-district must, of course, be excluded as having no villages……

(2) It is not yet known how much Mewat land there is, but the amount of land in respect of which no account is given in the table of agricultural statistics, paragraph 19, approaches 5,000 square kilometers [5 million dunams, R.K.], *and there must be*

virtual identity between Mewat land and land of which no account is given in the subjective declarations of the peasants.[395]

עארף אל עארף (1933 – 1934)

חיזוק לנושא התפיסה הפרטיזנית של הקרקע על ידי הבדואים בנגב מצויה אצל ההיסטוריון הערבי **עארף אל עארף**. אל עארף שכיהן כמושל נפת באר שבע בממשלת המנדט בשנים 1928 – 1939, חקר וכתב רבות בשני ספרים שהוזכרו לעיל שכתב על אוכלוסיית הבדואים בנגב בתקופת כהונתו באזור. ספרו הראשון *אל-קצ'אא' בין אל-בדו* (המשפט בקרב הבדואים) התפרסם בערבית בשנת 1933 (וראה אור בעברית בשם שבטי הבדואים במחוז באר-שבע בשנת 1935). שנה לאחר מכן, ב-1934, ראה אור בערבית ספרו השני *תאריח' ביר אלסבע וקבאא'להא* (שתורגם גם הוא וראה אור בעברית בשנת 1937 בשם תולדות באר-שבע ושבטיה), שני הספרים של אל עארף תורגמו לעברית על ידי מנחם קפליוק.[396]

תיאורו של עארף אל עארף ביחס לתפיסת הקרקע על ידי הבדואים, מופיעה בספרו שנכתב על שבטי הבדואים במחוז באר-שבע (משנת 1933 שתורגם ב-1935 לעברית) כדלקמן:

תקופות ארוכות עברו על הבדואים מבלי שיתעניינו בקרקעות אפילו כלשהו. ולא עוד אלא שהיו בזים לכל מי שקשר לו עם עבודת אדמה כי ראו בה הפרעה והסח דעת לחיי הנדודים ומסעות השוד ("גזו"). יתכן, שבזה יש למצוא את יסוד שנאתם לפלאח ולאורח חייו. אולם כיום [1933 בספר המקורי בערבית. ר.ק.] השתנה המצב והבדואים התחילו נוטים לחקלאות. ככל אשר תרחיק לנסוע צפונה במחוז באר-שבע, כן תרבה לראות קרקעות מעובדים [כך במקור. ר.ק.]. בראשית התקופה שבה צצה הנטייה בקרב הבדווים לרכישת קרקעות, היו ת ו פ ס י ם [כך במקור. ר.ק.] קרקעות לעצמם. קרקעות אלה לא היו מבקשים מאת הממשלה וגם לא היו קונים אותם מבעליהם, אלא כל חזק ואלים יכול היה לתפוס לעצמו קרקעות - אחת היא, אם שיך הוא או בן דלת העם. תופסים כיצד? יוצא בדווי לשטח קרקע שנשא חן בעיניו, ומראה לנוכחים את השטח ש"משך" לרשותו ואומר: זוהי אדמתי.

בדואי שתפס קרקע לעצמו או לשבטו לא היה מתעניין כלל ברישום הקרקעות הללו - אף-עלפי שכבר נמצא בזמן ההוא מוסד ממשלתי לרשום קניין קרקעות. לועג היה למי שאמר לו, כי ה"פתקה" שנתנת ע"י פקיד

ממשלתי פלוני אלמוני עדיפה וחזקה מחרבו שלו... עד היום הזה אתה מוצא את הבדווים מתנגדים לרשום קרקעותיהם במשרדי ה"טאבו". ואכן, ***לא תמצא במחוז באר שבע קרקעות רשומים*** [הדגשה שלי. ר.ק.], *מלבד הקרקעות שהם נכסי מועצת-העיריה בבאר-שבע וכמה חלקות אחרות.*[397]

לאחר שהבדואי תופס לעצמו שטח קרקע, הריהו מותר במקח-וממכר.[398] *אין הבדואים יודעים על שיתוף בקרקע ("משאע"), אלא כל בדואי מכיר את חלקתו.*[399]

היחידה בנדידת קרקעות היא ה"מענית" - ארבעים צעד לאורך ולרוחב, וה"חבל". מידה אחרונה זו, גדלה משתנה אצל כל שבט ושבט, אולם קבוע אצל בני השבט האחד. כדי לתחום תחומי אדמתו מאדמת חברו זורע הבדואי "בצולה", צמח ממשפחת הבצלים. בדואי המסיג את גבול שכנו, בעקירת הבצולות המציינות את הגבולים, או השואף בדרכים אחרות להרחיב את נחלתו על חשבון אדמת שכנו, הריהו נקנס קנס גדול. מסיג גבול שלא שילם את הקנס לנפגע, רשאי זה לתבעו לדין בפני שופטי הקרקעות ("אהל אלדיאר") של השבטים. על שופטים אלה לישב את הסכסוך בין בעלי-הדין או למסרם אל גדולי השבט והבקיאים בגבולות הקרקע. גדולים ובקיאים אלה נקבעים על-ידי "אהל אלדיאר".[400]

אל עארף מוסר בספרו כי בדואי שתפס קרקע לעצמו או לשבטו לא היה מתעניין כלל ברישום הקרקעות הללו – אף על פי שכבר נמצא בזמן ההוא מוסד ממשלתי לרישום קניין-קרקעות עד היום הזה [1933 השנה שבה יצא לאור הספר בערבית] אתה מוצא את הבדואים מתנגדים לרישום קרקעותיהם במשרדי ה'טאבו'.

מאידך גיסא, מזכיר אל עארף מכירת קרקעות בין בדואים, אך זו נעשית כלאחר יד ובלא כל שימת לב לערך הקרקע או לגדלה המדוייק. הוא נותן דוגמאות לכך שעד לפני זמן לא רחוק היו מוכרים שטחי קרקע נרחבים במחיר עז או גמל או מטען שעורים אחד.[401] במקום אחר בספרו, הוא סותר את המידע ביחס לבעלות הבדוים על קרקעות בציינו כי חלקן הגדול של קרקעות הבדואים נמכר [עד שנת 1933] לפלחים ולאפנדים מתושבי הערים והישובים הסמוכים.[402]

בכתב יד מאוחר יותר של עארף אל עארף משנת 1974, מוזכר מכתב בקשה לעזרה שקיבל אל עארף **מג'ון ברנקאסל**, מי שהיה פקיד במחלקת הקרקעות של ממשלת המנדט בפלסטינה, ובהמשך מזכיר ועדת הפיוס הבין לאומית (ועדה שהורכבה תחת חסות הליגה הערבית). ועדה זו הכינה בשנות החמישים של המאה

ה-20 רשימה של הנכסים הערביים שממוקמים במחוזות שכבשה ישראל מפלסטיין, למעט הקרקעות והנכסים שנמצאים במחוז באר שבע. ברנקאסל ציין כי:

> את מה שאנחנו יודעים על באר שבע מסתכם בכך שהקרקעות שניתנות לזריעה ושבהן התקיימה חקלאות לאורך הימים, הם לא יותר מ-2 מיליון דונם מבין קרקעות המחוז שמוערך ב-12,000,567 דונם. ומה שרשום ברשומות הטאבו מתוך ה-2 מיליון הללו ושבפועל כן יועד לחקלאות, **הרי אלו אינו עולה על 200 אלף דונם**. [הדגשה שלי. ר.ק.].[403]

הוילג׳ סטטיסטיקס המנדטורי (1945) וסמי הדאוי (1970)

לפי נתוני **הוילג׳ סטטיסטיקס** המנדטורי משנת 1945 היה שטח הנגב כולו כשנים עשר וחצי מליון דונם. מתוכם נרשמו בתת-מחוז באר שבע לפי ברנקאסל (ראו להלן נתונים נוספים מתוכו) רק כ-200 אלף דונם בטאבו [ויש לציין שהרישום כולל גם כ-125,000 דונם אדמות יהודים שנרכשו בנגב ונרשמו בטבו בתקופת המנדט. ר.ק.].[404]

גם סאמי הדאוי שניתח את הוילג׳ סטטיסטיקס משנת 1945 הדגיש כי רובו של השטח של תת-מחוז באר שבע הינו ללא הסדרת בעלות רשמית. הוא כותב כי:

> Included in this total is an area of 10,573,110 dunams which appear in the Village Statistics 1945' in respect of the Beersheba sub-district under the column Uncultivable Land without ownership being assigned to either the Bedouin tribes inhabiting the region or as state domain since title thereto had not been settled.[405]

ממחקרם של **סת׳ פרנזמן ורות קרק** על התיישבות בדואים בארץ ישראל בשלהי התקופה העותמאנית ובתקופת המנדט הבריטי עולה כי עיקר האוכלוסייה בנגב הייתה נוודית. הם השוו אף בין המדיניות הקרקעית והיישובית המנדטורית הפעילה בעמק בית שאן, לעומת מדיניות הפוכה של הזנחה בנגב:

> Events transpired differently in the Negev. The Beersheba sub-district was unique in Palestine. Many Mandatory ordinances and policies were not extended to it, including land settlement, which

would have included the survey of individual parcels and demarcation of state lands.

The district's main population was composed of nomadic Bedouin tribes...

Mandatory policy reflected both its own organic decisions and outside pressures that forced it to act. In Baysan the policy was robust and it was coupled with outside pressures. In the Negev it was the opposite: there were few outsiders and the policy was one of abandonment of the area.[406]

מאמר נוסף של קרק ופרנזמן התמקד יותר לעומק בנושא של המדיניות הקרקעית בנגב.[407] בניגוד למדיניות היישובית והקרקעית הפעילה של העות'מאנים בשלבי שלטונם בנגב, הפגינו הבריטים לפי מימצאי מחקרם של קרק ופרנזמן (המבוסס על מיגוון רחב של מקורות ארכיוניים ראשוניים בני התקופה), מדיניות שונה לגבי הנגב שהיה מאוכלס ברובו באוכלוסייה נוודית, מאשר כלל הארץ. במשך 30 שנות המנדט, הבריטים לא הפעילו בנגב את המנגנון של הסדר קרקעות וחתירה להתיישבות קבע, והתוצאה הייתה הזנחה.

רות קרק וסת' פרנזמן מביאים מספר התייחסויות לנושא המעמד המשפטי של הקרקע כמואת. כך למשל, בהתבסס על מקורות בני הזמן מארכיון מדינת ישראל, ומקורות נוספים כגון גודבי, עארף אל עארף, מילס, קרסל, גביש, ולוין-קרק-גלילי, המצוטטים במאמר. לפי סיכום המקורות השונים, אדמות הנגב נחשבו כאדמות מואת השייכות למדינה מאז חוק הקרקעות העות'מאני ב-1858, וגם לאחר פרסום פקודת המואת בשנת 1921. להלן מספר ציטוטים רלבנטיים בנושא מתוך מאמרם של קרק ופרנזמן:

The 1858 land law defined the lands in Bedouin areas of the Negev as Mewat, a form of state land legally defined as being outside of inhabited areas and uncultivated or 'dead'.[408]

There proceeded some discussion over whether the land should be considered Mewat or Metruka, with the district officer noting that in 1922 sheikhs of the Tayaha tribe had been informed that they had no right to plough up lands previously uncultivated. This was in line with the 1921 Mewat Ordinance which sought to protect the government's interest in such land.[409]

The first Ordinance set out policies for protecting forests and state land and the second Ordinance laid out committees 'for demarcating State land of mewat, mahlul and other categories' but was never fully carried out in the Beersheba sub-district. High hopes for bringing land settlement to the Beersheba sub-district were also not fulfilled.[410]

הדבר עולה גם מעמדת הממשל המנדטורי, ממקרה המתואר על ידי קרק ופרנזמן ביחס לרכישת קרקע על ידי עלי אל פאר וחאג' מוסטפה אפנדי שורבאשי:

In 1926 Ali el Far and Haj Mustafa Eff. Shurbasi (a local official) applied to purchase the land. In the land case Saliba Costandi represented the government's view that it was mahlul (due to it being in the Wadi although the government admitted also that 'the land is really Mewat but was called Mahlul').[411]

קרק ופרנזמן סיכמו כי האדמיניסטרציה הבריטית הכירה בכך שרוב הקרקע בנגב הייתה אדמת מדינה, והבריטים לא ראו לנכון לסוקרה, למפותה, או לנהלה.[412]

הם התייחסו במיוחד למפה החשובה "מפת האוהלים", שנמצאה בארכיון מדינת ישראל, המראה את כל מאהלי הבדואים בנגב ואשר שורטטה על פי מיפקד 1946 ותצלומי אויר שצולמו בנגב בין ינואר ליוני 1945 (ראו להלן חלק ממפה זו). מפה זו מראה כי הרוב הגדול של הבדואים בנגב חי באותם ימים באוהלים.[413]

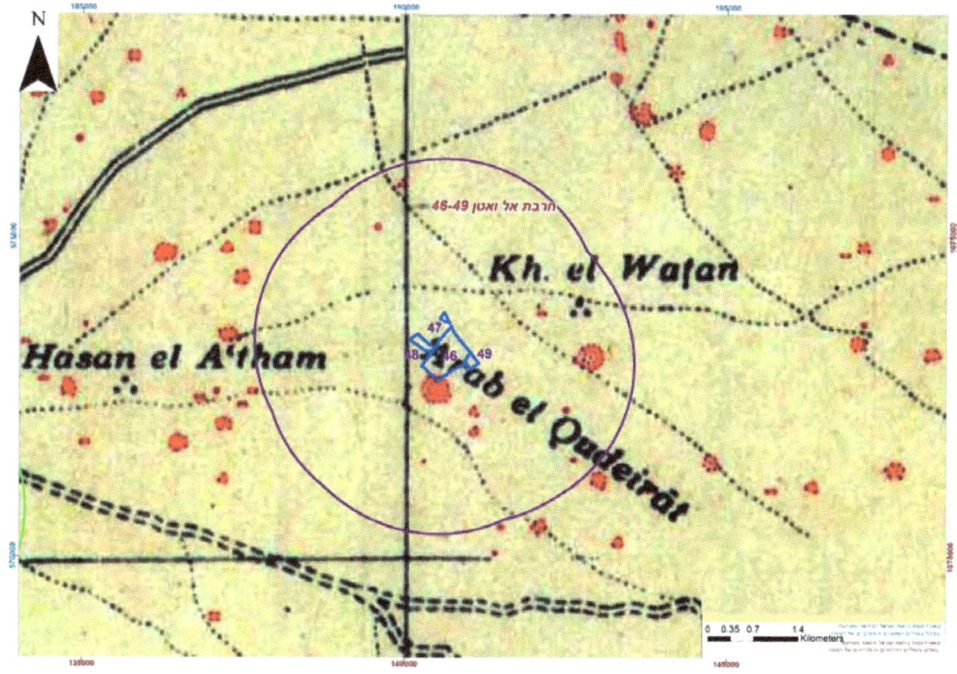

מפה 27. קטע מוגדל ממפת תפרושת האוהלים בנגב (אזור ח'ירבת אל וטן ושבט קדייראת מערבית לבאר שבע) בסוף תקופת המנדט, 1946 – 1947

(כל אוהל מוצג כנקודה אדומה, וכך גם מיקבץ של אוהלים בנקודות אדומות. ר.ק.)

מקור: Palestine, Distribution of the Nomad Population in: Beer Sheva Sub-District, 1: 250,000, Survey of Palestine, 1946-1947.

לגבי אי הרישום של אדמות השבטים במשרדי הטאבו בבאר שבע בתקופת המנדט, מצאו קרק ופרנזמן כי הדבר נבע מחוסר יוזמה של השייח'ים ושל הממשל המנדטורי, וכן מהיות קרקעות אלה שייכות לקטגוריה של מואת. נמצא גם כי הפקידים שמונו לעבודת הרישום בטאבו היו כמעט מחוסרי עבודה, ועל כן נסגר המשרד בבאר שבע והטיפול בנושאי טאבו בבאר שבע הועבר למשרד של עזה. הפקיד מעזה היה מגיע לבאר שבע רק פעם בשבועיים כפי שניתן להסיק מהתעודה משנת 1932 המובאת במאמר של קרק ופרנזמן:

The curious case of the Mandatory organs in the Beersheba district, the failure to adequately register tribal lands or encourage the sheikhs to do so and the lack of initiative seem to point to local personalities being to blame for the disfunction of the sub-district. Since much of the land was mewat and with the lack of land settlement there was also little for the registry officials to do.[414]

יעקב טהון (1933)

ממכתב של **יעקב טהון** שהיה מנהל "חברת הכשרת הישוב" ניתן ללמוד על זמינות קרקע במחירים נמוכים לרכישה על-ידי יהודים למרות הקשיים. טהון העריך בשנת 1933 כי ניתן לרכוש שטח של שני מיליון דונם ברצועה בין באר-שבע ועזה בצפון, וחוף הים עד לגבול המצרי במערב. הוא מתייחס גם לשתי הצעות קונקרטיות יותר: 18,000 דונם בבאר-שבע ובואדי באר-שבע, ושטח בן 400 – 500 אלף דונם שגבולותיו הם – קו חלצה [חלוצה] באר-שבע ו- 25 ק"מ דרומה מזרחה ממנה, וקו חלצה – עסלוג'.[415]

קרקעות מדינה (1934)

מתוך מספר רשימות בתכתובת מנדטורית בארכיון מדינת ישראל אנו יכולים ללמוד על שטחים ספציפיים של אדמות מדינה שהיו בתחום השיפוט של בתי-הדין לקרקעות בירושלים וביפו באותה שנה. אחד המיסמכים מפרט את רשימת הקרקעות שבתביעה ושטחן, הממוקמות בתחום השיפוט של בית הדין לקרקעות בירושלים כוללת את אדמות תל ערד בסך 42,361 דונם [לא צוין אם דונם מטרי או דונם תורכי. ר.ק.]. ברשימה זו צוינו גם אדמות בקרית אל-ענב – 230 ד' ובדיר א-שיח' ובית עיתאב 4,353 ד' וכן בעלאר- בית לחם 268 ד' ועוד.[416]

במיסמך נוסף מופיעה רשימת הקרקעות שבתביעה ושטחן, הממוקמות בתחום השיפוט של בית הדין לקרקעות ביפו והכוללת את אדמות עזה (לפעמים פירוט מספר ה- DEED והתאריך (מחרם, שעבאן, שואל 300 – 306 להג'רה = 1882 - 1888):[417]

אדמות עזה

ג'ולדיה	*4,143*
מח'רקה כביר וח'רבת מוח'רקה	*4,580*
כובהה	*9,210*
זיתא - נפת חברון ויש לפי אחת התעודות ליד מוח'רקה 10,000 ??	
מוח'רקה אל-רסם	*100*
ג'ולדיה - עזה	*4,214*
טנפקה - עזה	*8,279*
רפה	*23,875*
מח'בר אל בג'ל - באר-שבע	*1,314*
עוג'ה חפיר	*657*
ח'אן קיסאס ??	*47*
עזה	*47*
באר-שבע מדרום לים המלח	*64,199*

דו"ח נוסף של חברת הכשרת היישוב (אוקטובר 1934)

ב-27 באוקטובר 1934 נכתב דו"ח חשוב ומפורט על אדמות הנגב ל"חברת הכשרת היישוב", כנראה על-ידי אחד מן האנשים המרכזיים בחברה, אולי יהושע חנקין בעצמו. לפי דו"ח זה:

1. *רוב השטחים עליהם מומלץ להתקשר הם באזור של "בעלות מחולקת", ואין שטחי משאע רחבים* [הכוונה שטחים באחזקה משותפת ולא בבעלות פרטית. ר.ק.] *השייכים לשבטים שלמים שאפשר לרכשם על-ידי סידור חד פעמי. הבעלות זעירה ומפוצלת לחלקות קטנות.*

2. ***אין רישום חוקי בכל קרקעות הנגב**, ואלו המחזיקים בקרקע באופן מעשי נתקלים בקשיים משפטיים גדולים בבואם לרשום את הקרקע, היות וזכות החזקה על קרקעות, שהיא הבסיס היחיד לדרישתם בזמן*

הרישום, עברה אליהם בירושה מדורות קודמים. נחוץ להתגבר ולעבור את כל הפרוצדורה הקשה של חוק הירושה ולספק את כל היורשים.

3. *רישום קרקעות באזור הנגב לפי הפרוצדורה הרגילה הנהוגה במשרדי ספרי האחוזה, הדורשת לבסס כל רישום חדש על מפה מדוייקת, גורם אף הוא לקשיים רבים. דרוש מנגנון ענקי והוצאות חסרות כל פרופורציה לערך הקרקע.*[418]

טוביה אשכנזי (1933 – 1960)

דברים דומים ברוחם ואף יותר מכך מופיעים בפירסום מאותו זמן כמו זה של אל עארף ובפרסומים נוספים של האתנוגרף ד״ר **טוביה אשכנזי**. יתכן כי הוא התבסס על ספריו של אל עארף בנושא זה. במאמרו משנת 1936 הוא כותב:

> *היו ימים והבדווים היו מבזים כל אדם, שיש לו שייכות לאדמה, כי ראו את האיש הקשור באדמה ככבד תנועה, שאינו בן חורין לנדוד ולשדוד. עכשיו נשתנו הזמנים. אכן בראשית התקופה, כשהתחילו הבדווים להראות נטייתם לקרקע, היו עולים על שטח אדמה, חונים עליו, עובדים ומסייגים אותו ומודיעים: ״זוהי אדמתנו״. הרבה מלחמות ותגרות דמים בנגב וביתר חלקי הארץ פרצו בין בני השבטים בגלל דרך זו של רכישת קרקע. הבדואי היה לועג לאומרים לו ש״הורקה״ (גליון נייר - תעודת הרישום), הניתנת מצד פקיד הרישום, יפה מחרבו.*[419]

הוא מצטט את המושל הבריטי ז׳ארויס: *״הבדוים מחזיקים אתם בארנקי עור קטנים את התעודות המוכיחות את בעלותם על הקרקע. תעודות אלו כמעט שאינן ניתנות לקריאה ומכוסות הן לכלוך, ותאור גבולות החלקות מבולבל ומעורפל עד להצחיק״.*[420]

בהתייחסו לערב את-תראבין כתב אשכנזי כי: *״שטח אדמות ערב את-תראבין כוללות 455.000 חבלים בערך (פרטים משנת 1937). בדונאמים יש לחשוב 796.225 בערך. מספרים אלה נקבעו על-ידי השיכים של השבט (1937).״* במקום נוסף בהתבסס על מה שכתב בשנת 1937, (לפיו חבל אדמה = דונם ושלושה רבעים). הוא מפרט כי השבט השיג שטחי אדמה רחבי-ידים בעקבות מלחמותיו. הוא מציין שלוש מהן: מלחמת ״דבחאת אל-קוהלה״ שפרצה באמצע

המאה ה-19 בערך בינם לבין ערב את-תיהא; ומלחמה נוספת שנלחמו ביחד עם ערב את-תיהא נגד שבט ערב אל-ג'באראת החונה בקרבתם ונגד פלחים ממחוז עזה; וכן *"מיטב אדמות השבט בתחום מגוריו הדרומי קרעו בני-השבט משכניהם במלחמתם עם ערב אל-עזאזמה. מלחמה זו נמשכה שנים רבות ופרצה בגלל שטחי-אדמות. על-ידי כיבושים בעזרת החרב כבשו להם ערב את-תראבין אחיזה על אדמות רחבות ידים. על אדמות אלה אין להם קושנים ובידי השיכים נמצאים 'חוג'אג', תעודות מימי אבות-אבותיהם חתומים על-ידי נכבדיהם".*[421]

ביחס לאדמות ערב את-תיהאה הרי שלפי אשכנזי:

> *אין בידי השבט הזה מסמכים חוקיים על אדמותיהם. בידיהם נמצא רק 'חוג'אג' - מסמך חתום בידי השיכים של השבטים העוברים בירושה מאב לבנו. מכל אדמותיהם רק ארבעים אחוז זורעים: חיטה, שעורה, דורא ואבטיחים למאכל הגמלים (פרטים אלה עד שנת 1937). אדמות השבט נמצאות בצפון הדרך עזה - באר-שבע, על הגבול הצפוני אשר לאדמות ערב את-תראבין. חבל הארץ משתרע על שטח של 640.000 חבלים בערך* [המספרים נמסרו לאשכנזי מפי השיכים הראשיים בשנת 1937; חבל אדמה = דונם ושלשת רבעים, כלומר – 1,120,000 דונם. ר.ק.]. *השטחים האלה שייכים לשבט כולו (1937). בני-עקבה, משבטי ערב את-תיהא, מסרו לו: "כל עוד אין להם אדמה קבועה, כך הם אומרים, אין הם יכולים לבנות בתים. רבים אומרים שהם רוצים בבתים וחלק מבכר אוהלים. פאוואז סאלם אל-עקבי, רוצה בבית".*[422]

ביחס לאדמות מטה העזאזמה הרי ש: *"שטח אדמות השבט משתרעות על 700.000 דונם בערך.* [המספרים הנתונים בזה הם לפי אשכנזי מפי השיכים בדצמבר 1956. ר.ק.]. *לשבט אין תעודות בעלות חוקיים על אדמותיהם. בכל יתר שבטי הנגב נמצא בידי השיכים "חוג'אג'" עבור חלק קטן מאדמותיהם".*[423]

לערב אל-ג'באראת: *"לא היו בידי המטה מסמכים חוקיים על אדמותיו. בידו נמצאו רק "חוג'אג'" לאחר שאדמות המטה גובלות עם אדמות הכפרים והיתה אדמה פוריה מאד כבשו להם האפנדים בשנים האחרונות שטחי קרקע גדולים ביניהם".*[424]

הועדה המלכותית הבריטית (1938)

בתזכיר של הועדה המלכותית של ממשלת המנדט שפורסם בשנת 1938 לערך בנושא ״אדמות מדינה בפלשתינה״ מובא נספח המפרט את שטח הנכסים הגדולים יותר על-פי מחוזות ונפות. מתוך סך כל של 1,263,497 דונם מטרי מפורטים כדלהלן:

במחוז באר-שבע זכיון דרומי של חברת האשלג הא״י 64,199 ועוג׳ה חפיר 657 דונם.

במחוז עזה תחנה חקלאית במג׳דל 600 דונם, דיונות חול 69,000 דונם, דיונות חול של ח׳אן יונס 7,969 דונם, ודיונות חול [נוספות] 129,883 דונם.[425]

ממשלת המנדט (1943)

ניתוח של אדמות מדינה שנעשה בשנת 1943 מופיעים נתונים כלליים על אדמות מדינה שהוסדרו (615,961 דונם ובתוכם חולות רפיח ודיונות חול באזור עזה) ושלא הוסדרו (926,719 דונם) ובסך הכל 1,542,680 דונם.[426]

עשהאל צוקרמן בהתייחסות לרכישות יהודיות בתקופת המנדט

לפי ראיון שערכה רות קרק בשנת 1967, עם **עשהאל צוקרמן** מגדרה שסייע ברכישת קרקעות בנגב ביחד עם אחיו יואב צוקרמן, היהודים שהתחילו ברכישה בנגב לראשונה היו משפחות ספרדיות שגרו בעזה. הן רכשו חלקות ע״י הלוואת כסף לבדואים לפני מלה״ע הראשונה. הבדואים המשיכו לעבד ונתנו להם את היבולים כאריסים – קרקעות בסביבות עזה ח׳אן יונס ועוד. מאוחר יותר היו יהודים מחו״ל שרכשו חלקות של כ-1,000 דונם כל אחד. האדמה נותרה בידי הערבים והם קיבלו דמי חכירה.

באדמות הנגב בתקופה התורכית לא היה רישום חוץ מאשר מעט בסביבות ח׳אן יונס. השטחים באזור ח׳אן יונס היו שייכים לשבטים הבדואים והשטח היה מחולק בין אנשי השבט. הם היו זורעים שעורה ובאזורים קרובים לח׳אן יונס גידלו אבטיחים. היו מודדים את הקרקעות לפי המקל בו רעו את השורים כ-2 מ׳, ובגבולות שתלו שיחים, בצלי פרא, וכך סומנו גבולות החלקות. הבעלות שלהם הוכרה ע״י השלטונות על ידי כך ששלמו מסים – קיבלו תעודות ממשרד הרישום בבאר-שבע, ח׳אן יונס. במכירה היו עושים חוזה, והבעל החדש שלם את

המסים וכך הפך לבעל הקרקעות. במלה"ע הראשונה השטחים נשמרו בידי הערבים והבעלות בוטלה.[427]

הקרקעות בנגב בתקופת ראשית מדינת ישראל

ניתוח על-פי מקורות ארכיוניים ראשוניים

בעקבות המלחמה, מאות אלפי פליטים ערבים נותרו במדינות ערב, כשהם מותירים את רכושם בישראל. יוסף ויץ, איש הקרן הקימת לישראל, יזם את הקמת **הועדה לענייני פליטים 1949** שתדון ותמליץ לממשלה בנושא הפליטים ורכושם. הצטרפו לויץ זלמן ליף, מומחה לנושא קרקעות, ששימש כיועץ לענייני קרקעות במשרד ראש הממשלה ועזרא דנין, ששימש יועץ לענייני ערבים במשרד החוץ. הועדה הגישה לבן-גוריון מספר דוחות שעסקו ביישוב פליטים במדינות ערב, בהסדרת המעמד המשפטי של הנפקדים ובהקמת רשות פיתוח. לצד דיוניה הכלליים, קיימה הוועדה בספטמבר ובאוקטובר 1949 שלוש ישיבות בנושא הבדואים בנגב במטרה לגבש מדיניות ביחס אליהם. הדיון הראשון בבדואים, התקיים ביום 1.9.1949.[428]

בישיבה נוספת של הועדה לענייני פליטים של מדינת ישראל מיום 19.9.1949, אישרה הועדה את הנוסח שהוצע לבקשה לקבלת קרקע שיגישו הבדואים למושל הצבאי בנגב ללא ציון האפוטרופוס לנכסי נפקדים. קבלת קרקע באופן ישיר, שלא באריסות משייח' השבט, נתפסה כרפורמה קרקעית וכמהפכה סוציאלית, אשר השייח'ים לא היו מרוצים ממנה.[429]

בעקבות הישיבה, ביקש האפוטרופוס לנכסי נפקדים לקבל הבהרות. זלמן ליף, חבר הועדה ויועץ ראש ממשלת ישראל לענייני קרקעות, מי שהיה המומחה לנושא קרקעות ומיפוי מקרקעין, הכין מסמך עם עמדת הממשלה לפיה האפוטרופוס אינו מנהל את הקרקע מאחר ולבדואים לא היו זכויות בקרקעות הנגב:

הממשלה רואה בכלל את כל אדמות הנגב כאדמות המדינה שאין ולא הייתה בה לאף אחד, ובתוקף זה גם לבדואים שהתגוררו שם, זכות קניין על הקרקע...

גם ממשלת המנדט לא הכירה בחזקה זו כמקנה למחזיקים בעלות מהסוג של "מירי"...

אין שום סימוכין לדבר שהקרקעות הוענקו להם על-ידי השלטון העותומני בהתאם לחוק ולכן לא היו ואינן שייכות להם. גם אם פה ושם נוצרו עובדות של חזקה אין בכוחם לגרוע מהבעלות של הממשלה שלה ורק לה שייכות הקרקעות בחבל ארץ זה.

ליף הבהיר במסמך, כי בעוד שבקרקע אין לבדואים זכויות, הרי שהתבואה שנותרה הייתה רכוש נטוש ולפיכך את הקציר ניהל האפוטרופוס לנכסי נפקדים.[430]

ביוני 1950 ערך אריה לובובסקי ממחלקת אדמות מוברות במשרד החקלאות מסמך בנושא: ״מפקד אדמות (נטושות) המדינה הנעבדות ע״י הבדויים״. במסמך זה, אותו הגיש למנהל המחלקה לקרקעות במשרד החקלאות, הבהיר גם מושגים שונים הקשורים לקרקעות כגון ״מולק״ וכן את ההיסטוריה של מצב הבעלות. לפי לובובסקי, למרות השימוש במושג ״מילק״, הרי שאין הכוונה לקרקע פרטית רשומה. לובובסקי מדגיש כי, למרות רכישות קרקע של הקק״ל למשל בנגב, והנוהגים הקיימים שלא תאמו את החוק, הרי שאין בדואים בעלי קרקע בנגב מאחר ולא היה רישום בטאבו וקושאן של הקרקעות שבאחזקתם.[431]

לובובסקי ציין במפורש כי המדובר באדמות מדינה [מוחכרות] הנעבדות על ידי הבדואים, וכי אין הבדואים בעלי קרקע בנגב, ואין להם בעלות או קושאן. לובובסקי כתב כך בדו״ח שלו מיוני 1950:

... הקרקעות (כוונתי רק לחלק המעובד) מתחלקות לסוגים אלה:

1. *מולק על שם הזורע, כלומר האיש לו שייכת הקרקע מעבד אותה.*
2. *קרקע השייכת לאיש אשר נתן אותה לעבוד לאחרים תמורת חלק ביבול....*

<u>חוק הקרקעות:</u> אם חוק בעלות על הקרקע פירושו רשום בטבו וקושאן, הרי שאין בדויים בעלי קרקע בנגב. אולם התורכים בזמנו והבריטים אחריהם העמידו מבחינה זו את הבדווים מעל לחוק (אל בדיה פוק אל קנון) בעלות על הקרקע בימי הבריטים, פירושו היה אשור של שיך השבט ושל הגובלים באדמה זו - כי אמנם הנה שייכת לבדוי זה - הרי שאדמה זו שלו (וכל הקניות של קהק״ל נעשו בדרך זו) וזה נקרא בלשון הערבים מילק, העברת אדמה מאדם אחד למשנהו נעשתה בדרך מכירה או אפילו בדרך משכון

(רהן), אשר אז כותב בעל האדמה שטר שעבוד תמורת סכום כסף שלוה מרעהו ובתנאים מסוימים לשנים מספר או עד לתשלום הסכום וכו'.[432]

נמצא על ידי תיעוד מעניין של הממשל הצבאי בנגב מינואר 1950 בנושא תפישת המדינה ביחס לבעלות ועיבוד של הבדואים במסמך הנושא את הכותרת: "זכרון דברים והחלטות מפגישת המושל הצבאי בנגב עם ראש הממשל הצבאי ביום ג' 27.12.49":

2. ... המפקד: הנגב זהו שטח שלא היו בו זכויות לאף אחד לכן לאפוטרופוס אין חשבון להכנס לטפל בענינים אלה. כל הנגב הוא רכוש ממשלת ישראל. אנו מעוניינים לא לקיים זכויות לבדואים. הנגב הוא בעלות המדינה והממשל הצבאי בתור בא-כוח המדינה נותן לבדואים קרקעות לעבוד לעונה אחת בלבד.[433]

בהמשך בשנת 1952, כינס שר המשפטים **ועדה מצומצמת לענין ברור שאלת בעלות קרקעות הבדואים** בנגב. בוועדה היו חברים יוסף ויץ, ראש מחלקת הקרקעות של הקק"ל, בנימין פישמן, מנהל מחלקת רישום קרקעות, ויהושע פלמון, יועץ ראש הממשלה לענייני מיעוטים. השאלה שהועמדה בפני הועדה הייתה מצומצמת ונגעה "לתביעתם של הבדואים הנמצאים כחוק בישראל, לשטחים באדמות הנגב, שהם מחוץ למקום מגוריהם כיום". הועדה לא נתבקשה לדון בגורל שטחים שהיו של בדואים נפקדים, שיצאו את גבולות המדינה וכן בשטחים שהוחזקו באותה עת על ידי בדואים. חברי הועדה כתבו כי: "*אנו סבורים שאין להימנע מלהכיר בזכויות הבדואים לבעלות אותם השטחים שיוכיחו שהיו בעבודם, תקופה ארוכה (תקופת התישנות)*". יחד עם זאת בדו"ח הועדה נכתב, כי השבטים נמנעו מלרשום את קרקעותיהם וכי בתקופת הבריטים נמצאו כמעט כל האדמות בלתי רשומות.[434]

אגף מקרקעי המדינה פעל תחילה בשם "המחלקה לנכסי מדינה" ובפברואר 1952 נקבע למחלקה מעמד של אגף. בדו"ח האגף לתקופה – 1 באפריל 1951 עד 31 במרץ 1954 שהובא על ידי מנהלו עמיהוד גור, הוא מצהיר על בעלות המדינה על אדמות הנגב, ניהולן והחכרתן:

ו. הנגב.

24. הטבלאות הנזכרות לעיל של מקרקעי מדינה אינן כוללות את מקרקעי המדינה בשטחי הנגב דרומה לבאר-שבע. שטחי הנגב הם, לפי הידוע, רובם

ככולם אדמות מדינה. אך לעת עתה, עד שיערכו בירורים מפורטים, מפות ומדידות של הקרקעות האלה אין בידנו נתונים מדויקים ביחס אליהם שאפשר לציינם.

הפעולות מצד האגף בנגב היו מצומצמות, אולם אין ספק שהאגף יתבע במשך הזמן במדה גדולה והולכת לפעולה בקשר לקביעת זכויות הבעלות של המדינה על קרקעות הנגב, רישומם בשם המדינה, אתור שטחים מסוימים לצרכי המדינה וכן לשמוש ולנצול שטחים מסוימים על ידי גורמים פרטיים.

כהכנה לפעולות אלה יהיה נחוץ קודם כל להסדיר תאום פעולה בין המשרדים המטפלים בעניני הנגב וביחוד בין משרד הפתוח לבין אגף מקרקעי המדינה ולהגדיר את סמכויותיהם ותחומי פעולתם של כל אחד מהגורמים האלה. חוסר תאום והגדרת סמכויות ברורה עלולים להיות גורם מפריע רציני להנהלה יעילה של מקרקעי המדינה הנרחבים בנגב.

25. החכרת אדמות בנגב לעבוד חקלאי מבוצע במשך כל הזמן על ידי משרד החקלאות. אדמות אלה הן אדמות מדינה. אין לראות סיבה מיוחדת לנהוג באדמות אלה אחרת מאשר בשאר קרקעות המדינה. להיפך, נראה שרצוי מכמה בחינות לנהוג בהם [כך בטקסט. ר.ק.] כביתר קרקעות המדינה בארץ ולהניח את הטפול בהחכרתן לאגף מקרקעי המדינה לפי המלצות המשרד החקלאי ובהתאם לתכניות עבוד של הקרקעות האלה שיוכנו על ידו. דבר זה יחסוך בודאי בהוצאות אדמיניסטרטיביות ויאפשר לטפל בכל קרקעות המדינה בארץ לפי תכנון וסדור ארציים כוללים.[435]

ביחס להחכרות בנגב של אדמות מדינה ישנה תכתובת ביקורתית מדצמבר 1952, של יצחק שפירא ממשרד מבקר המדינה:

הנידון: המדור לאדמות מוברות במשרד החקלאות.
בקשר לביקורת שאני עורך באגף נכסי המדינה התעוררה אצלי הבעיה הבאה:
המדור לאדמות מוברות החכיר וממשיך להחכיר שטחים נרחבים בנגב. אדמות אלו ברובן אינן פרטיות ומכל הבחינות והנתונים אינן אדמות

נפקדים ואפשר לכן לראותן כאדמות מדינה. (סעיף 3 מחוק נכסי המדינה תשי"א - 1951).

לפי הסעיפים 8 ו-9 מפקודת הארכת תוקף של תקנות שעת חירום (עיבוד אדמות מוברות) (ע"ר מס. 41 מ-7.1.49 עמ' 96) צריכים בהסכמי עיבוד אדמה מוברה להופיע כצדדים: 1. שר החקלאות או מי שימונה על ידו (לפי חוק לתיקון התקנות הנ"ל, ס"ה 64 מיום 12.1.51), 2. המעביד, ו-3. שר האוצר בתור נאמן עבור בעל האדמה. עד כמה שידוע לי נעשים ההסכמים לעיבוד אדמות מוברות בניגוד לתקנות הנ"ל ע"י משרד החקלאות בלבד. זה אמור גם לגבי אדמות שהן נכסי המדינה שהחכרתן, לדעתי, צריכה להיעשות באמצעות אגף נכסי המדינה במשרד האוצר.

בקשר לפעולות מדור זה יש בידי כמה עובדות אחרות ו"מספרים מחכימים" התובעים הסבר וליבון.[436]

בתחילת יולי 1966 הגיב אל"מ אהרון חרסינה מהמטכ"ל על עצומה שהגישו הבדואים בסוף יוני 1966 לראש הממשלה. לא איתרתי את העצומה עצמה, אבל מהתגובה ניתן לראות כי עסקה בנושאים של קרקעות, התפשטות במרחב, ובנייה. חרסינה כותב בין היתר כי:

1. *באזור הנגב הצפוני נמצאים 18 שבטי בדואים עם אוכלוסיה של כ-20,000 נפש המרוכזים בשטחי הסייג ב-1, ב-2.*
2. *ששה מהשבטים יושבים באזור זה עוד מלפני קום המדינה (אל הוזייל, אל אסד ושבטי דולס), ואלה דורשים הכרת בעלות על שטחי כל השבט, כולל שטחי נפקדים הנמצאים בסיני וירדן.*
3. *באזור הנגב אין הסדר קרקעות, וברור גם שקשה יהיה לאיש להוכיח בעלות חוקית. אחזקת השטחים של השבטים שישבו בחלק המערבי והועברו לשטחי הסייג, היה על סמך חזקה, משכנתאות והסכמים פנימיים בין השיכים ...*
7. *הבדואים לא מתלהבים מכל תוכניות הרכוז וההסדר ורואים בתוכניות להכנסת סדר וחוק הצרת התפשטותם על שטחים נרחבים כפי שהתרגלו במשך השנים בנגב. 8. התקימה פגישה אצל היועץ לעניני ערבים עם השייכים חותמי מכתב זה וסוכמו:*

1. *מינהל מקרקעי ישראל יפעל בדחיפות לפעולת הסדר הקרקעות בנגב ובעקר באזור הסייג.*
2. *היועץ ומנהל מקרקעי ישראל לא הסכימו לתביעת השייכים כי הממשלה תכריז מראש שהבדואים הם בעלי הקרקעות בנגב.*
3. *הוסכם כי פעולת ההסדר תעשה מיד וכי הבעלות תקבע בהתאם לחוק.*[437]

בשנות השבעים עולה נושא הקרקעות ורישומן שנית. בישיבת **ועדת המשנה לענין קרקעות הבדואים** שהתקיימה בפברואר 1975 אמר אליהו נאוי את הדברים הבאים:

א. נאוי: צריך לחלק את הבעיה. ישנן בבאר שבע אדמות, שיהיו טוענים להן, לפי ירושה וכו'. לע"ע [כך במקור. ר.ק.] לא מימשו בדואים זכויות כאלו. לגבי שטחים חקלאיים. ראה את ההצעה שהוגשה לבדואים. חושב שממשלת ישראל נקטה בנדיבות בנושא.

ישנה הערכה שבשטח המדובר היו ב-1946 כ-70,000 בדואים. לאחר 1948 נותרו קצת יותר מ-12,000. כיום יש קרוב ל-35,000.

קשה להוכיח בעלות כי העברת מיסמכים לא היתה מוסדרת. בעיקר מדובר על שטחי נדודים ומרעה כי כמעט ולא עבדו אדמות. רוב השטח היה בבעלות ממשלות קודמות (במנדט). הממשלות בארצות ערב לא מחלקות אף הן אדמות. ולכן ההצעה של ממשלת ישראל נדיבה.

בזמנו רוכזו תביעות של הבדואים והתברר שתובעים כפול מהשטח הקיים למעשה.

את הבעיה חייבים לפתור. ככל שעובר זמן יותר אנשים נכנסים למעגל התובעים וכמו כן גדלות הצפיות לפתרון.[438]

ניתוח על-פי מקורות שניוניים

חיים הלפרין (1944)

חלק מאדמות הנגב, כפי שהוזכר לעיל היו אדמות ג'יפתליק, ולכן חשוב להתייחס לדברי הכלכלן החקלאי **חיים הלפרין**. הלפרין מביא מספר גירסאות לעניין זה. בארץ-ישראל יש לפיו למונח "ג'יפתלק" משמעות מיוחדת; בשם זה

נקראות קרקעות שבמשך שנים רבות נפלו מסיבות שונות לידי הממשלה התורכית ונעשו קניינו של השולטן. ישנה סברה שבעבר סבלו מאוד בעלי קרקעות ביישובי הספר בבקעת הירדן ובסביבות רפה מהתנפלויות הבדוים; הם השתדלו איפוא להעביר את אחוזותיהם על שם השולטן ואת אדמותיהם הפכו לאדמות הכתר כדי להבטיח את עצמם מפני המתנפלים, אשר לא יעיזו לפגוע ברכושו הפרטי של השולטן. הבעלים הקודמים נחשבו לאריסים ושילמו מלבד המעשר הנגבה ממחזיק באדמת "מירי" עוד מעשר מהיבול, וכל התשלום נקרא "חומס" (חומש).

לאחר מהפכת 1908 בתורכיה עברו האדמות האלה לאוצר המדינה. קיימת גם סברה אחרת האומרת, שהאריסים עזבו את האדמות מפחד המתנפלים והזניחו אותן ללא עיבוד. האדמות הפכו "מחלול" ונרשמו על שם השולטאן עבדול חמיד. אולם יהא עברן של האדמות האלו אשר יהיה, עובדה היא שאף הממשלה הנוכחית בא"י ממשיכה להחזיק באדמות אלו לפי אותה שיטה בשינויים מסוימים.[439]

עמנואל מרקס (1967, 1974)

לפי **עמנואל מרקס** בכל הנוגע לקרקעות הבדוים, גבולותיהן ועיבודן החקלאי:

> *השקט הביא ליותר התמסרות לחקלאות, ועלייה בערך הקרקעות, וכן לפחות הקפדה על הגבולות השבטיים. הדבר איפשר למספר משפחות עשירות מעזה, כגון אל-שאוה, בסיסו ושהיבר, אשר קיימו קשרי מסחר אמיצים עם הבדוים כבר בתקופת התורכים, לרכוש שטחי אדמה חקלאית בנגב המרכזי והמערבי. פלחים חסרי קרקע משפלת החוף מצאו גם הם את דרכם לאדמת הנגב, והתיישבו לרוב ישיבת קבע בקרב השבטים. חלק מראשי השבטים קנו שטחי קרקע נרחבים, החכירו אותם לאריסים מבני שבטם וחיו על ההכנסות מהם. שיח'ים אחדים אף בנו לעצמם בתי אבן בבאר-שבע ובעזה. השבטים שחיו מזרחית לבאר-שבע הושפעו פחות משינויים אלה, כי אדמתם הגרועה לא משכה קונים.*[440]

הבדוים עצמם מבחינים בין שלושה סוגים של רכוש: **מילכ** (רכוש קרקע), אדמה חקלאית שרק לבעליה הזכות לעבדה (מרקס מציין כי שמר על המונח מילכ במובן שמשתמשים בו בדויי הנגב)[441]. המושג המשפטי **מולכ** מורה על בעלות פרטית מלאה על

הקרקע, ואינו חל על הנגב שכל אדמותיו הן בבעלות המדינה **מירי**, מאל (הון) וחלאל (עדרי גמלים, כבשים ועזים).[442]

לפי מרקס:

*בראשית תקופת המדינה, הבעלות על הקרקע בנגב עדיין לא הייתה ברורה מבחינה משפטית. מדינת ישראל טענה לבעלות מכיוון שרשמית סווג הנגב כולו כאדמה שאינה ניתנת לעיבוד, ולפי החוק העותומני משנת 1858 שייכת אדמה מסוג זה למדינה. הבדוים טענו לבעלות על חלק מהקרקע בזכות החזקה שיש להם עליה שנים רבות, אך רק בידי מעטים יש מסמכים להוכיח זאת. (41)" [41. **בתקופת המנדט** שילמו חלק מהבדוים מס מקרקעין **(וורקו)** והקבלות הרשמיות הן ההוכחות היחידות כי יש בידם בעלות על הקרקע. הקבלות אינן מציינות את מקום הקרקע או את השטח הממשי מכיוון שהבדוים הצהירו לרוב על שטחים קטנים יותר למטרות תשלום מס].[443]*

גבריאל בר (1972)

בדיונו על שיטת המשאע בארץ-ישראל מצטט המזרחן **גבריאל בר** את הדו"ח המנדטורי של לואיס פרנץ' משנת 1931-2 לפיו היו אז בנגב 55% של האדמות משאע [אחזקה משותפת של הקרקעות ולא בעלות. ר.ק.] ו- 45% היו מחולקות.[444]

בר מתייחס לשם השוואה גם למעמד המשפטי של קרקעות הבדוים בסוריה בתקופת המנדט הצרפתי. ממשלת המנדט הצרפתי בסוריה החלה ברישום הקרקעות מחדש אחרי מלה"ע הראשונה. המדיניות האגרארית של המנדט הביאה לכך שחלק ניכר מאדמות המדינה הועברו לידי אנשים פרטיים שהפכו ע"י צו מ- 1926 ממעבדים לבעלים. תופעת הלוואי החמורה של מדיניות זו היתה ביחס לאותן קרקעות שהן מסוג מואת (הנקראות בסוריה גם ח'אליה – מבאח). אלה הן אדמות הנמצאות מחוץ לישוב במרחק שהוא מחוץ לשמיעת הקול, הן שייכות לפי החוק למדינה, אולם ההנאה מפירותיהן ניתנת לכל מי שמעבדן באישור השלטונות. הוראת הנציב העליון הצרפתי ב- 1926 הקלה על תופסי אדמות מואת, ראשי שבטים בגבול המדבר, להפכם לרכושם הם. כך נוצרו אחוזות עצומות בידי שייח'ים בדוים. באוקטובר 1952 נמסרה למדינה, בצו מיוחד, הבעלות על אדמות מואת שהבדוים נהגו להשתלט עליהן, ובוטלו זכויותיהם על חלק מהאדמות שתפסו בעבר. כן ביטל הצו את תקנות המנדט לפיהן

הוצאו במפורש אדמות בלתי רשומות מזרחית לקו המדבר מידי מינהלת אדמות המדינה כדי למוסרן לשבטים. פעולות אלו בוצעו ע"י המשטרים הצבאיים שראשיהם רצו לחזק את שלטון המדינה על אדמותיה.445

רות קרק (1974 / 2002 , 2003)

מסוף המאה ה-19 ועד 1917 היו הצעות ותוכניות יהודיות רבות לרכישת קרקעות בנגב. לעתים היה מדובר במאות אלפי דונם בעיקר בשני אזורים: אזור החוף – בסביבות עזה, אל עריש ורפיח, ואזור באר-שבע. בפועל היו הרכישות מצומצמות ביותר, וניתן לסכמן בשטח שנרכש בג'מאמה בשנת 1911, עליו הוקמה חוות רוחמה (ראו לעיל), וכמה עשרות דונמים שנקנו בסביבות באר-שבע על-ידי היהודים שישבו בה.446 **רות קרק** מציינת בפרק על התקופה שבין שתי מלחמות העולם בנגב, על-פי דו"ח ממשלתי משנת 1936 כי:

רוב האדמות המעובדות על-ידי הבדוים שייכות לסוג "מוואת" (אדמה עזובה שאין עליה בעלות רשמית). הם אינם מכירים ב"מושאע" וכל בדוי מחזיק בחלקתו ורואה אותה כרכושו הפרטי ולא רכוש שבטו. זוהי עובדה מעניינת מאחר שבמבט ראשון נראה שהשיתוף בקרקע צריך לשרור דוקא בין הבדוים ולא בין הפלאחים יושבי הקבע.447

חשוב להדגיש כי המוסדות היהודיים הציוניים רכשו בנגב הצפוני בין 1911 ל-1947-8 סך של לפחות 78,661 דונם עליהם הוקמו 25 יישובים. בתחום המשבצת של מחקר זה (ראו מפה 2 לעיל) נרכשו באותן שנים על ידי המוסדות הציוניים 55,347 דונם עליהם הוקמו 17 יישובים. יתכן ויש להוסיף לכך רכישות נוספות על-ידי יהודים פרטיים. חלק מקרקעות אלו נרכשו מהבדוים, לאחר הליכים משפטיים מורכבים. לעניין זה מצויים מיסמכים ומפות (כמו במצפה גבולות), בהן רוכזו רשימות של שטחים שנרכשו, והוחתמו לעתים בטביעות אצבע של בדוים, רכישות קרקע שנעשו על ידי יהודים בנגב.448

אריה אבנרי (1980)

אריה אבנרי המתבסס במחקרו על מקורות ארכיוניים וציין כי בנגב התקשרו יהודים פרטיים עד שנת 1936 לקניית קרקעות בסביבות עזה ובאר-שבע. בראשית התקופה [המנדט??? לא מפרט מתי. ר.ק.] היו לפי ויץ בידי יהודים פרטיים 28,100

דונם בדרום ו – 41,400 דונם בנגב. משה סמילנסקי רכש בנגב עבור משקיעים פרטיים [מבריטניה ודרום אפריקה בעיקר. ר.ק.] 36,424 דונם.[449] רוב הקרקעות נקנו על-פי חוזים בין המוכרים לקונים, בלי שנרשמו בספרי האחוזה כחוק, וזאת משום שהשיח׳ים והמוח׳תארים שמכרו את הקרקע קיימו עליה חזקה בלבד, וזו לא הייתה רשומה על שמם בספרי האחוזה. לאחר מאורעות 1936, משלא יכלו המשקיעים הפרטיים לממש את נכסיהם, פנו לקק״ל והציעו את אדמותיהם למכירה. רובן עברו לקק״ל בשנים 1936 -1947, והיא נטלה על עצמה את כל ההתחייבויות לגבי המחזיקים בקרקע – לרבות פיצויים לאריסים, כאשר היו כאלה... אבנרי ציין כי ברוב אדמות הנגב לא היו כמעט אריסים. האדמות עמדו שוממות ובחלקן הגדול אף לא היו ראויות לעיבוד ללא הכשרה יסודית.[450]

•

יוסף בן דוד (1986, 1996, 2004)

במאמר משנת 1986 טען **בן דוד** כי תחילתו של תהליך חדירת השלטון המרכזי לאזור התרחש בשנת 1896 עם השתלטותם של השלטונות התורכים על בארות המים של באר-שבע בעזרת אחד מנכבדי האזור שהעמיד את אהלו לשירות השלטון (מביא את הדברים על סמך ראיונות 90 שנים לאחר האירוע המתואר כביכול). במאמר זה משנת 1986, טוען בן דוד כי אירוע זה היה נקודת מפנה שהיוותה תנאי ראשוני לתהליך ההתנחלות והמעבר לישובי קבע באזור (יש לציין כי טענה זו נסמכת, כאמור, על מקורות שבעל פה בלבד). בן דוד טוען עוד כי בשנת 1917 פירסמו השלטונות התורכיים מפה של גבולות השבטים והחברה הבדואית קיבלה זאת כהכרה בזכויותיהם. גם פרסום המפה, על פי בן דוד, היא אחת מהנקודות המרכזיות במעבר מנוודות לנוודות למחצה. בן דוד נסמך מן הסתם על החוקר עמנואל מרקס ועל ספרו מ-1974 (ראו איזכור המפה אצל מרקס לעיל) אך גם הוא, כמו מרקס לפניו, אינו מביא את המפה המקורית, כך שנתון זה נשאר במידה רבה עלום. במאמר זה, שהוא מאמר כללי על הבדואים בנגב בסוף המאה התשע עשרה ותחילת המאה העשרים, מתאר בן דוד מצב של קנייה ומכירת קרקעות בין הבדואים לבין עצמם החל מתחילת המאה העשרים, בלי כל קשר למערכת החוקית הכללית ולרישום בטאבו. בתקופת המנדט הבריטי החל תהליך של רכישת הקרקעות בנגב על ידי סוחרים מעזה ונוצרה דינמיקה של פנייה לבתי הדין השבטיים על כל סכסוך בנושא קרקעות. מצב זה הגביר את תחושת הבעלות על הקרקע אצל הבדואים, אך למרות זאת, בן דוד טוען

מפורשות כי גם שלטונות המנדט לא הכירו בזכויות על הקרקע למעט, תוך הסתייגות, בזכות החזקה. גם בתקופת המנדט מזכיר בן דוד תהליכי מכירת קרקע על ידי הבדואים אך אינו מפרט, כך שמתוך דבריו אי אפשר להבין מה היה מעמדה של הקרקע מבחינת חוקי המדינה.[451]

בן דוד סיכם בשנת 1996 את מצב הבעלות על קרקעות בנגב על ידי בדואים במספר משפטים:

> *אדמות הנגב, ששימשו את הבדווים למחייתם לפני 1948, לא היו רשומות על שמם בספרי האחוזה...הבדווים, אשר חיו דורות רבים בנגב, לא השכילו או לא הצליחו לרשום בספרי הטאבו את האדמות שבהם החזיקו כאדמות שבבעלותם. לפיכך נחשבות אדמות אלה, לפי החוק בישראל, המבוסס על מורשת חוק הקרקעות העותמאני, כאדמות מתות (**מוואת**)* [הדגשה במקור. ר.ק.] *שהן אדמות מדינה. מצב משפטי זה קיבל הכרה בפסקי דין של בתי המשפט בישראל. מבחינה משפטית גרידא אין לבדווים זכויות בעלות על האדמות שהחזיקו בהן...*[452]

דומה כי בן דוד מסכם את הפן ההיסטורי של מחקריו ב-2004 בטבלה (המופיעה גם במחקרים אחרים שלו). בטבלה זו מופיעים הנתונים הבאים: החל מפרסום חוק הקרקעות העות'מאני החלו, על פי בן דוד, מלחמות בין שבטיות ועם אוכלוסיות פלאחים שתכליתן בעלות על קרקעות. בשנת 1897 התקבעה תפרוסת השבטים בצו מינהלי של השלטון העותמאני ומכאן התקבעות גבולות השבטים, עסקאות קרקעיות שונות והקמת בית דין לענייני קרקעות. ב-1917 התבצע שינוי כללים משפטיים ביחס לקרקע ולאחר מכן, בשנים 1921 ו- 1929 פקודות הקרקעות להסדר הקרקעות בידי ממשלת המנדט.[453]

ווריק טילר (2001)

בספרו על אדמות מדינה והתפתחות כפרית בפלשתיין המנדטורית, 1920 – 1948, מביא ההיסטוריון הניו זילנדי **ווריק טילר** נתונים חשובים על סך-כל אדמות מדינה בארץ-ישראל המנדטורית בשנת 1947. מתוך 13,743,000 של החלק שמצפון לתת-מחוז באר-שבע נאמדו 3 מליון אדמות שוממות (waste lands)

הרריות ומדבריות ממזרח לחברון, ירושלים ושכם. מ- 10,743,000 הנותרים נאמד השטח של אדמות מדינה ב- 1.56 ל- 1.7 מיליון דונם. על פי הנתונים האחרונים שיש לנו על הסדר הקרקעות בארץ-ישראל לסוף אפריל 1947 הוסדרו 5,243,042 דונם. על-פי התוספת לדו"ח הועדה האנגלו-אמריקאית שהוכנה לאו"מ ב- 1947, היה שטח תת-מחוז באר-שבע שהכיל את השממה המדברית של הנגב – 12,577,000 דונם. נאמד שתהיינה תביעות פרטיות לכשני מליון דונם שעובדו מפעם לפעם, אולם לא ניתן לסיים דבר באזור עד לעריכה של הסדר קרקעות באזור. ביחס ליתר ה- 10.5 מליון דונם הרי שאלו נחשבו כאדמות מדינה ריקות וחסרות שימוש לחקלאות. ללא מים והזרקת הון רבה האזור יוותר לא מאוכלס וללא שימוש.[454]

טילר מתייחס לקטגוריות הקרקע של חוק הקרקעות העות'מאני משנת 1858 ובמיוחד לקטגוריות של אדמות מדינה. אלו כוללות אדמות מואת (מתות) השייכות למדינה, אדמות מחלול (פנויות), שהיו מירי וחזרו למדינה עקב אי עיבוד רצוף של שלוש שנים או חוסר יורשים, ואדמות ג'יפתליק או מודאוארה, שהוחזקו באופן פרטי אך ניטשו, או נותרו ללא יורשים, או שלא עובדו יותר משלוש שנים, ועברו לבעלות פרטית של השולטאן עבדול חמיד השני. הוא מציין כי הבריטים השתמשו בשלושה מושגים חלופיים לתיאור קרקע בשליטת ממשלת פלשתינה: "public lands, state lands and state domain" הוא מפרט את שבעת הטיפוסים של אדמות ציבור לפי גודבי ודוכן: ג'יפתליק או מודאורה, אדמות מואת, אדמות מחלול, שמורות יער, קרקע ובניינים של המדינה, קרקע ומים מסוג מתרוכה המוחזקים על-ידי המדינה לטובת הציבור, ומכרות ומינרלים המצויים על אדמות מירי, מואת מתרוקה ואדמות מדינה. טילר מזכיר גם את פקודת אדמת המואת מ- 1921 ששללה את הזכות שניתנה בסעיף 103 של חוק הקרקעות העות'מאני, למתן שטר רישום תמורת תשלום ערך הקרקע לאלו שהחיו אותה.[455]

לגבי אדמות מדינה באזור באר-שבע הוא מביא את תלונתו של חיים וייצמן למשרד המושבות בלונדון בפברואר 1923, בו הביע תקווה כי אדמות מדינה במחוזות רפיח, עזה, חברון, ובאר-שבע יהפכו זמינים להתיישבות ופיתוח יהודיים. נראה לטילר שכוונתו של ויצמן הייתה ל- 65,759 דונם של אדמות מדינה בתת-מחוז באר-שבע (תחילת 1945) שרובן נמסרו בהמשך בהחכרה ליהודים [אזור ים המלח. ר.ק.].[456]

סנדי קדר (2001)
במאמרו המקיף על המדינה היהודית ובעלי הקנין הערבי, 1967 – 1948 עוסק קדר גם בנושא המואת ומתייחס לתקופות שקדמו לשנת 1948. ביחס לנגב הוא כותב כי:

> *The British Mandate formally claimed ownership over about one million dunams of land. During the process of 'settlement of title,' the Israeli State transferred many millions of dunams into its ownership as 'state land,' mainly in the Negev and the Galilee. Much of the land transferred to State ownership during this formal process of registration had hitherto been unregistered, and indeed belonged to the State. However, some of this land was transferred to the State as a result of the categorization of Bedouin-held land in the Negev and the Galilee as "Mewat" (dead land). In addition, land was registered in the name of the state as a result of crucial changes in adverse possession laws. This process, which I perceive as part of the nationalization of Arab land, will be detailed below.*[457]

בהמשך הוא כותב על העברה מלאה של בעלות למדינה, לרשות הפיתוח ולקק״ל. הוא הכין ומביא במאמרו תרשים סכימטי מועיל המדגים את ההגדרה של אדמת מואת במרחב.[458]

בהמשך הוא מתייחס לחשיבות פסק הדין של ברנזון במקרה בדראן שהזכרנו גם כאן בתחילת הפרק, המתייחס לערב סוואעד (שחיו באזור כרמיאל). כאן קבע השופט שהבתים שם כוללים רק 7 מבנים קבועים מפוזרים בשטח נרחב, שנבנו בתקופת המנדט. לפני הקמת הבניינים התושבים גרו באוהלים, אולם איש לא העיד כי גרו באותו מקום, ובתקופות שקדמו לתאריך הפעלת חוק הקרקעות העות׳מאני (1858) שהוא התאריך הקובע בענין זה. (בדראן, 1962). היוריספרודנציה (מערכת החוק) של בית המשפט העליון הביאה את מינהל מקרקעי ישראל (ממ״י) לטעון כי אדמת הנגב צריכה להיות מוכשרת כמואת כאמצעי לטיפול בתביעות בדואים שהשיגו קרקע בהחזקה שלילית (adverse possession). הוא מצטט מכתב של יוסף ויץ ראש ממ״י שהציע, כפי

שנעשה, שהנגב יתבע על בסיס החלטת בית המשפט העליון, על-ידי המדינה כאדמת מואת, במקום שיש חשש לתביעות של בדואים.[459]

לאחר החלטה זו ביה״מ העליון יישם בעקביות את שני התנאים והגביל את מספר היישובים היכולים לשמש כנקודות מהן ניתן למדוד מואת ואי-מואת. כיישובים לגיטימיים התקבלו רק ערים או כפרים ולא ״מקומות מיושבים״ באופן כללי. כמו-כן דחו כל יישוב קבע (עיר, או כפר) שלא נוסדו לפני 1858. כך יישובי נוודים ערבים שעברו בהדרגה למגורי קבע בסוף המאה ה- 19 ותחילת ה-20 לא הוכשרו, אלא אם רשמו את קרקעותיהם (אירוע נדיר ביותר). הקרקע, כולל היישוב, הפכה מואת ורכוש המדינה. קדר טועה ומטעה כאשר הוא כותב שהיו יישובי נוודים ערבים בתקופה המדוברת.

קדר מוסיף כי במקרה של קאסם סואד, החליט השופט לנדאו בהתאם לעדויות כי השבט עבר למגורי קבע אחרי תחילת חוק הקרקעות ב- 1858. הוא החליט כי בנינים כפריים שהוקמו לאחר מועד זה, לא יובאו בחשבון. בתקופה העות׳מאנית הישוב האמור הכיל רק שני מבני אבן, אחד למגורי אנשים והשני לבקר. בנוסף היו מבנים מכוסי בוץ במרחק משמעותי אחד מהשני. זה לא איחד אותם לשטח כפר.[460]

לסיכום טוען קדר כי מחזיקים ערבים בקרקע, רבים מהם בדואים, לא יכלו להחזיק ולעבד קרקע אותה החזיקו תריסרי ולעתים מאות שנים, בגלל הפרשנות הסלקטיבית של חוקים הקשורים לאדמות מואת. בהסתמך על חוקים עות׳מאניים ומנדטוריים, בחר ביה״מ העליון בפרשנות שהרחיבה את אדמת המדינה, והפכה זאת לכמעט בלתי אפשרי למחזיקי הקרקע להוכיח שהם זכאים לה. כתוצאה מכך, רוב הקרקע נרשמה בשם המדינה, ומחזיקיה הפכו למסיגי גבול על הקרקע שהחזיקו במשך דורות. בית הדין שניסח את החלטותיו בשפה שנראתה ״אוביקטיבית״, ברורה ו״מודרנית״ בטא תכופות את צערו שכתוצאה מחריצת המשפט יסולקו המחזיקים (possessors).[461] לכן יש לראות את החלטותיו לדעת קדר, שמוכיח כי יש לו אג׳נדה, לא רק כיישום פורמלי של חוק או פרשנות ״מודרנית״, אלא במידה מסויימת, כחלק מההלאמה של אדמות ערביות.

לטענת קדר אלו מהמחזיקים (possessors) שאדמתם היתה ממוקמת ברדיוס של מייל וחצי מהכפרים שלהם, ועל-כן לא היתה מואת אלא מירי, עמדו בפני קושי נוסף. על-פי סעיף 78 של חוק הקרקעות העות׳מאני, כל אדם שהוכיח כי החזיק ועיבד קרקע כזו לתקופה העולה על 10 שנים, קיבל זכות

להמשיך לעבדה. מאמצים להסתמך על סעיף 78 גרמו לפסקי דין רבים. מאחר וכמעט כל התובעים היו אזרחים ערבים, החוק בענין זה נסב לדעתו של קדר על קונטכסט אתני ברור. בקונטכסט אתני זה, חוקים שהיו קיימים בעבר, עברו כביכול שינויים שוליים ובוצעו באמצעים פורמליים. חוקי פרוצדורה, ובמיוחד חוקי ראיות, שונו בצורה שתפחית למינימום את יכולות המחזיק להוכיח את זכותו לקרקע.

סיכום ביניים

בנושא המעמד ההיסטורי-משפטי של הקרקעות בנגב בולט מיעוט החומר ההיסטורי הנוגע לתקופות שקדמו לקום מדינת ישראל. נראה כי לא ידוע היקף החומר בנושא בארכיון המדינה העות׳מאני באיסטנבול, שראיתי רק כעשרים וחמש תעודות מתוכו. חומר נוסף אותו בדקתי במלואו מצוי בארכיון מדינת ישראל, בתוך ארכיונו של מושל מחוז ירושלים עלי אכרם ביי בשנים 1906 – 1908. יש לציין כי חלק זה הוא הפחות שלם מכל קטעי הספר. השלמתו דורשת הקצאת זמן רב נוסף לאיתור חומרים מקוריים ומחקריים רלבנטיים. בבדיקה לעומק של האיזכורים המתייחסים לנושא זה בספרים ומאמרים שהופיעו בדפוס, מתקבל הרושם כי הרוב מתבסס על ״מיחזור״ של מה שנכתב. הכוונה היא שפרסומים חדשים יותר מצטטים שוב ושוב מה שנכתב בפרסומים מוקדמים יותר. רוב החוקרים לא נעזרו במקורות ראשוניים מן המאה התשע-עשרה ותחילת העשרים.

מה שהובא בפרק זה הינו פרי מאמץ לאיתור מקורות מן הסוג הזה, תוך התמקדות ככל האפשר בחלוקה אדמיניסטרטיבית מרחבית, במדיניות הממשל, ובתפישות הבדוים וגופים מישבים פוטנציאליים יהודיים, בהתייחס למעמדן ההיסטורי-יישובי ומשפטי. כמו כן נאספה אינפורמציה רלבנטית ראשונית הנוגעת לנושאי בעלות על הקרקעות ולהתייחסות למושגים כגון מואת, ג׳יפתליק, מירי, מלכ, מתרוכה, מחלול, וקף, אדמות מדינה, אדמות השולטאן, וכו׳ במידה והם מופיעים בהם. לפי התיעוד העות׳מאני, רצון הממשל העות׳מאני לערוך סקר ומדידה, לשם יישוב הבדואים והגדלת הכנסות האוצר, ורישום הקרקעות של חלק מהנגב על שמם לא התממשה. מטרות אלו

לא התממשו גם בתקופת המנדט. בשנת 1947 נחשבו רוב הקרקעות של תת-מחוז באר שבע (10.5 מיליון דונם מתוך סך-הכל של 12,577,000 דונם) כאדמות מדינה ריקות ושוממות, מהקטגוריה של מואת, שהממשלה הבריטית וממשלת המנדט בפלשתינה יכולות להקצותן או לעשות בהן כראות עיניהן. באותה עת נאמד שתהיינה תביעות פרטיות לכשני מיליון דונם שעובדו מפעם לפעם, אולם לא ניתן לסיים דבר עד לעריכה של הסדר קרקעות באזור. תביעות אלו לא התממשו.

גם אם החוקרים שחקרו את החברה הבדווית בנגב בתקופת המנדט הם מעטים, ניתן לסכם ולומר על פי המחקרים שהוצגו לעיל כי החל משנות השלושים החל תהליך ההתנחלות של הבדואים בנגב בצורה לא אחידה ולא סדירה, בנייה לא היתה באופן סדיר וגם לא באופן קשיח, נושא הבעלות על הקרקע היה ככל הנראה מושג נזיל שלא עבר לידי בעליו באופן חוקי (מבחינת חוקי המדינה) אלא בתהליכים של השתלטות אלימה בין הבדואים לבין עצמם, על אדמות שמעמדן המשפטי היה מואת והיו שייכות למדינה (ראו לעיל בסעיף העוסק במעמד המשפטי של הקרקעות).

דומה כי כמות המחקרים על נושא דפוסי התנחלות הבדואים בנגב רבה מאוד וניתן להגיע מהם למספר מסקנות עיקריות: מוסכם על רוב החוקרים כי תהליך חדירתה של האימפריה העות׳מאנית לנגב החל בעשור האחרון של המאה התשע עשרה והביא לתחילתו של תהליך התנחלות הבדואים בנגב. עם זאת ישנה מחלוקת מהי השנה המדוייקת ויש אף חוקר אחד של הבדואים בנגב (יוסף בן דוד) שטוען בחלק ממחקריו שתחילת ההשפעה של חוק הקרקעות החלה עוד לפני כן בשנות השישים של המאה התשע עשרה. כל החוקרים אחידים בדעתם כי על פי חוקי הקרקעות העות׳מאניים ויורשיהם הבריטים לא היתה לבדואים, ככלל, כל אחיזה חוקית בקרקע מאחר והקרקע לא היתה רשומה על שמם בספרי האחוזה. תהליך הבנייה של מבני קבע החל לטענת רוב החוקרים בשנות השלושים של המאה העשרים בצורה ספוראדית, לא קשיחה, לא אחידה ולעתים קרובות אף לא למגורים. ביחס למספר האוכלוסיה קיימות שאלות וסתירות אפילו במיפקדים המנדטוריים האמורים להיות המקור המהימן ביותר. גם אם אין אחידות בין החוקרים, ברור לחלוטין שהתנודות החריפות באוכלוסיה, כמו גם תהליכים של פלישת פלאחים לשטחי מרעה מדגישים את המצב הבלתי יציב והנזיל בתחום האוכלוסיה.

ה"בעלות" על הקרקעות היתה נזילה וללא תוקף או הכרה חוקית מבחינת חוקי המדינה על ידי השלטונות, היות והקרקע לא נרשמה על שם איש, אלא אירעה בתהליכים של השתלטות אלימה בין הבדואים לבין עצמם. חשוב לציין כי חלק מחוקרים אלו ואחרים באותה תקופה, מרבים לצטט מקור אחד עיקרי והוא שני ספריו של מושל באר שבע והנגב בחלק מתקופת המנדט עארף אל עארף. כל החוקרים אחידים בדעתם כי על פי חוקי הקרקעות העות'מאניים ויורשיהם הבריטים לא הייתה לבדואים, ככלל, כל אחיזה חוקית בקרקע מאחר ורוב הקרקע לא הייתה רשומה על שמם בספרי האחוזה. בשורה התחתונה ניתן לומר כי נרשמו בטאבו בתת-מחוז באר שבע עד לסוף תקופת המנדט כ-200,000 דונם בלבד, רובם נרשמו על שם יהודים וייתכן שחלקם נרשמו על שם אפנדים ולא על שם בדואים.

קרקעות הנגב נחשבו כאדמות מדינה גם בימי ראשית מדינת ישראל, ולמיטב ידיעתי כך נקבעו כאדמות מואת אף בפסקי הדין בבית המשפט המחוזי הישראלי בבאר שבע ובפסקי הדין הרלבנטיים למואת, בדגש על הנגב, בבית המשפט העליון בישראל.

סיכום

בסיכום הכללי לספרי אביא בקצרה, רק את הממצאים המרכזיים לנושאים ולשאלות שנבדקו באשר לנגב בכלל ולנגב הצפוני בפרט:

* הבדואים הנוכחים בנגב היום הגיעו לנגב רק במאה חמישים עד מאתיים השנים האחרונות מסעודיה, עבר הירדן, מצרים וחצי האי סיני. הבדואים בנגב חיו באוהלים ומאהלים, ונדדו עמם בנגב וגם לאזורים אחרים, כולל עבר הירדן ועוד.

* העות'מאנים וגם הבריטים ראו את אדמות הנגב כאדמות הממשלה וכמואת. הייתה נכונות מצד העות'מאנים לרשום קרקעות בנגב על שם השבטים הבדואים, אך מדיניותם לא צלחה. הבריטים חשבו שכיוון שכך, הם יכולים להקצות את אדמות הנגב כראות עיניהם לבדואים, ליהודים, ולבריטניה. בסופו של דבר, עד לסוף תקופת המנדט לא הייתה לבדואים אחיזה חוקית בקרקע, או, למעט מקרים בודדים, רישום בספרי האחוזה. כך היה המצב גם בעשור הראשון לאחר הקמת מדינת ישראל.

* הרוב הגדול של קרקעות הנגב נמנו על הקטגוריה של מואת. פרט לכ-200,000 דונם שנרשמו בתקופת המנדט (64,000 מתוכם על שם ערבים, כנראה בדואים, אפנדים ואחרים), לרבות יהודים פרטיים וקק"ל בתת-מחוז באר שבע לא נרשמו בטאבו כל קרקעות על שם הבדואים, עד לסוף תקופת המנדט.

* השבטים הבדואים השתלטו בכוח, ותוך כדי מלחמות מול שבטים אחרים ומול יישובי הקבע הכפריים, על שטחי המחייה שלהם בנגב. לא היו כמעט יישובי קבע בנגב עד לסוף תקופת המנדט. הממשל העות'מאני היה זה שהקים עיר חדשה ויישוב קבע ראשון בנגב בשנת 1900.

* לא הייתה לבדואים חקלאות קבע רציפה בנגב עד לאמצע תקופת המנדט, היו עיבודי בעל לסירוגין, בעיקר של שעורה וחיטה. העיבוד נעשה עם מחרשת עץ או ברזל וגמל, כך שבכל מקרה לא ניתן היה לעבד שטחים גדולים בכל עונה חקלאית, בעיקר בחלקים הצפון מערביים של הנגב הצפוני. רוב אדמות הנגב נחשבו בתקופת המנדט כבלתי ניתנות לעיבוד. ישנם

אומדנים ונתונים על עיבודים בנגב כולו, במחזורים של שנתיים עד חמש שנים, הנעים בין כ- 750,000 דונם עד מעל שני מיליון דונם.

- לפני מלחמת 1948 מנו הבדוים בנגב כ-65,000 נפשות. רובם עזבו בעת המלחמה לירדן ורצועת עזה. לאחר המלחמה נותרו בו רק כ-3,200 נפש. מספרם עלה באמצע שנות החמישים לאחר היתר שיבה שניתן מהמדינה ל-11,463 נפשות, שחיו באוהלים בכ-18 מסגרות שבטיות. באותה עת רוכזו הבדואים בשטח שכונה הסייג, של 1.1 מליון דונם במשולש באר שבע-דימונה וערד. מפאת הריבוי הטבעי הגבוה בקרב אוכלוסייה זו, עלה מספרם של הבדואים בנגב ל-278,616 נפשות בשנת 2021. כשליש מהם גרים כיום בעוני בישובים בלתי פורמאליים (פזורה, יישובים לא מוכרים), ללא שירותים הולמים ותחת איום פינוי.

- הנסיון של מדינת ישראל להסדר קרקעות בקרב הבדואים בנגב שהחל בשנת 1971, הניב בסיום הליך ההסדר רישום של כ-3,300 תביעות לגבי שטח בגודל של כ-800,000 דונם. מאז ועד היום היו לא מעט יוזמות מצד השלטון להסדיר את המחלוקת, כולל הקמת ועדת גולדברג ומסקנותיה ב- 2008. כל מאמצי המדינה לא צלחו מאז ועד היום, והויכוח על הקרקע עומד בעינו. רוב התביעות שכן הוגשו על ידי הבדואים לבית המשפט נכשלו במישור המשפטי. קרקעות הנגב נחשבו כאדמות מדינה גם בימי ראשית מדינת ישראל, ולמיטב ידיעתי כך נקבעו כאדמות מואת אף בפסקי הדין בבית המשפט המחוזי הישראלי בבאר שבע ובפסקי הדין הרלבנטיים למואת, בדגש על הנגב, בבית המשפט העליון בישראל.

ביבליוגרפיה ורשימת מפות

ארכיונים

אצ״מ (הארכיון הציוני המרכזי), ירושלים
אמ״י (ארכיון מדינת ישראל), ירושלים
ארכיון צה״ל, קרית אונו
ארכיון ההגנה, תל אביב
ארכיון הספריה הלאומית, ירושלים
ארכיון חברת הכשרת הישוב, לשעבר בירושלים
ארכיון הלשכה המרכזית לסטטיסטיקה, ירושלים
ארכיון הרשות לרישום והסדר זכויות מקרקעין, ירושלים
ארכיון אוניברסיטת בן גוריון בנגב, באר שבע
ארכיון מכון טרומן, ירושלים
ארכיון זלמן ליף, ירושלים
ארכיון קיבוץ רוחמה, רוחמה
ארכיון משפחת בן-אסא, ירושלים
ארכיון רות קרק, ירושלים
הארכיון העות'מאני (BOA), איסטנבול
ארכיון הקרן הבריטית לחקר ארץ ישראל (PEF), לונדון
הארכיון הבריטי (The British Archive), לונדון

ספרים, מאמרים, עבודות מוסמך ודוקטור וכתבי יד

מקורות בעברית ובערבית

- חליל אבו רביע, "שימושי הקרקע בקרב הבדווים", בתוך: יעקב עיני, עזרא אוריון (עורכים), *הבדווים - רשימות ומאמרים*, מדרשת שדה בוקר, 1988, עמ' 119-124.

- אריה אבנרי, *ההתיישבות היהודית וטענת הנישול 1878 – 1948*, הקיבוץ המאוחד, תל אביב, תש״ם (1980).

- אביב אופנהיים, "התפתחות החקלאות בנגב, 1799 – 1948", עבודת גמר למוסמך, האוניברסיטה העברית בירושלים, ירושלים, 2015.
- דוד איילון ופסח שנער, *מלון ערבי-עברי ללשון הערבית החדשה*, מהדורה שניה, מאגנס, ירושלים, תשי"ב.
- פליאה אלבק ורן פלישר, *דיני מקרקעין בישראל*, בהוצאת המחברים, ירושלים, 2005.
- מצטפא מראד אל דבאע': *בלאדנא פלסטין* (ארצנו פלסטין), ביירות, 1959 (מהדורת פקס, כפר קרע, 2002).
- אברהם אלמליח, *מילון עברי-ערבי וערבי-עברי*, הוצאת יוסף שרברק, תל אביב, תרפ"ט.
- עארף אל עארף, *אלקצ'א בין אלבדו*, מטבעת בית אלמקדס, ירושלים, 1933.
- עארף אל עארף, *תאריח' ביר אלסבע וקבאילהא*, מטבעת בית אלמקדס, ירושלים, 1934.
- עארף אל עארף, *שבטי הבדואים במחוז באר-שבע*, תרגם מערבית מנחם קפליוק, הוצאת בוסתנאי, תל אביב, 1935 [המקור בערבית: *אלקצ'א בין אלבדו*, מטבעת בית אלמקדס, ירושלים, 1933].
- עארף אל עארף, *תולדות באר-שבע ושבטיה*, תרגם מערבית מנחם קפליוק, הוצאת בוסתנאי, דפוס שושני, תל-אביב, 1937 [המקור בערבית: *תאריח' ביר-אלסבע וקבאא'להא*, בית אל מקדס, אלקדס, 1934].
- עארף אל עארף, "מאסאת אלבדו פי אלנקב וקטאע באר אלסבע", [טרגדיית הבדואים בנגב ובמחוז באר שבע], *אוראק עארף אל עארף* [מסמכי עארף אל עארף], מרכז אלאבחאת', מנט'מת אלתחריר אלפלסטיניה [מרכז המחקרים, הארגון לשחרור פלסטין], ביירות, 1974.
- עארף אל עארף, *תולדות באר שבע ושבטיה & שבטי הבדואים במחוז באר שבע*, אריאל, ירושלים, 2000 (העתק של הוצאה ראשונה, תל-אביב: בוסתנאי, 1937).
- מיכאל אסף, *הערבים תחת הצלבנים, הממלוכים והתורכים*, דבר בהשתתפות מוסד ביאליק, תל אביב, תש"א (1941).

- אליהו אפשטיין (אילת), *הבדוים: חייהם ומנהגיהם*, א.י. שטיבל, תל אביב, תרצ"ג, (1933).
- טוביה אשכנזי, "התמורות הכלכליות והחברתיות בחיי הבדוים בארץ ישראל", *התקופה*, ט"ו, תרצ"ו (1936), עמ' 192-203.
- טוביה אשכנזי, *הבדוים מספרים*, קדם, תל אביב, 1940.
- טוביה אשכנזי, *הבדוים: מוצאם, חייהם ומנהגיהם*, ראובן מס, ירושלים, 1957 (ומהדורה שניה משנת 1973).
- טוביה אשכנזי, *ערב א- תיהא*, כתב יד, 1959.
- טוביה אשכנזי, *שבטי הבדוים בנגב: מחקר אתנולוגי*, כתב יד, ירושלים, 1960.
- טוביה אשכנזי, *הבדוים בארץ-ישראל*, אריאל, ירושלים, 2000 (בקובץ זה כונסו שלושה ספרים של המחבר: *הבדוים*; *אהלי קדר למן הירקון ועד הכרמל*; *בדוים מספרים*).
- יהושע בן אריה, *ארץ ישראל במאה ה-י"ט: גילויה מחדש*, כרטא, החברה לחקירת ארץ ישראל ועתיקותיה, ירושלים, 1970.
- יוסף בן דוד וששון בר צבי, "בדווי הנגב בשנות השלושים והארבעים של המאה העשרים, כחברה נוודית-למחצה", *מחקרים בגיאוגרפיה של ארץ-ישראל* , י', תשל"ח (1978), עמ' 107-136.
- יוסף בן דוד, "שלבים בהתפתחות היישוב הבדווי הספונטני בנגב, במעבר מנוודות למחצה להתיישבות קבע", חיבור לשם קבלת תואר דוקטור, האוניברסיטה העברית בירושלים, 1982.
- יוסף בן דוד, "הבדווים בנגב, 1900-1960", *עידן*, 6 (יישוב הנגב 1900-1960), תשמ"ו (1986), עמ' 81-99.
- יוסף בן דוד, *הסכסוך על אדמות הבדואים בנגב*, צופית – המרכז לחקר החברה הערבית בישראל, רעננה, 1996.
- יוסף בן דוד, *הבדווים בישראל: היבטים חברתיים וקרקעיים*, המכון לחקר מדיניות קרקעית ושימושי קרקע, ירושלים, 2004.
- יוסף בן דוד ועזרא אוריון, "אורח החיים ודפוסי קיום של בדווי העזאזמה בהר הנגב", בתוך: שמואל אחיטוב (עורך), *מחקרים בארכאולוגיה של נודים*

נגב ובסיני, רשות העתיקות והוצאת הספרים של אוניברסיטת בן גוריון, באר-שבע, תשנ״ח (1998), עמ׳ 175-217.

- יצחק בן צבי ודוד בן גוריון, *ארץ ישראל בעבר ובהווה*, יד יצחק בן צבי, ירושלים, תש״ם (1979) [המקור ראה אור ביידיש בשנת 1915. ר.ק.].
- גבריאל בר, *מבוא לתולדות היחסים האגראריים במזרח-התיכון*, הוצאת הקיבוץ-המאוחד, תל אביב, 1972.
- יוסף ברסלבסקי, *הידעת את הארץ - ארץ הנגב* (כרך ב׳), הקיבוץ המאוחד, תל אביב, תש״ז (1947) (ומהדורה ד׳ משנת 1956).
- חיים גורן, ״ראשית המחקר המדעי של הנגב״, אלי שילר וגבריאל ברקאי (עורכים), *אריאל*, 202, 2013, עמ׳ 65-78.
- דן גזית, ״תהליכי התיישבות בחבל הבשור בימי השולטן עבד אלחמיד השני״, בתוך: יהושע שוורץ, זהר עמר ועירית ציפר (עורכים), *ירושלים וארץ-ישראל: ספר אריה קינדלר*, מרכז רנרט ומוזיאון ארץ ישראל, ירושלים, 2000, עמ׳ 183-186.
- יהודה גרדוס ואליהו שטרן (עורכים), *ספר באר שבע* ,הוצאת כתר, ירושלים, 1980.
- דוד גרוסמן, *האוכלוסיה הערבית והמאחז היהודי: תפרוסת וצפיפות בארץ ישראל בשלהי התקופה העות׳מאנית ובתקופת המנדט הבריטי*, מאגנס, ירושלים, 2004.
- ויקטור גרן, *תיאור גיאוגרפי, היסטורי וארכיאולוגי של ארץ ישראל*, יד יצחק בן צבי, ירושלים, 1982.
- אברהם גרנובסקי (גרנות), *המשטר הקרקעי בארץ-ישראל*, דביר, תל-אביב, 1949.
- משה דוכן, *דיני קרקעות במדינת ישראל* (מהדורה שניה), דפוס אחוה, ירושלים, 1953.
- תומר דקל, ״ביקורת, התפתחות והפוליטיקה של הידע בתכנון ההתיישבות הבדואית בנגב״, בתוך: חבצלת יהל ואמיר גלילי (עורכים), *בדואים בנגב: שבטיות, פוליטיקה וביקורת*, מוסד הרצל לחקר הציונות, וקתדרת חייקין לגאואסטרטגיה, אוניברסיטת חיפה, חיפה, 2023, עמ׳ 55-84.

* דותן הלוי, "לשתות בירה מהים של עזה: צמיחתו ושקיעתו של המסחר הימי מעזה בשלהי התקופה העות'מאנית", *המזרח החדש*, נ"ה, 2016, עמ' 53-54.
* חיים הלפרין, *התחיקה החקלאית בארץ-ישראל*, ספרית השדה, תל אביב, תש"ד (1944).
* אליעד וינשל, *והנגב לא ישקוט: סוגיית הבדואים בנגב - בין פתרון אזרחי לסכסוך לאומי*, ידיעות אחרונות, ראשון לציון, 2018.
* יהושע ויסמן, "החיאת אדמת מואת כדרך לרכישת בעלות", *הפרקליט*, כ (105), 1964, עמ' 105-107.
* יוסף ויץ, *יומני ואגרותי לבנים*, מסדה, תל-אביב, 1965.
* קלוד סקודמור ז'ארויס, *שבטי ערב*, עפר, ירושלים, תש"ו.
* מנחם זהרי, *גיאובוטניקה*, הקיבוץ הארצי השומר הצעיר, מרחביה, 1955.
* עומר חואלדי, "השפעת שינויים בשימושי קרקע בדווים על הסביבה הטבעית בגבול ישראל מצרים מאז שנות הארבעים", עבודת גמר למוסמך, המחלקה לגאוגרפיה, אוניברסיטת בן גוריון, 1992.
* הנרי בייקר טריסטראם, *מסע בארץ ישראל לחקר חיי הארץ וטבעה - יומן 1863-1864*, מוסד ביאליק, ירושלים, 1975.
* חבצלת יהל, "'לפנים משורת הדין, המאמצים לגבש פשרה בתביעות הבעלות של הנגב בשנות השבעים", *עיונים בתקומת ישראל*, 28, 2017, עמ' 84-127.
* חבצלת יהל ורות קרק, "הבדואים בנגב במלחמת 1948: עזיבה וחזרה", *אופקים בגיאוגרפיה*, 88, 2016, עמ' 116-135.
* חבצלת יהל ואמיר גלילי, "מבוא: בדואים בנגב", בתוך: חבצלת יהל ואמיר גלילי (עורכים), *בדואים בנגב: שבטיות, פוליטיקה וביקורת*, מוסד הרצל לחקר הציונות וקתדרת חייקין לגאואסטרטגיה, אוניברסיטת חיפה, חיפה, 2023, עמ' 7-22.
* אורן יפתחאל, נילי ברוך, סעיד אבו סמור ורונן בן אריה, "תכנית אב לכפרים הבדווים הלא-מוכרים בנגב: רקע, סקרים ודעות מומחים", המועצה האזורית לכפרים הבלתי מוכרים בנגב – קרן אל-עונה בע"מ,

במקום – מתכננים למען זכויות תכנון, סידרה – עמותת נשים ערביות בדוויות בנגב, 2011.

- אורן יפתחאל, סנדי קדר ואחמד אמארה, "עיון מחודש בהלכת 'הנגב המת': זכויות קניין במרחב הבדווי", *משפט וממשל* י"ד, 2012, עמ' 7-147.
- *כל מקום ואתר*, ההוצאה לאור משרד הבטחון, מהדורה 20, כתר, ירושלים, 2000.
- רונית לוין-שנור, "על תרומתו של פרופ' יהושע ויסמן ז"ל לדיני הקניין בישראל: עיון נוסף במאמרו 'החייאת אדמות מואת כדרך לרכישת בעלות' (1964)", הרצאה בערב עיון לזכרו, האוניברסיטה העברית בירושלים, 14.1.2020, עמ' 1-8.
- רונית לוין-שנור, "לקראת פרדיגמה חדשה: על הזכויות הקבוצתיות של הבדואים במקרקעין בנגב", *עיוני משפט*, מ"ג, 2021, עמ' 689-730.
- הרי צ'רלס לוק ואדוארד קיט-רוטש, *ספרה של ארץ ישראל* (ההוצאה העברית של ספר השימוש לארץ ישראל), ציון, ירושלים, תרפ"ד (1924).
- אסף לחובסקי, "כינון גבולות וטישטושם: משפט, לאומיות ושיח קולוניאלי ערבי בתקופת המנדט", *עיוני משפט*, כ"ז (2), 2003, עמ' 627-654.
- זלמן דוד ליבונטין, *לארץ אבותינו, ספר שני, לתולדות עבודת ההסתדרות הציונית משנת 1901 – 1914*, הוצאת א. איתן ומ. שושני, תל אביב, תרפ"ד.
- אבינועם מאיר, "התהוות הטריטוריאליות בקרב בדווי הנגב במעבר מנוודות להתיישבות של קבע", *מחקרים בגיאוגרפיה של ארץ ישראל*, י"ד, 1994, עמ' 71-92.
- עמנואל מרקס, *הבדוים בנגב*, תל אביב, 1961.
- עמנואל מרקס, *החברה הבדוית בנגב*, רשפים, תל אביב, תשל"ד (1974).
- מחמד יוסף סואעד, "הבדווים בארץ ישראל בין השנים 1804-1908", עבודת גמר למוסמך, אוניברסיטת בר-אילן, 1992.
- מחמד יוסף סואעד, "יחסי בדווים-יהודים בארץ-ישראל המנדטורית, 1918 - 1948", חיבור לשם קבלת תואר דוקטור, אוניברסיטת בר-אילן, 1998.

- חנינא פורת, ״מדיניות רכישת קרקעות וההתיישבות בנגב ערב מלחמת העצמאות״, *קתדרה*, 62, דצמבר 1991, עמ׳ 123-154.
- עשהאל צוקרמן, ראיון עם עשהאל צוקרמן, מראיינת רות קליינר-קרק, בביתו בגדרה ב-5 במרץ 1967.
- אלכסנדר (סנדי) קדר, אחמד אמארה ואורן יפתחאל, ״אמת מטרידה – 'הלכת הנגב המת' ונישול הבדואים (לאור מאמרה של רונית לוין-שנור ״לקראת פרדיגמה חדשה: על הזכויות הקבוצתיות של הבדואים במקרקעין בנגב״), *עיוני משפט*, מ״ג, 2021, עמ׳ 731-750.
- דוד קושניר, *מושל הייתי בירושלים: העיר והמחוז בעיניו של עלי אכרם ביי 1906–1908*, יד יצחק בן צבי, ירושלים, 1995.
- גדעון קרסל וראובן אהרוני, ״מסעי אוכלוסיה ממצרים ללבאנט במאות התשע עשרה והעשרים״, *ג׳מאעה - כתב עת בינתחומי לחקר המזרח התיכון*, י״ב, 2004, עמ׳ 201-249.
- רות קרק, *תולדות ההתיישבות היהודית החלוצית בנגב עד 1948*, מהדורה ראשונה, הקיבוץ המאוחד, רמת גן, 1974.
- רות קרק, *תולדות ההתיישבות היהודית החלוצית בנגב עד 1948*, מהדורה מצולמת, אריאל, ירושלים, 2002.
- רות קרק, *שישים שנה למצפות הראשונות בנגב*, אריאל, ירושלים, 2003.
- ארתור רופין, *פרקי חיי, ראשית עבודתי בארץ 1907 - 1920*, עם עובד, תל אביב, 1968.
- שלום רייכמן, *ממאחז לארץ מושב*, יד יצחק בן-צבי, ירושלים, תשל״ט.
- יעקב שביט, יעקב גולדשטיין וחיים באר, (עורכים), *לקסיקון האישים של ארץ-ישראל, 1799 - 1948*, עם עובד, תל אביב, 1983.
- יוסף שדור, *מסעות חוקרים בהר הנגב: תולדות גילויו מחדש של הר-הנגב במאות ה-19 וה-20*, החברה להגנת הטבע: מחלקות ההדרכה, המרכז ללימודי שדה באר-שבע, בית הספר שדה שדה-בוקר, 1976 (תשל״ו).
- נתן שור, *ספר הנוסעים לארץ ישראל במאה הי״ט*, בית הוצאה כתר, ירושלים, 1988.

- אלי שילר, "בנתיב עולי הרגל לארץ הקודש", יעקב גורן (עורך), *קרדום*, 13 – 14, ינואר 1981, שבט תשמ"א, עמ' 110.
- אבשלום שמואלי, *קץ הנוודות, חברות בדווים בתהליכי התיישבות*, דביר, תל-אביב, 1980.
- יעקב שמעוני, *ערביי ארץ ישראל*, עם עובד, תל אביב, תש"ז (1947).
- משה שרון, "הבדוים בארץ ישראל במאות השמונה עשרה והתשע עשרה", עבודת גמר למוסמך, האוניברסיטה העברית בירושלים, ירושלים, תשכ"ד (1964).

מקורות באנגלית גרמנית וצרפתית

- *A Handbook of Syria (Including Palestine)*, Published by His Majesty's Stationery Office, 1920.
- Aref Abu Rabia, *The Negev Bedouin and Livestock Rearing*, Berg, Oxford, 1994.
- Salman Abu Sitta, *Al-Araqib – All of Palestine*, JNF eBook, Volume 3, January 2011.
- Ahmad Amara, "The Politics of Ottoman Land Law and State-Making in Southern Palestine 1850-1917", PHD dissertation, New York University, 2016.
- David H. K. Amiran, "The Pattern of Settlement in Palestine", *Israel Exploration Journal*, 3, 1953, pp. 65-78, 192-198, 250-255.
- David H. K. Amiran and Yehoshua Ben-Arieh, "Sedentarization of Beduin in Israel", *Israel Exploration Journal,* 1963, 13(3), pp. 166-167.
- Tuvia Ashkenazi, *Tribus Semi-Nomades de la Palestine du Nord*, Librairie orientaliste Paul Geuthner, Paris, 1938.
- Yasemin Avci, "The application of Tanzimat in Desert: the Bedouins and the creation of a new Town in Southern Palestine (1860-1914)", *Middle Eastern Studies*, 45(6), 2009, pp. 969-983.
- Clinton Bailey, "The Negev in the Nineteenth Century: Reconstructing History from Bedouin Oral Traditions", *Asian and African Studies*, 14, 1980, pp. 35-80.

- Clinton Bailey, "Dating the arrival of the Bedouin of Sinai and the Negev", *Journal of the Economic and Social History of the Orient*, Vol. 28, 1980, pp. 20-49.

- Philip Baldensperger, "The immovable East", *Palestine Exploration Quarterly Statement*, Vol. 54, 1922, pp. 161-162.

- John Bernard Barron, *Report and General Abstract of the Census of 1922*, Greek Convent Press, Jerusalem, 1923.

- Yehoshua Ben Arieh, *The Rediscovery of the Holy Land in the Nineteenth Century*, Magnes Press, Jerusalem, 1979.

- Joseph Ben David, "The Negev Bedouin: from Nomadism to Agriculture", in: Ruth Kark (ed.), *The land that became Israel - Studies in historical geography*, Magnes Press, Jerusalem, 1989, pp. 181-195.

- Norman Bentwich (ed.), *Legislation of Palestine, 1918-1925*, Whitehead Morris Ltd, Alexandria, 1926.

- Martin Bunton (ed.), *Land Legislation in Mandate Palestine,* Cambridge Archive Editions, Cambridge, 2010.

- Claude Reignier Conder and Horatio Herbert Kitchener, *The Survey of Western Palestine: Memoirs of the Topography, Orography, Hydrography, and Archaeology*, Committee of the Palestine Exploration Fund, London, 1883.

- Eliahu Epstein, "Bedouin of the Negeb", *Palestine Exploration Quarterly*, Vol. 71, 1939, pp. 59-73.

- Roy Fischel and Ruth Kark, "Sultan Abdülhamid II and Palestine: Private Lands and Imperial Policy", *New Perspectives on Turkey*, 39, 2008, pp. 129-166.

- Hans Fischer, "Begleitworte zur Karte des Syrisch-Ägyptischen Grenzgebiets", *Z.D.P.V.*, 33, 1910, pp. 188-221.

- Hans Fischer, "Geschichte der Kartographie von Palästina", *Z.D.P.V.*, 63, 1940, pp. 1-111.

- Seth Frantzman and Ruth Kark, "Bedouin Settlement in Late Ottoman and British Mandatory Palestine: Influence on the Cultural and Environmental Landscape, 1870-1948", *New Middle Eastern Studies*, 1, 2011, pp. 1-22.

- Seth Frantzman, Noam Levin and Ruth Kark, "Counting Nomads: British Census Attempts and Tent Counts of the Negev Bedouin 1917-1948", *Population, Space and Place*, 20(6), 2014, pp. 552-568.

- Lewis French, *Report on Agricultural Development and Land Settlement in Palestine,* Printed for The Palestine Government by The Crown Agents for the Colonies, London, 1931.

- Lucien Gautier, *Souvenirs de Terre-Sainte*, Georges Bridel & Cie Editeurs, Lausanne, 1898.

- Lucien Gautier, "Aux puits d'Abraham", *Revue chrétienne*, troisième série, Tome XI, No. 3, 1900, pp. 179-192.

- Government of Palestine, *Palestine Royal Commission, Reference No. 38: State Domain*, Memorandum by Government of Palestine, 1938, p. 4.

- Government of Palestine, *1938 Village Statistics*, Palestine Department of Statistics, Jerusalem, February 1938.

- Government of Palestine, *1945 Village Statistics*, Palestine Department of Statistics, Jerusalem, April 1945.

- Government of Palestine, *Survey of Palestine*, Jerusalem, 1946.

- Abraham Granott, *The land system in Palestine: History and structure,* translated from the Hebrew by M. Simon, Eyre & Spottiswoode, London, 1952.

- Nigel Groom, *A Dictionary of Arabic Topography and Place Names*, Librairie du Liban & Longman, Beirut & London, 1983.

- Victor Guérin, *Description géographique, historique et archéologique de la Palestine*, Imprimerie Impériale, Paris, 1868-1880.

- Sami Hadawi, *Village Statistics 1945: A Classification of Land and Area Ownership in Palestine* (with Explanatory notes by Sami Hadawi, official land valuer and inspector of Tax Assessment of the Palestine Government), Palestine Liberation Organization Research Center, Beirut, 1970.

- Edward Hull, *Mount Seir, Sinai and Western Palestine: being a Narrative of a Scientific Expedition*, Richard Bentley and Son, London, 1885.

- Edward Hull, *Memoir of the Geology and Geography of Arabia Petraea, Palestine, and adjoining Districts*, Published for the Committee of the Palestine Exploration Fund, Richard Bentley and Son, London, 1886.

- Wolf-Dieter Hutteroth and Kamal Abdulfattah, *Historical Geography of Palestine, Transjordan and Southern Syria*, Palm & Enke, Erlangen, 1977.

- Antonin Jaussen, *Coutumes des Arabes au pays de Moab*, Victor Lecoffre, Paris, 1908.

- Jewish Agency, *The Area of Cultivable Land in Palestine*, Jerusalem, 1936.

- Ruth Kark, "Landownership and Spatial Change in Nineteenth Century Palestine: An Overview", in: M. Roscizewsky (ed.), *Transition from Spontaneous to Regulated Spatial Organization*, Polish Academy of Sciences, Warsaw, 1984, pp. 183-196.

- Ruth Kark, *American Consuls in the Holy Land: 1832-1914*, Magnes Press, The Hebrew University, Jerusalem, 1994.

- Ruth Kark, "Mamluk and Ottoman Cadastral Surveys and Early Mapping of Landed Properties in Palestine", *Agricultural History*, 71, 1997, pp. 46–70.

- Ruth Kark and Seth Frantzman, "One of the most spectacular lawsuits ever launched: Abdülhamid's heirs, his lands and the land case in Palestine, 1908–1950", *New Perspectives on Turkey,* 42, 2010, pp.145-175.

- Ruth Kark and Haim Goren, "Pioneering British Exploration and Scriptural Geography: The Syrian Society/The Palestine Association", *The Geographical Journal*, 177(3), 2011, pp. 271.

- Ruth Kark and Seth Frantzman, "Empire, State and the Bedouin of the Middle East, Past and Present: A Comparative Study of Land and Settlement Policies", *Middle Eastern Studies*, 48(4), 2012, pp. 487-510.

- Ruth Kark and Seth Frantzman, "The Negev: Land, Settlement, the Bedouin and Ottoman and British Policy, 1871-1948", *The British Journal of Middle Eastern Studies*, 39(1), 2012, pp. 53-77.

- Alexandre Kedar, "The Legal Transformation of Ethnic Geography: Israeli Law and the Palestinian Landholder 1948-1967", *NYUJ Of International Law and Politics,* Vol. 33 (4), 2001, pp. 923-1000.

- Alexandre Kedar, Ahmad Amara & Oren Yiftachel, *Emptied Lands: A Legal Geography of Bedouin Rights in the Negev*, Stanford University Press, Stanford, 2018.

- George Eden Kirk, "Archeological Exploration of the Southern Desert", *Palestine Exploration Quarterly*, 70(4), 1938, pp. 211-235.

- George Eden Kirk, "The Negev, or Desert of Palestine", *Palestine Exploration Quarterly,* 73(2),1941, pp. 57-71.

- Horatio Herbert Kitchener, "Lieut. Kitchener's Reports", *Palestine Exploration Fund Quarterly Statement*, 10(1), 1878, pp. 10-14.

- Gideon Kressel, "The Growth of the Bedouin Population in Palestine since the 19th Century: Sociological Aspects of Bedouin Immigration and Fecundity", in: *A Colloquium on Palestine 1840 – 1948 Population and Immigration*, Haifa University, June 9-11, 1986, pp. 1-15.

- Noam Levin, Ruth Kark and Emir Galilee, "Maps and the settlement of southern Palestine, 1799–1948: an historical/GIS analysis", *Journal of Historical Geography*, 36 (1), 2010, pp. 1-18, and on-line with color maps: http://www.sciencedirect.com/science/article/pii/S0305748 809000486

- B.A. Lowe, "Dry Farming in Beersheba District of Palestine", *The Proceedings of the Conference on Middle East Agricultural Development*, Cairo February 7th-10th 1944, Agricultural Report no. 6, Middle East Supply Center, Cairo, 1944, pp. 29-33.

- Emanuel Marx, *Bedouin of the Negev*, Praeger, New York, 1967.

- *Military Handbook on Palestine*, Third Provisional Edition June, 30, 1917, prepared by G.S (I.), E.E.F, Cairo, 1917.

- Eric Mills, *Census of Palestine 1931,* Whitehead Morris, Alexandria, 1933.

- Helmut Victor Muhsam, *Bedouin of the Negev, Eight Demographic Studies*, Eliezer Kaplan School, The Hebrew University Jerusalem, Jerusalem, 1966.

- Alois Musil, *Arabia Petraea*, Hödler, Wien, 1907-1908.

- Mansour Nasasra, *The Naqab Bedouins: a century of politics and resistance*, Columbia University Press, New York, 2017.

- *Palestine and Transjordan Administration Reports, 1918-1948*, Vol. 15, Archive Editions, [Great Britain], 1995.

- Edward Henry Palmer, *The Desert of the Exodus: Journeys on Foot in the Wilderness of the Forty Years' Wanderings*, Deighton, Bell, and Co., Cambridge, 1871.

- Edward Henry Palmer, "The Desert of Tih and the Country of Moab", *Palestine Exploration Fund Quarterly Statement*, New Series, No. 1, 1871, pp. 3-80.

- Benjamin Reilly, "Arabian Travellers, 1800 – 1950: An Analytical Bibliography", *British Journal of Middle Eastern Studies*, 43(1), 2016, pp. 71-93.

- Edward Robinson and Eli Smith, *Biblical researches in Palestine, Mount Sinai and Arabia Petraea: a journal of travels in the year 1938*, John Murray, London, 1841.

- Edward Robinson and Eli Smith, *Later biblical researches in Palestine and the adjacent regions: a journal of travels in the year 1852*, John Murray, London, 1856.

- Arthur Ruppin, *Syria: An Economic Survey*, The Provisional Zionist Committee, New York, 1918.

- Alexander Schölch, *Palestine in Transformation, Studies in Social, Economic, and Political Development, 1856-1882*, Institute for Palestine Studies, 2006.

- Ulrich Jasper Seetzen, "Auszug aus einem Schreiben des Russisch-Kaiserlichen Cammer-Assessors", *Monatliche Correspondenz zur Beförderung der Erd- und Himmels-Kunde herausgegeben vom Freyherrn F. von Zach*, 17 Band, Gotha, February 1808.

- Ulrich Jasper Seetzen, *A Brief Account of the Countries adjoining the Lake of Tiberias, the Jordan, and the Dead Sea* (Published for the Palestine Association of London), Meyler and Son & Hatchard, Bath & London, 1810.

- Ulrich Jasper Seetzen, *Reisen durch Syrien, Palästina, Phönicien, die Transjordan-Länder, Arabia Petraea und Unter-Aegypten* (herausgegeben und commentiert von Professor Dr. Fr. Kruse), 4 Vols., G. Reimer, Berlin, 1854-1859.

- Moshe Sharon, "The Political Role of the Bedouins in Palestine in the Sixteenth and Seventeenth Centuries", in: Moshe Maoz (ed.), *Studies on Palestine during the Ottoman Period*, Magnes Press, Jerusalem, 1975, pp. 11-30.

- Nadav Solomonovich and Ruth Kark, "Land Privatization in Nineteenth-century Ottoman Palestine", *Islamic Law and Society*, 22(3), 2015, pp. 221-252.

- Nadav Solomonovich and Ruth Kark, "The Bedouins, the Ottoman Civilizing Mission and the Establishment of the Town of Beersheba", *Turkish Historical Review*, 10(2-3), 2019, pp. 189-212.

- William M. Thomson, *The Land and The Book, or Biblical illustrations drawn from the manners and customs, the scenes and scenery of The Holy Land*, Harper & Brothers, New York, 1859.

- Warwick P. N. Tyler, *State Lands and Rural Development in Mandatory Palestine 1920-1948*, Sussex Academic Press, Brighton & Portland, 2001.

- Charles William Meredith Van De Velde, *Narrative of a Journey Through Syria and Palestine in 1851 and 1852*, William Blackwood and Sons, Edinburgh and London, 1854.

- Charles William Meredith Van De Velde, *Memoir to Accompany the Map of the Holy Land*, Justus Perthes, Gotha, 1858.

- Leonard Woolley, "The Desert of The Wanderings", *P.E.F.Q.S.T*, 1913, pp.58-66.

- Havazelet Yahel, "Land Disputes between Israel and the Bedouin of the Negev", *Israel Studies*, 11(2), 2006, pp. 1-22.

מפות (לפי סדר כרונולוגי)

❖ מפת תפרושת היישובים והשבטים הבדואים בפלשתינה בשנת 1596 שהכינו החוקרים הוטרוט ועבדול פתח: Wolf-Dieter Hutteroth and Kamal Abdulfattah, *Historical Geography of Palestine, Transjordan and Southern Syria*, Palm & Enke, Erlangen, 1977, Map No. 5

❖ U.J. Setzens Original Charte von Peraea, den Todten Meere und dem südlichen Palaestina [1806-1807], in: Ulrich Jasper Seetzen, Reisen durch Syrien, Palästina, Phönicien, die Transjordan-Länder, Arabia Petraea und Unter-Aegypten (herausgegeben und commentiert von Professor Dr. Fr. Kruse), G. Reimer, Berlin, 1854-1859, end of Vol. 4.

❖ Map of Palestine chiefly from the itineraries and measurements of E. Robinson and E. Smith, South sheet, 1:400,000, H. Kiepert, John Murray, London (engraved in Berlin), 1840.

❖ Map of the Peninsula of Mount Sinai and Arabia Petraea from the itineraries of E. Robinson and E. Smith, 1:800,000, H. Kiepert, John Murray, London (engraved in Berlin), 1841 (Jewish National and University Library, Laor Map Collection: Sinai 15).

❖ Map of the Holy Land, Section 7, 1:315,000, Van de Velde, Justus Perthes, Gotha, 1858.

❖ Carte de La Judée Ancienne et Moderne, 1:210,000, in: Victor Guérin, *La Description géographique historique et archéologique de la Palestine*, 1863.

❖ Routes in the Holy Land by the Revd. H.B. Tristram. Stanford's Geog. Estab., London (Published by the Society for Promoting Christian Knowledge), 1865.

- Route map of the Negeb or South Country, 1:470,000, E.H. Palmer and C.F. Tyrwhitt Drake, Palestine Exploration Fund, London, 1871 (Jewish National and University Library, Laor Map Collection: Pal 1249).
- על חלק ממפת GIS שחזור מיקום מוערך של שטחי חקלאות בצפון הנגב בעזרת פאלמר ודרייק, 1871: אביב אופנהיים, "התפתחות החקלאות בנגב, 1799 – 1948", עבודת מוסמך, האוניברסיטה העברית בירושלים, ירושלים, 2015, מפה 10, עמ' 51.
- Bir Sheba, PEF Archive [24/3] WS/159 [1874].
- Survey of Western Palestine [1871-1877], 26 sheets, 1:63,360, Conder, R.R., and Kitchener, H.H., Palestine Exploration Fund, London, 1880.
- Sketch Map to show the Route of Prof. Hull's Party, 1883-84, in: Edward Hull, *Mount Seir, Sinai and Western Palestine: being a Narrative of a Scientific Expedition*, Richard Bentley and Son, London, 1885, Chapter XX.
- Palästina, 1:700,000, H. Fischer and H. Guthe, Verlag der Geogr. Anstalt von Wagner & Debes, Leipzig, 1890 (Jewish National and University Library, Laor Map Collection: Pal 1261-C8).
- Karte von Arabia Petraea [1895-1902], 1:300,000, A. Musil, Kaiserliche Akademie der Wissenchaften, Wien, 1907.
- על מפת מוסיל, 1902: אביב אופנהיים, GIS סימון שטחי חקלאות בנגב בעזרת "התפתחות החקלאות בנגב, 1799 – 1948", עבודת מוסמך, האוניברסיטה העברית בירושלים, ירושלים, 2015, מפה 13, עמ' 61.
- Carte du Nord Sinai, de Jerusalem au Canal de Suez, 1:500,000, Mustapha Ibrahim Bey Ingr., A.L. Nosohn, Jerusalem, 1910.
- Syrisch-Agyptische Grenzgebiet, 1:1,400,000, Dr. Hans Fischer, Kommission bei K. Baedeker, Leipzig, 1910.
- Das Heutige Palastina, No. 20, 1:700,000, Dr. Hans Fischer & Prof. Dr. H. Guthe, Wagner & Debes, Leipzig, 1911, in: Bibleatlas in 20 Haupt und 28 Nebenkarten von Hermann Guthe.
- תהליך השינוי המרחבי בארץ ישראל, 1914-1800: Ruth Kark, "Landownership and Spatial Change in Nineteenth Century Palestine: An Overview", in: M. Roscizewsky (ed.), *Transition from Spontaneous to Regulated Spatial Organization*, Polish Academy of Sciences, Warsaw, 1984, p. 186.
- Africa–Sinai Peninsula, 1:125,000, S.F. Newcombe, R.E., War Office — Geographical Staff General Section, No. 2230, Southhampton, 1915.
- Karte des turkisch-agypischen Grenzgebitetes (Vorlaufige Ausgabe), Blatt 2, 1:250,000, Unter Benutzung von Routenaufnahmen des Hauptmanns von Ramsay, Kartographische Abteilung des Stellvertretenden, Generalstabes der Armee, 1916.

- 2nd Edition, 1:40,000, Survey Coy. R.E., Survey of Egypt, 1917.
- 1st Edition, 1:40,000, 7th Field Survey Coy. R.E., E.E.F., Survey of Egypt, 1919.
- Turkish Levant, 1:200,000, 1919.
- מפת שבטי הנגב של עארף אל עארף בערבית, בתוך: עארף אל עארף, *תאריח' ביר אלסבע וקבאאילהא*, מטבעת בית אלמקדס, אלקדס (ירושלים), 1934.
- 1:100,000, F.J. Salmon, Survey of Palestine, Jaffa, 1936-1939.
- Map of Palestine, Cultivable and Uncultivable Land, 1:1,000,000, Survey of Palestine, Jaffa, 1938, in: The British National Archives, FO371-61868, p. 10.
- Eliahu Epstein, "Bedouin of the Negeb", *Palestine Exploration Quarterly*, Vol. 71, 1939, p. 60.
- Palestine, Index to Villages and Settlements, 1:250,000, Survey of Palestine, Jaffa, 1942.
- Topocadastral Series, Sheet 9-9, 1:20,000, Survey of Palestine, 1945-1946.
- Palestine, Distribution of the Nomad Population in Beer Sheva Sub-District, 1:250,000, Survey of Palestine, 1946-1947.
- Palestine, Index to Villages & Settlements, State Domain (as at 30.4.47), 1:250,000, Survey of Palestine, Jaffa, 1947.
- Palestine, Land in Jewish Possession (as at 30.6.47), 1:250,000, J. Weitz and Z. Liphshitz on behalf of the Jewish Agency, Survey of Palestine, Jaffa, 1947.
- ממוצעים רבשנתיים של כמות הגשם השנתית בנגב הצפוני, 1931 – 1960: רות קרק, *תולדות ההתיישבות היהודית החלוצית בנגב עד 1948*, מהדורה ראשונה, הקיבוץ המאוחד, רמת גן, 1974 (ומהדורה מצולמת, 2002), עמ' 28.
- Environmental Systems Research Institute (ESRI), 1:400,000, 2022.

הערות

1 רות קרק, *תולדות ההתיישבות היהודית החלוצית בנגב עד 1948*, מהדורה ראשונה, הקיבוץ המאוחד, רמת גן, 1974; רות קרק, *תולדות ההתיישבות היהודית החלוצית בנגב עד 1948*, מהדורה מצולמת, אריאל, ירושלים, 2002; רות קרק, *שישים שנה למצפות הראשונות בנגב*, אריאל, ירושלים, 2003.

2 חבצלת יהל ואמיר גלילי, "מבוא: בדואים בנגב", בתוך: חבצלת יהל ואמיר גלילי (עורכים), *בדואים בנגב: שבטיות, פוליטיקה וביקורת*, מוסד הרצל לחקר הציונות וקתדרת חייקין לגאואסטרטגיה, אוניברסיטת חיפה, חיפה, 2023, עמ' 8-9, Ruth Kark and Seth Frantzman, "Empire State and the Bedouin of the Middle East, Past and Present: A Comparative Study of Land and Settlement Policies", *Middle Eastern Studies*, 48(4), 2012, pp. 487-510.

3 מכתב של א. לוי [המח' לאשרות במשרד הפנים], למר י.נ. שי [סמכ"ל לעליה והתאזרחות], בנושא רשום הבדואים בנגב, 18.1.1955, ארכיון מדינת ישראל [להלן אמ"י], ג – 2218/4.

4 מכתב של מ.ש. קומיי [M.S. Comay ממשרד החוץ], לא. אילת [E. Elath ציר ישראל בלונדון], בנושא ערביי הנגב [Negev Arabs], 6.10.1950, אמ"י, חצ – 2592/18.

5 רשות מקרקעי ישראל, אומדני ממשלת ישראל, בתוך: Kark & Frantzman, 2012, "Empire", p. 510, f.n. 173.

6 תומר דקל, "ביקורת, התפתחות והפוליטיקה של הידע בתכנון ההתיישבות הבדואית בנגב", בתוך: חבצלת יהל ואמיר גלילי (עורכים), *בדואים בנגב: שבטיות, פוליטיקה וביקורת*, מוסד הרצל לחקר הציונות, וקתדרת חייקין לגאואסטרטגיה, אוניברסיטת חיפה, חיפה, 2023, עמ' 61; מאגר נתונים מקוון של אוניברסיטת בן-גוריון בנגב, מרכז הנגב לקיימות, המבוסס על נתוני רשות האוכלוסין וההגירה: http://in.bgu.ac.il/humsos/negevSus/SYBSN/DocLib/population_january_2021.pdf (תאריך כניסה אחרון: 31.5.2023).

7 אליעד וינשל, *והנגב לא ישקוט: סוגיית הבדואים בנגב - בין פתרון אזרחי לסכסוך לאומי*, ידיעות אחרונות, ראשון לציון, 2018, עמ' 44-45; גולדברג, *דו"ח הועדה*; הצעות חוק הממשלה מס' 761, י"ח בסיון התשע"ג, 27.5.2013, עמ' 315; חבצלת יהל, "'לפנים משורת הדין, המאמצים לגבש פשרה בתביעות הבעלות של הנגב בשנות השבעים", *עיונים בתקומת ישראל*, 28, 2017, עמ' 124.

8 משה שרון, "הבדוים בארץ ישראל במאות השמונה עשרה והתשע עשרה", עבודת גמר למוסמך, האוניברסיטה העברית בירושלים, ירושלים, תשכ"ד (1964), עמ' 21-24; Moshe Sharon, "The Political Role of the Bedouins in Palestine in the Sixteenth and Seventeenth Centuries", in: Moshe Maoz (ed.), *Studies on Palestine during the Ottoman Period,* Magnes Press, Jerusalem, 1975, pp.11-30; Clinton Bailey, "Dating the arrival of the Bedouin of Sinai and the Negev", *Journal of the Economic and Social History of the Orient*, Vol. 28, 1980, pp. 20-49.

9 קרק, 1974 & 2002, עמ' 35 - 36; שרון, 1964, עמ' 51-54, 67-73; מחמד יוסף סואעד, "יחסי בדווים-יהודים בארץ-ישראל המנדטורית, 1918-1948", חיבור לשם קבלת תואר דוקטור, אוניברסיטת בר-אילן, 1998, 25, 41-45; עארף אל עארף, *תולדות באר שבע ושבטיה & שבטי הבדואים במחוז באר שבע*, אריאל, ירושלים, 2000 (העתק של הוצאה ראשונה, תל-אביב: בוסתנאי, 1937), עמ' 6.

10 Wolf-Dieter Hutteroth and Kamal Abdulfattah, *Historical Geography of Palestine, Transjordan and Southern Syria*, Palm & Enke, Erlangen, 1977, pp. 45-58, 142-144.

11 Hutteroth and Abdulfattah, 1977, p. 3.

12 Hutteroth and Abdulfattah, 1977, p. 11.

13 Hutteroth and Abdulfattah, 1977, p. 62.

14 Sharon, 1975, pp. 19-22.

15 Helmut Victor Muhsam, *Bedouin of the Negev, Eight Demographic Studies*, Eliezer Kaplan School, The Hebrew University Jerusalem, Jerusalem, 1966, p. 9.

16 Emanuel Marx, *Bedouin of the Negev*, Praeger, New York, 1967, p. 12; Seth Frantzman, Noam Levin and Ruth Kark, "Counting Nomads: British Census Attempts and Tent Counts of the Negev Bedouin 1917-1948", *Population, Space and Place*, 20(6), 2014, pp. 552-568.

17 חיים גורן, "ראשית המחקר המדעי של הנגב", אלי שילר וגבריאל ברקאי (עורכים), *אריאל*, 202, 2013, עמ' 65-78.

18 Benjamin Reilly, "Arabian Travelers, 1800 – 1950: An Analytical Bibliography", *British Journal of Middle Eastern Studies*, 43(1), 2016, pp. 71-93.

19 Clinton Bailey, "The Negev in the Nineteenth Century: Reconstructing History from Bedouin Oral Traditions", *Asian and African Studies*, 14, 1980, pp. 35-80.

20 Ulrich Jasper Seetzen, *A Brief Account of the Countries adjoining the Lake of Tiberias, the Jordan, and the Dead Sea* (Published for the Palestine Association of London), Meyler and Son & Hatchard, Bath & London, 1810.

21 Ulrich Jasper Seetzen, *Reisen durch Syrien, Palästina, Phönicien, die Transjordan-Länder, Arabia Petraea und Unter-Aegypten* (herausgegeben und commentiert von Professor Dr. Fr. Kruse), 4 Vols., G. Reimer, Berlin, 1854-1859.

22 Seetzen, 1810, p. 42.

23 Seetzen, 1810, p. 46.

24 Ruth Kark and Haim Goren, "Pioneering British Exploration and Scriptural Geography: The Syrian Society/ The Palestine Association", *The Geographical Journal*, 177(3), 2011, pp. 271; יהושע בן אריה, *ארץ ישראל במאה ה-י"ט: גלויה מחדש*, כרטא, החברה לחקירת ארץ ישראל ועתיקותיה, ירושלים, 1970, עמ' 33-34; נתן שור, *ספר הנוסעים לארץ ישראל במאה הי"ט*, בית הוצאה כתר, ירושלים, 1988, עמ' 56-57.

25 גורן, 2013, עמ' 66-67; Seetzen, 1855, Vol. III, p. 31.

26 Ulrich Jasper Seetzen, "Auszug aus einem Schreiben des Russisch-Kaiserlichen Cammer-Assessors", *Monatliche Correspondenz zur Beförderung der Erd- und Himmels-Kunde herausgegeben vom Freyherrn F. von Zach*, 17 Band, Gotha, February 1808, p. 143 [Translated from German to English by Miriam Kutchinski].

27 Edward Robinson and Eli Smith, *Later biblical researches in Palestine and the adjacent regions: a journal of travels in the year 1852*, John Murray, London, 1856.

28 בן אריה, 1970, עמ' 69-70, 74; שור, 1988, עמ' 70-71; Ruth Kark, *American Consuls in the Holy Land: 1832-1914*, Magnes Press, The Hebrew University, Jerusalem, 1994, pp. 29-31, 240.

29 גורן, 2013, עמ' 75.

30 Edward Robinson and Eli Smith, *Biblical researches in Palestine, Mount Sinai and Arabia Petraea: A journal of travels in the year 1938*, John Murray, London, 1841, pp. 300-302.

31 Robinson and Smith, 1841, Vol. II, pp. 467-487, 613-624.

32 אלי שילר, "בנתיב עולי הרגל לארץ הקודש", יעקב גורן (עורך), *קרדום*, 13 – 14, ינואר 1981, שבט תשמ"א, עמ' 110.

33 Charles William Meredith Van De Velde, *Memoir to Accompany the Map of the Holy Land*, Justus Perthes, Gotha, 1858, p. 1; בן אריה, 1970, עמ' 130.

34 Van De Velde, *Memoir*, 1858, pp. 2-4.

35 Van De Velde, *Memoir*, 1858, pp. 112-113.

36 Charles William Meredith Van De Velde, *Narrative of a Journey Through Syria and Palestine in 1851 and 1852*, William Blackwood and Sons, Edinburgh and London, 1854, Vol. II, pp. 131-140.

37 שם.

38 Van De Velde, Memoir, 1858, p. 270.

39 Victor Guérin, *Description géographique, historique et archéologique de la Palestine*, Imprimerie Impériale, Paris, 1868-1880.

40 ויקטור גרן, *תיאור גיאוגרפי, היסטורי וארכיאולוגי של ארץ ישראל*, כרך שני: יהודה (ב), יד יצחק בן צבי, ירושלים, 1982, עמ' 123-214.

41 שור, 1988, עמ' 290.

42 גרן, 1982, כרך ראשון: יהודה (א), עמ' 1-4.

43 גרן, 1982, כרך ראשון: יהודה (א), עמ' ח'-י"א.

44 גרן, 1982, כרך שני: יהודה (ב), עמ' 180.

45 גרן, 1982, כרך שני: יהודה (ב), עמ' 203.

46 גרן, 1982, כרך שני: יהודה (ב), עמ' 247.

47 גרן, 1982, כרך שני: יהודה (ב), עמ' 246.

48 גרן, 1982, כרך שלישי: יהודה (ג), עמ' 123-144.

49 שור, 1988, עמ' 93-95; הנרי בייקר טריסטראם, *מסע בארץ ישראל לחקר חיי הארץ וטבעה - יומן 1863-1864*, מוסד ביאליק, ירושלים, 1975, עמ' ו' – ט"ז, עמ' 279 – 283.

50 טריסטראם, 1975, עמ' 275.

51 טריסטראם, 1975, עמ' 275.

52 Edward Henry Palmer, *The Desert of the Exodus: Journeys on Foot in the Wilderness of the Forty Years' Wanderings*, Deighton, Bell, and Co., Cambridge, 1871, Part I, pp. vii-ix.

53 יוסף שדור, *מסעות חוקרים בהר הנגב: תולדות גילויו מחדש של הר-הנגב במאות ה-19 וה-20*, החברה להגנת הטבע: מחלקות ההדרכה, המרכז ללימודי שדה באר-שבע, בית הספר שדה שדה-בוקר, 1976 (תשל"ו), עמ' 12-16; Yehoshua Ben Arieh, *The Rediscovery of the Holy Land in the Nineteenth Century*, Magnes Press, Jerusalem, 1979, p. 206.

54 Edward Henry Palmer, "The Desert of Tih and the Country of Moab", *Palestine Exploration Fund Quarterly Statement,* New Series, No. 1, 1871, p. 3.

55 Palmer, *The Desert of the Exodus*, 1871, Part II, p. 394.

56 Palmer, *The Desert of the Exodus*, 1871, Part II, p. 298.

57 Palmer, *The Desert of the Exodus*, 1871, Part II, p. 402.

58 Palmer, *The Desert of the Exodus*, 1871, Part II, p. 387.

59 Palmer, *The Desert of the Exodus*, 1871, Part II, pp. 404-405.

60 Palmer, *The Desert of the Exodus*, 1871, Part II, p. 392.

61 Palmer, *The Desert of the Exodus*, 1871, Part II, pp. 393-394.

62 Capt. Claude Reignier Conder and Capt. Horatio Herbert Kitchener, *The Survey of Western Palestine: Memoirs of the Topography, Orography, Hydrography, and Archaeology*, Vol. III (Judaea), Sheets XXIV – XXV, Committee of the Palestine Exploration Fund, London, 1883, pp. 391-417.

63 Conder and Kitchener, Vol. III (Judaea), Sheet XXIV, 1883, pp. 391-400.

64 Horatio Herbert Kitchener, "Lieut. Kitchener's Reports", *Palestine Exploration Fund Quarterly Statement*, 10(1), 1878, p. 14.

65 Conder and Kitchener, Vol. III (Judaea), Sheet XXIV, 1883, pp. 391-394.

66 Conder and Kitchener, Vol. III (Judaea), Sheet XX, 1883, pp. 257-263, 397.

67 Conder and Kitchener, Vol. III (Judaea), Sheet XX, 1883, p. 397.

68 Kitchener, 1878, pp. 12-13.

69 מכתב הורציו הרברט קיצ'נר מנהל סקר ה- PEF, ירושלים, לבסאנט, מזכיר ה- PEF בלונדון, 2 באוקטובר 1877, ארכיון ה- PEF, לונדון, WS/KIT/49.

70 שם.

71 Kitchener, 1878, pp. 12-13.

72 Kitchener, 1878, p. 13.

73 דוד איילון ופסח שנער, *מלון ערבי-עברי ללשון הערבית החדשה*, מהדורה שניה, מאגנס, ירושלים, תשי״ב, עמ׳ 89.

74 אברהם אלמליח, *מילון עברי-ערבי וערבי-עברי*, הוצאת יוסף שרברק, תל אביב, תרפ״ט, עמ׳ 176.

75 Conder and Kitchener, Vol. I (Galilee), 1881, p. 43.

76 Nigel Groom, *A Dictionary of Arabic Topography and Place Names*, Librairie du Liban & Longman, Beirut & London, 1983, pp. 141-142.

77 Edward Hull, *Mount Seir, Sinai and Western Palestine: being a Narrative of a Scientific Expedition*, Richard Bentley and Son, London, 1885; Edward Hull, *Memoir of the Geology and Geography of Arabia Petraea, Palestine, and adjoining Districts*, Published for the Committee of the Palestine Exploration Fund, Richard Bentley and Son, London, 1886.

78 Hull, 1885, p. 5.

79 Hull, 1885, p. 176.

80 Hull, 1885, pp. 137-139, 176.

81 Hull, 1885, p. 136.

82 Hull, 1885, p. 138.

83 Hull, 1885, p. 139-141.

84 Hull, 1885, p. 142.

85 Lucien Gautier, *Souvenirs de Terre-Sainte*, Georges Bridel & Cie Editeurs, Lausanne, 1898, p. 55-156; שור, 1988, עמ׳ 302.

86 Lucien Gautier, "Aux puits d'Abraham", *Revue chrétienne*, troisième série, Tome XI, No. 3, 1900, p. 183.

87 Gautier, 1900, p. 184.

88 Gautier, 1900, p. 184-185.

89 Gautier, 1900, p. 186.

90 Gautier, 1900, p. 188.

91 Alois Musil, *Arabia Petraea*, Vol. I, Hödler, Wien, 1907, pp. v-xiv.

92 Musil, 1907, Vol. II, p. 199.

93 הערך: מצודת פטיש, בתוך: *כל מקום ואתר*, ההוצאה לאור משרד הבטחון, מהדורה 20, כתר, ירושלים, 2000.

94 Musil, 1907, Vol. II, pp. 66-67.

95 Musil, 1907, Vol. II, pp. 18-19.

96 Musil, 1908, Vol. III, pp. 259-261.

97 Musil, 1907, Vol. II, pp. 199, 211, 217-218, 224.

98 Hans Fischer, "Begleitworte zur Karte des Syrisch-Ägyptischen Grenzgebiets", *Z.D.P.V.*, 33, 1910, pp. 188-221.

99 Fischer, 1910, p. 211.

100 Hans Fischer, "Geschichte der Kartographie von Palästina", *Z.D.P.V.*, 63, 1940, pp. 1-111.

101 אמ״י, ט-1/8 (לשעבר חט׳ 83), תעודה מס׳ 218 ושלוש תעודות נוספות ללא מיספור המתארות את סכסוכיו עם הבדואים ופזיזותו בהפיכת עוג׳ה בנפת ח׳פיר לעיר, ומבקשות העברתו מתפקידו, מיום 3 ו- 5 במאי 1908.

102 דוד קושניר, *מושל הייתי בירושלים: העיר והמחוז בעיניו של עלי אכרם ביי 1906-1908*, יד יצחק בן צבי, ירושלים, 1995, עמ׳ 101-104, 122, 137.

103 קושניר, 1995, עמ׳ 101-104, 107-111, 122-126, 137, 240-243.

104 Robinson and Smith, 1841, Vol. II, pp. 386-387.

105 זלמן דוד ליבונטין, *לארץ אבותינו, ספר שני, לתולדות עבודת ההסתדרות הציונית משנת 1901 - 1914*, הוצאת א. איתן ומ. שושני, תל אביב, תרפ"ד, עמ' 58 - 59 ; קרק, 2002, עמ' 38-39, 48 ; מכתבי ז.ד. לבונטין לד. וולפסון, 16.7.1903, 20.10.1903, הארכיון הציוני המרכזי [להלן אצ"מ], תיק W/1/124.

106 *השקפה*, ע"א, 26 במאי 1907 וע"ב, 29 במאי 1907, בתוך : קושניר, 1995, עמ' 240-243.

107 אמ"י, ט-1/9 (לשעבר חט' 83), תעודה מס' 22.

108 גרן, 1982, כרך שני : יהודה (ב), עמ' 203.

109 קרק, 2002, עמ' 42-43.

110 Yasemin Avci, "The application of Tanzimat in Desert: the Bedouins and the creation of a new Town in Southern Palestine (1860-1914)", *Middle Eastern Studies*, 45(6), 2009, pp. 969-983.

111 קרק, 2002, עמ' 44-49.

112 Leonard Woolley, "The Desert of The Wanderings", *P.E.F.Q.S.T*, 1913, pp.58-66.

113 הקטע נלקח מכתבה גדולה יותר שפורסמה תחת הכותרת "המלחמה והלוחמים הנמצאים במדבר" Çöldeki Muharebler ve Muharibler. הכתבה פורסמה בחרב מג'מועהסי ("כתב העת של המלחמה") בגיליון מספר 11 מתאריך יולי 1332, רמצ'אן 1334 [כלומר -יולי 1916], עמ' 165-169 (המחבר חתם את שמו בראשי התבות פ.ר.). אני מודה לפרופ' איל ג'ינאו שהעביר לי כתבה זו. ר.ק.

114 *Military Handbook on Palestine*, Third Provisional Edition June, 30, 1917, prepared by G.S (I.), E.E.F, Cairo, 1917, p. 34.

115 שם.

116 *Military Handbook on Palestine*, 1917, pp. 21-34.

117 יצחק בן צבי ודוד בן גוריון, *ארץ ישראל בעבר ובהווה*, יד יצחק בן צבי, ירושלים, תש"ם (1979), עמ' 120, 161.

118 John Bernard Barron, *Report and General Abstract of the Census of 1922*, Greek Convent Press, Jerusalem, 1923, p. 4.

119 שם.

120 Barron, 1923, p. 6.

121 Eric Mills, *Census of Palestine 1931*, Vol. I, Whitehead Morris, Alexandria, 1933, p. 332.

122 Mills, 1933, Vol. I, pp. 32, 328-335.

123 Mills, 1933, Vol. I, pp. 329-330.

124 Mills, 1933, Vol. I, p. 330.

125 Mills, 1933, Vol. I, p. 32, footnote 1.

126 יעקב שמעוני, *ערביי ארץ ישראל*, עם עובד, תל אביב, תש"ז (1947), עמ' 148-150.

127 עמנואל מרקס, *החברה הבדוית בנגב*, רשפים, תל אביב, תשל"ד (1974), עמ' 16-17.

128 *A Handbook of Syria (Including Palestine)*, Published by His Majesty's Stationery Office, 1920, p. 470.

129 הרי צ'רלס לוק ואדוארד קיט-רוטש, *ספרה של ארץ ישראל* (ההוצאה העברית של ספר השימוש לארץ ישראל), ציון, ירושלים, תרפ"ד (1924), עמ' 27.

130 Government of Palestine, *1938 Village Statistics*, Palestine Department of Statistics, Jerusalem, February 1938, p. 4.

131 Palestine, Index to Villages and Settlements, 1:250,000, Survey of Palestine, Jaffa, 1942.

132 Government of Palestine, 1945 *Village Statistics*, Palestine Department of Statistics, Jerusalem, April 1945, p. 33.

133 *Palestine and Transjordan Administration Reports*, 1918-1948, Vol. 15, Archive Editions, [Great Britain], 1995, p. 626.

134 *Palestine and Transjordan Administration Reports*, 1918-1948, 1995, pp. 624-627.

135 עארף אל עארף, *אלקצ'א בין אלבדו*, מטבעת בית אלמקדס, ירושלים, 1933; עארף אל עארף, *תאריח' ביר אלסבע וקבאילהא*, מטבעת בית אלמקדס, ירושלים, 1934.

136 אסף לחובסקי, "כינון גבולות וטישטושם: משפט, לאומיות ושיח קולוניאלי ערבי בתקופת המנדט", *עיוני משפט*, כ"ז (2), 2003, עמ' 641-643.

137 עארף אל עארף, *תולדות באר-שבע ושבטיה*, תרגם מערבית מנחם קפליוק, הוצאת בוסתנאי, דפוס שושני, תל-אביב, 1937, עמ' 27-28 [המקור בערבית: *תאריח' ביר-אלסבע וקבאא'להא*, בית אל מקדס, אלקדס, 1934].

138 שם.

139 עארף אל עארף, 1937.

140 אליהו אפשטיין (אילת), *הבדוים: חייהם ומנהגיהם*, א.י.שטיבל, תל אביב, תרצ"ג, (1933), עמ' 15-56.

141 George Eden Kirk, "Archaeological Exploration of the Southern Desert", *Palestine Exploration Quarterly*, 70(4), 1938, pp. 211-235.

142 Kirk, 1938, pp. 214-216.

143 מיכאל אסף, *הערבים תחת הצלבנים, הממלוכים והתורכים*, כרך ג', דבר בהשתתפות מוסד ביאליק, תל אביב, תש"א (1941), עמ' 256-281.

144 טוביה אשכנזי, *הבדוים מספרים*, קדם, תל אביב, 1940; טוביה אשכנזי, *הבדוים: מוצאם, חייהם ומנהגיהם*, ראובן מס, ירושלים, 1957 (ומהדורה שניה משנת 1973).

145 אשכנזי, 1973 (מהדורה שניה), עמ' 46-50.

146 טוביה אשכנזי, "התמורות הכלכליות והחברתיות בחיי הבדוים בארץ ישראל", *התקופה*, ט"ו, תרצ"ו (1936), עמ' 192-203.

147 טוביה אשכנזי, *שבטי הבדוים בנגב: מחקר אתנולוגי*, כתב יד, ירושלים, 1960.

148 טוביה אשכנזי, *הבדוים בארץ-ישראל*, אריאל, ירושלים, 2000 (בקובץ זה כונסו שלושה ספרים של המחבר: *הבדוים; אהלי קדר למן הירקון ועד הכרמל; בדוים מספרים*).

149 B.A. Lowe, "Dry Farming in Beersheba District of Palestine", The Proceedings of the Conference on Middle East Agricultural Development, Cairo February 7th-10th 1944, Agricultural Report no. 6, Middle East Supply Center, Cairo, 1944, pp. 29-33.

150 שמעוני, 1947, עמ' 133-156.

151 יוסף ברסלבסקי, *הידעת את הארץ - ארץ הנגב* (כרך ב'), הקיבוץ המאוחד, תל אביב, תש"ז (1947), עמ' 1.

152 ברסלבסקי, 1956 (מהדורה ד'), כרך ב', עמ' 26-27.

153 חנינא פורת, "מדיניות רכישת קרקעות וההתיישבות בנגב ערב מלחמת העצמאות", *קתדרה*, 62, דצמבר 1991, עמ' 139.

154 דן גזית, "תהליכי התיישבות בחבל הבשור בימי השולטן עבד אלחמיד השני", בתוך: יהושע שוורץ, זהר עמר ועירית ציפר (עורכים), *ירושלים וארץ-ישראל*: ספר אריה קינדלר, מרכז רנרט ומוזיאון ארץ ישראל, ירושלים, 2000, עמ' 183-186.

155 Noam Levin, Ruth Kark and Emir Galilee, "Maps and the settlement of southern Palestine, 1799–1948: an historical/GIS analysis", *Journal of Historical Geography*, 36 (1), 2010, pp. 1-18, and on-line with color maps: http://www.sciencedirect.com/science/article/pii/S0305748809000486

156 Palestine, Distribution of the Nomad Population in Beer Sheva Sub District, 1: 250,000, Survey of Palestine, 1946-1947.

157 עמנואל מרקס, *הבדוים בנגב*, תל אביב, 1961; Marx, 1967 .

158 מרקס, 1974.

159 מרקס, 1974, עמ' 16.

160 שם.

161 שרון, 1964, עמ' 23-24, 68, 94.

162 Bailey,"Dating the arrival of the Bedouin of Sinai and the Negev", 1980, pp. 20-49.

163 Bailey, "The Negev in the Nineteenth Century: Reconstructing History from Bedouin Oral Traditions", 1980, p. 36.

164 לחובסקי, 2003, עמ' 647.

165 יוסף בן דוד, "שלבים בהתפתחות היישוב הבדווי הספונטני בנגב, במעבר מנוודות למחצה להתיישבות קבע", חיבור לשם קבלת תואר דוקטור, האוניברסיטה העברית בירושלים, 1982, עמ' 197-198.

166 יוסף בן דוד וששון בר צבי, "בדוויי הנגב בשנות השלושים והארבעים של המאה העשרים, כחברה נוודית-למחצה", *מחקרים בגיאוגרפיה של ארץ-ישראל*, י', תשל"ח (1978), עמ' 124.

167 יוסף בן דוד ועזרא אוריון, "אורח החיים ודפוסי קיום של בדווי העזאזמה בהר הנגב", בתוך: שמואל אחיטוב (עורך), *מחקרים בארכאולוגיה של נוודים בנגב ובסיני*, רשות העתיקות והוצאת הספרים של אוניברסיטת בן גוריון, באר-שבע, תשנ"ח (1998), עמ' 175-217.

168 Gideon Kressel, "The Growth of the Bedouin Population in Palestine since the 19th Century: Sociological Aspects of Bedouin Immigration and Fecundity", in: *A Colloquium on Palestine 1840 – 1948 Population and Immigration*, Haifa University, June 9-11, 1986, pp. 1-15.

169 אבינועם מאיר, "התהוות הטריטוריאליות בקרב בדווי הנגב במעבר מנוודות להתיישבות של קבע", *מחקרים בגיאוגרפיה של ארץ ישראל*, י"ד, 1994, עמ' 75-76, 79-80, 91-92.

170 עומר חואלדי, "השפעת שינויים בשימושי קרקע בדווים על הסביבה הטבעית בגבול ישראל מצרים מאז שנות הארבעים", עבודת גמר למוסמך, המחלקה לגאוגרפיה, אוניברסיטת בן גוריון, 1992, עמ' 26.

171 מחמד יוסף סואעד, "הבדווים בארץ ישראל בין השנים 1804-1908", עבודת גמר למוסמך, אוניברסיטת בר-אילן, 1992, עמ' 94-120.

172 סואעד, 1998, עמ' 61-62, 23-24.

173 Roy Fischel and Ruth Kark, "Sultan Abdülhamid II and Palestine: Private Lands and imperial policy", *New Perspectives on Turkey*, 39, 2008, pp. 129-166; Ruth Kark and Seth Frantzman, "One of the most spectacular lawsuits ever launched: Abdülhamid's heirs, his lands and the land case in Palestine, 1908–1950", *New Perspectives on Turkey* ,42, 2010, pp. 145-175.

174 גזית, 2000, עמ' 183-186.

175 דוד גרוסמן, *האוכלוסיה הערבית והמאחז היהודי: תפרוסת וצפיפות בארץ ישראל בשלהי התקופה העות'מאנית ובתקופת המנדט הבריטי*, מאגנס, ירושלים, 2004, עמ' 9.

176 גרוסמן, 2004, עמ' 37.

177 גרוסמן, 2004, עמ' 95.

178 קרק, 2002, עמ' 33-37.

179 גרוסמן, 2004, עמ' 88-89.

180 גרוסמן, 2004, עמ' 218-219.

181 גדעון קרסל וראובן אהרוני, "מסעי אוכלוסיה ממצרים ללבאנט במאות התשע עשרה והעשרים", *ג'מאעה – כתב עת בינתחומי לחקר המזרח התיכון*, י"ב, 2004, עמ' 230.

182 קרסל ואהרוני, 2004, עמ' 201-249.

183 קרק, 2002, עמ' 18-30.

184 הארכיון העות'מאני [להלן BOA] 25 Kanun-u Evvel 1329, Ahmed Majed Bey, DH.ID 59.72.3: (7 January 1914). תורגם לאנגלית על ידי פרופ' יסמין אבצ'י

185 מנחם זהרי, *גיאובוטניקה*, הקיבוץ הארצי השומר הצעיר, מרחביה, 1955, עמ' 20.

186 Avci, 2009.

187 Seth Frantzman and Ruth Kark, "Bedouin Settlement in Late Ottoman and British Mandatory Palestine: Influence on the Cultural and Environmental Landscape, 1870-1948", *New Middle Eastern Studies*, 1, 2011, pp. 1-22 ; Ruth Kark and Seth Frantzman, "The Negev: Land, Settlement, the Bedouin and Ottoman and British Policy, 1871-1948", *The British Journal of Middle Eastern Studies*, 39(1), 2012, pp. 53-77.

188 שרון, 1964, עמ' 24-21 ; Hutteroth and Abdulfattah, 1977; p. 62.

189 Ruth Kark, "Landownership and Spatial Change in Nineteenth Century Palestine: An Overview", in: M. Roscizewsky (ed.), *Transition from Spontaneous to Regulated Spatial Organization*, Polish Academy of Sciences, Warsaw, 1984, pp. 183-196.

190 אבשלום שמואלי, *קץ הנוודות, חברות בדווים בתהליכי התיישבות*, דביר, תל-אביב, 1980 ; Bailey, "The Negev in the Nineteenth Century: Reconstructing History from Bedouin Oral Traditions", 1980, pp. 45, 74.

191 אברהם גרנובסקי (גרנות), *המשטר הקרקעי בארץ-ישראל*, דביר, תל-אביב, 1949, עמ' 32.

192 Van De Velde, *Memoir*, 1858, pp. 110-113.

193 Van De Velde, *Narrative*, 1854, Vol. II, pp. 144-145.

194 גרן, 1982, כרך שני: יהודה (ב), עמ' 168, 182, 186-203, 193, 249-244.

195 גרן, 1982, כרך שני: יהודה (ב), עמ' 203.

196 טריסטראם, 1975, עמ' 286-275.

197 Palmer, *The Desert of the Exodus*, 1871, Part II, p. 392.

198 Palmer, *The Desert of the Exodus*, 1871, Part II, p. 299.

199 Palmer, *The Desert of Tih*, 1871, p. 36.

200 Palmer, *The Desert of the Exodus*, 1871, Part II, pp. 387-394.

201 Conder and Kitchener, Vol. III (Judaea), Sheet XXIV, 1883, pp. 391-400.

202 Kitchener, 1878, p. 14.

203 Conder and Kitchener, Vol. III (Judaea), Sheet XX, 1883, pp. 256.

204 Conder and Kitchener, Vol. III, 1883, p. 405.

205 Conder and Kitchener, Vol. III, 1883, p. 263.

206 Conder and Kitchener, Vol. III, 1883, pp. 256, 391-400.

207 Kitchener, 1878, p. 12.

208 Hull, 1885, p. 138.

209 Musil, 1907, Vol. II, pp. 73, 216.

210 Musil, 1907, Vol. II, p. 211.

211 Musil, 1907, Vol. II, p. 216.

212 Antonin Jaussen, *Coutumes des Arabes au pays de Moab*, Victor Lecoffre, Paris, 1908, pp. 410-409.

213 Woolley, 1913, pp.66-58.

214 אמ"י, ט-1/9 (לשעבר חט' 83), תעודה מס' 10 (ככל הנראה מהשנים 1908-1906) ; קושניר, 1995, עמ' 117-101.

215 אמ"י, ט-1/9 (לשעבר חט' 83), תעודה מס' 10.

216 *Military Handbook on Palestine*, 1917, pp. 30-29.

217 בן צבי ובן גוריון, 1979, עמ' 120, 161.

218 בן דוד, 1982.

219 Philip Baldensperger, "The immovable East", *Palestine Exploration Quarterly* Statement, Vol. 54, 1922, pp. 162-161.

220 לוק וקיט-רוטש, 1924, עמ' 37.
221 Mills, 1933, Vol. I, pp. 332-334.
222 אפשטיין (אילת), 1933.
223 Eliahu Epstein, "Beduin of the Negeb", *Palestine Exploration Quarterly*, Vol. 71, 1939, pp. 70-71.
224 Epstein, 1939, pp. 65-67.
225 Epstein, 1939, p. 72.
226 Epstein, 1939, p. 60.
227 עארף אל עארף, שבטי הבדואים במחוז באר-שבע, תרגם מערבית מנחם קפליוק, הוצאת בוסתנאי, תל אביב, 1935 [המקור בערבית: אלקצ'א בין אלבדו, מטבעת בית אלמקדס, ירושלים, 1933], עמ' 164.
228 עארף אל עארף, 1937, עמ' 109-111, 149; עארף אל עארף, 1935, 157-159, 164-165.
229 Tuvia Ashkenazi, *Tribus Semi-Nomades de la Palestine du Nord*, Librairie orientaliste Paul Geuthner, Paris, 1938.
230 אשכנזי, 1936, עמ' 192-203.
231 אשכנזי, ערב א- תיהא, כתב יד, 1959, עמ' 2-7.
232 אשכנזי, 1960, עמ' 81.
233 אשכנזי, 1973, עמ' 31.
234 Jewish Agency, *The Area of Cultivable Land in Palestine*, Jerusalem, 1936, p. 13 + annex 10.
235 שם.
236 יוסף ויץ, אזור באר-שבע, ארכיון חברת הכשרת הישוב, 1935.
237 Kirk, 1938, p. 224.
238 George Eden Kirk, "The Negev, or Desert of Palestine", *Palestine Exploration Quarterly*, 73(2) 1941, pp. 57-71.
239 אסף, 1941, כרך ג', עמ' 267.
240 Lowe, 1944, pp. 29-33.
241 Kirk, 1938.
242 ברסלבסקי, 1956 (מהדורה ד'), כרך ב', עמ' 37.
243 שמעוני, 1947, עמ' 149, 151-152 [בעמ' 151-152 ציטוט מתוך ויץ. ר.ק].
244 שם.
245 David H. K. Amiran, "The Pattern of Settlement in Palestine", *Israel Exploration Journal*, 3, 1953, p. 69.
246 David H. K. Amiran and Yehoshua Ben-Arieh, "Sedentarization of Beduin in Israel", *Israel Exploration Journal*, 1963, 13(3), pp. 166-167.
247 Amiran and Ben-Arieh, 1963, pp. 179-180.
248 מצטפא מראד אל דבאע': בלאדנא פלסטין (ארצנו פלסטין), מהדורת פקס, כפר קרע, 2002, עמ' 122-123.
249 שרון, 1964, עמ' 94-96.
250 קרק, 2002, עמ' 35-37.
251 קרק, 2002, עמ' 36.
252 קרק, 2002, עמ' 57-58 (לפי דו"ח מחלקת החקלאות והדיוג של ממשלת א"י, 1936, עמ' 26).
253 שמואלי, 1980, עמ' 98.
254 Joseph Ben David, "The Negev Bedouin: from Nomadism to Agriculture", in: Ruth Kark (ed.), *The land that became Israel — Studies in historical geography*, Magnes Press, Jerusalem, 1989, pp. 187-191.
255 בן דוד ובר צבי, 1978, עמ' 121, 123.

256 Bailey, 1980, pp. 36, 56.

257 בן דוד ואוריון, 1998, עמ' 175-217.

258 חואלדי, 1992, עמ' 26.

259 סואעד, 1992, עמ' 94-120.

260 Aref Abu Rabia, *The Negev Bedouin and Livestock Rearing*, Berg, Oxford, 1994, pp. 2-16.

261 גרוסמן, 2004, עמ' 9.

262 גרוסמן, 2004, עמ' 37.

263 אביב אופנהיים, "התפתחות החקלאות בנגב, 1799 – 1948", עבודת גמר למוסמך, האוניברסיטה העברית בירושלים, ירושלים, 2015.

264 דוחו"ת שנתיים, הקונסולים הבריטיים בירושלים, 1892 – 1911, ארכיון הקונסוליה הבריטית בירושלים, אמ"י, חטיבה 67, A459.

265 דותן הלוי, "לשתות בירה מהים של עזה: צמיחתו ושקיעתו של המסחר הימי מעזה בשלהי התקופה העות'מאנית", *המזרח החדש*, נ"ה, 2016, עמ' 53-54.

266 Alexander Schölch, *Palestine in Transformation, Studies in Social, Economic, and Political Development, 1856-1882*, Institute for Palestine Studies, 2006, pp. 164-166.

267 ברסלבסקי, 1956 (מהדורה ד'), כרך ב', עמ' 151-152.

268 בן צבי ובן גוריון, 1979, עמ' 120, 155-162.

269 2 March 1937, Government of Palestine, testimony of Izzat el Atawneh to the Royal Commission, 733–344, Public Record Office; *A Survey of Palestine, Anglo-American Committee of Inquiry*, Jerusalem, 1946, Vol. I, p. 257, in: Kark & Frantzman, 2012, "The Negev", p. 65.

270 *A Survey of Palestine, Anglo-American Committee of Inquiry*, Jerusalem, 1946, Vol. I, p. 257, in: Kark & Frantzman, 2012,"The Negev", p. 65.

271 ויץ, *אזור באר-שבע*, ארכיון חברת הכשרת היישוב, 1935.

272 Jewish Agency, 1936, p. 13.

273 Jewish Agency, 1936, p. 13 + annex 10.

274 קרק, 1974 & 2002, עמ' 57.

275 Eliahu Epstein, 1939, pp. 70-71.

276 Epstein, 1939, pp. 65-67.

277 Epstein, 1939, p. 72.

278 Epstein, 1939, p. 60.

279 Lowe, 1944, pp. 29-33.

280 שם.

281 Determination of the Northern Boundary of the Negeb, N.D., The British Archive, CO537/2311/C407627.

282 Government House, Jerusalem, Secret, Harold MacMichael, 1+16.1.1943, 3+7+12+25.8.1943, 15.11.1943, The British Archive, CO537/2311/C407627.

283 Palestine 1:1,000,000, in: The British Archive, FO371-61868, Survey of Palestine, Jaffa, 1938, p. 10.

284 Kirk, 1938.

285 D.G. Harris, "The Negeb", 14+20.1.1947, The British Archive, CO537/2311/C407627.

286 שם. ראו גם התייחסותו של פורת להאריס: פורת, 1991, עמ' 126-127.

287 Sami Hadawi, *Village Statistics 1945: A Classification of Land and Area Ownership in Palestine* (with Explanatory notes by Sami Hadawi, official land valuer and inspector of Tax Assessment of the Palestine Government), Palestine Liberation Organization Research Center, Beirut, 1970.

288 Hadawi, 1970, pp. 35, 37.

289 Hadawi, 1970, p. 133.

290 Hadawi, 1970, p. 35.

291 Hadawi, 1970, p. 36.

292 Abraham Granovsky, *The Land Issue in Palestine*, Jerusalem, 1936, p. 64, in: Hadawi, 1970, p. 36.

293 Cmd 3686 – Report on Immigration, Land Settlement and Development, 1930, by Sir John Hope Simpson, p. 20, in: Hadawi, 1970, p. 36.

294 Hadawi, 1970, p. 36.

295 Hadawi, 1970, p. 36.

296 Government of Palestine, *Survey of Palestine*, Jerusalem, 1946, p. 370.

297 Joseph Weitz, "The New Settlements", *Jewish Frontier*, July 1947, pp. 13-18, The British Archive, CO537/2311.

298 עארף אל עארף, "מאסאת אלבדו פי אלנקב וקטאע באר אלסבע", [טרגדיית הבדואים בנגב ובמחוז באר שבע], *אוראק עארף אל עארף [מסמכי עארף אל עארף]*, מרכז אלאבחאת', מנט'מת אלתחריר אלפלסטיניה [מרכז המחקרים, הארגון לשחרור פלסטין], ביירות, 1974, עמ' 1018-1021.

299 יוסף ויץ, *יומני ואגרותי לבנים*, מסדה, תל-אביב, 1965, כרך ד', רישום מיום 3.8.1951, עמ' 148 – 150.

300 שם.

301 Nadav Solomonovich and Ruth Kark, "Land Privatization in Nineteenth-century Ottoman Palestine", *Islamic Law and Society*, 22(3), 2015, pp. 221-252.

302 משה דוכן, *דיני קרקעות במדינת ישראל* (מהדורה שניה), דפוס אחוה, ירושלים, 1953, עמ' 46-47.

303 דוכן, 1953, עמ' 47 – 54.

304 דוכן, 1953, עמ' 480.

305 דוכן, 1953, עמ' 49-50 ; המג'לה AL-MAJALLA AL AHKAM AL ADALIYYAH The Ottoman Courts Manual (Hanafi), זמין באינטרנט: https://www.iium.edu.my/deed/lawbase/al_majalle/al_majalleb10.html
סעיף 1272: "1272. *If any person, after obtaining Imperial sanction vivifies and cultivates any place consisting of dead land, such person becomes the absolute owner thereof. If the Sultan of his representative gives permission to any person to vivify land on the terms that he shall merely make use of such land without becoming owner thereof, such person may deal with the land in the way he has been authorized to do, but does not become the absolute owner thereof.*"

306 ע"א 518/61 מדינת ישראל נ' צלאח בדראן, פד"י ט"ז (3), 1716, 1962.

307 ע"א 218/74 הוואשלה ואחרים נ' מדינת ישראל, פ"ד 38(3)141, 2.8.1984.

308 ע"א 518/61 מדינת ישראל נ' צלאח בדראן, פד"י ט"ז (3), 1716, 1962.

309 יהושע ויסמן, "החיאת אדמת מואת כדרך לרכישת בעלות", *הפרקליט*, כ (105), 1964, עמ' 105.

310 ויסמן, 1964, עמ' 106 :Revised Edition of the Laws Ordinance (No. 2), 1934, in

311 ויסמן, 1964, עמ' 105-107.

312 רונית לוין-שנור, "על תרומתו של פרופ' יהושע ויסמן ז"ל לדיני הקניין בישראל: עיון נוסף במאמרו 'החייאת אדמות מואת כדרך לרכישת בעלות' (1964)", הרצאה בערב עיון לזכרו, האוניברסיטה העברית בירושלים, 14.1.2020, עמ' 7-8.

313 בית דין גבוה לצדק, פסק דין ע"א 4220/12 אלעוקבי ואח' נ' מ"י, 14.5.2015. ראו גם: ע"א 218/74 הוואשלה ואחרים נ' מדינת ישראל, פ"ד 38(3)141, 2.8.1984.

314 Alexandre Kedar, Ahmad Amara & Oren Yiftachel, *Emptied Lands: A Legal Geography of Bedouin Rights in the Negev*, Stanford University Press, Stanford, 2018, pp. 61, 69.

315 רונית לוין-שנור, "לקראת פרדיגמה חדשה: על הזכויות הקבוצתיות של הבדואים במקרקעין בנגב", *עיוני משפט* מ"ג, 2021, עמ' 689-730.

316 אלכסנדר (סנדי) קדר, אחמד אמארה ואורן יפתחאל, "אמת מטרידה – 'הלכת הנגב המת' ונישול הבדואים (לאור מאמרה של רונית לוין-שנור "לקראת פרדיגמה חדשה: על הזכויות הקבוצתיות של הבדואים במקרקעין בנגב"), *עיוני משפט* מ"ג, 2021, עמ' 731-750.

317 לוין-שנור, 2021, עמ' 704 – 705.

318 גרנובסקי (גרנות), 1949, עמ' 68; Havazelet Yahel, "Land Disputes between Israel and the Bedouin of the Negev", *Israel Studies*, 11(2), 2006, p. 11.

319 Goadby & Doukhan, 1935, p. 295.

320 מותצרף ירושלים לקונסול גרמניה בירושלים, 10 במאי 1876, ו- 31 במאי 1879, אמ"י, ספרור ישן: חטי 67, מס' 17, 19, 20.

321 מכתב הורציו הרברט קיצ'נר מנהל סקר ה- PEF, ירושלים, לבסאנט, מזכיר ה- PEF בלונדון, 2 באוקטובר 1877, ארכיון ה- PEF, לונדון, WS/KIT/49.

322 קושניר, 1995, עמ' 104-109, 122, 140, 164, 143-221; Avci, 2009; Solomonovich & Kark, 2019.

323 BOA, DH.MKT 1565-85.

324 BOA, DH.I.MMS 122/5229, p. 1.

325 BOA, DH.I.MMS 122/5229, p. 2.

326 BOA, DH.MKT 1844-23; BOA, DH.MKT 1914-39; BOA, DH.MKT 1952-105; BOA, DH.MKT 1983-109; BOA, DH.MKT 2020-76.

327 BOA, DH.MKT 1914-39.

328 BOA, BEO 722-54105.

329 BOA, DH.ID 4401-18, p .3; BOA, BEO 3857-289215.

330 BOA, BEO 2904-217768.

331 BOA, DH.ID 4401-18, p .2.

332 BOA, BEO 3857-289215.

333 BOA, BEO 3908-293068.

334 קושניר, 1995, עמ' 101-104, 107-111, 122-126, 137, 240-243.

335 גרן, 1982, כרך שני: יהודה (ב), עמ' 203.

336 טיוטה ללא תאריך – אבל בין 1906 ו-1908, אחרי קביעת הגבול עם הבריטים, אמ"י, ט-155/7 (לשעבר חט' 83), תעודה מס' 22.

337 שם.

338 שם; בתעודה נוספת מס' 223 מיום 9 ביוני 1907, מבקש חוסיין א. אלדקס השיח' של השבט [לא מפורט איזה שבט] שנעדר מהשבט בעת החתימה להכניס את שמו ברשימת ה"מאזבטה" (הפיטיציות).

339 קושניר, 1995, עמ' 101-104 ותעודות 15 [63] ו-16 [22] עמ' 107-111.

340 קושניר, 1995, עמ' 108-111, דאוד מפקד ג'נדרמה באר-שבע, למתצרף בירושלים, תעודה ללא מיספור.

341 קושניר, 1995, עמ' 126, תעודה 19 [10].

342 אמ"י, ט-1/8 (לשעבר חט' 83), תעודה מס' 225; קושניר, 1995, עמ' 107-108, תעודה 225.

343 קושניר, 1995, עמ' 108-107, תעודה 50 ו-63.

344 קושניר, 1995, עמ' 101-104 ותעודות 15 [63] ו-16 [22] עמ' 107-111.

345 אמ"י, ט-1/3 (לשעבר חט' 83), תעודה מס' 50.

346 אמ"י, ט-1/2 (לשעבר חט' 83), תעודה מס' 41.

347 אמ"י, ט-1/3 (לשעבר חט' 83), תעודה מס' 63 ממזכירות ירושלים למזכירות הראשית של המעון הקיסרי, מיום 25 ביולי 325 – 1907.

348 Ruth Kark, "Mamluk and Ottoman Cadastral Surveys and Early Mapping of Landed Properties in Palestine", *Agricultural History*, 71, 1997, pp. 46–70.

349 קרק, 2002, עמ' 42-43.

350 ליבונטין, תרפ"ד, עמ' 58-59, 92.

351 מכתב בנימין [זאב הרצל] לליבונטין [כך במקור. ר.ק.] 14.7.1903. בתוך: ליבונטין, תרפ"ד, עמ' 59.

352 קרק, 2002, עמ' 38-39, 48; מכתבי ז.ד. לבונטין לד. וולפסון, 16.7.1903, 20.10.1903, אצ"מ, תיק W/1/124, בתוך קרק, שם.

353 דו"ח חברת הכשרת היישוב, אצ"מ, L18/6289, עמ' 66 בתיק.

354 דו"ח חברת הכשרת היישוב, אצ"מ, L18/6289, עמ' 107 בתיק.

355 קרק, 2002, עמ' 44-49.

356 ארתור רופין, פרקי חיי, *ראשית עבודתי בארץ 1907 – 1920*, עם עובד, תל אביב, 1968, עמ' 116 -118.

357 עמ' 1-3 של סקירה בת עשרות עמודים שכתב צבי הירשפלד בכתב יד על "רחמה", אצ"מ, AK268-1, התקבלה מגב' רבקה הירשפלד, ראשון לציון, אפריל 1976. הסקירה ללא תאריך אך נכתבה בין שנת 1912 לניסן 1918, חודש פטירתו של צבי הירשפלד [תודתי לד"ר סימון שמואלי שהביא את המקור לידיעתי. ר.ק.].

358 "פקסימיליה של שטר הרכישה של אדמות רוחמה בצירוף תרגום מערבית", ארכיון קיבוץ רוחמה [תודתי לזיינה שיהבי ולד"ר נדב סולומונוביץ על תרגום ההסכם מערבית לעברית. ר.ק.]

359 מכתב אל פרנק, 26 באוגוסט 1913, אצ"מ, L18/125/31

360 שלום רייכמן, ממאחז לארץ מושב, יד יצחק בן-צבי, ירושלים, תשל"ט, עמ' 8; רייכמן מציין כי הסתמך בהכנת הטבלה על המקורות הבאים: C. Navratzki, *Die Judiche Kolonisation* Palastinus, Munchen, 1914, Appendix 18; דוד גורביץ ואהרן גרץ, *חקלאות והתיישבות חקלאית עברית בארץ-ישראל*, המחלקה לסטטיסטיקה של הסוכנות היהודית, ירושלים, 1947; אומדן שנערך על ישי זלמן ליפשיץ לצורך הכנת מפת 1:250,000 של קרקעות בבעלות יהודית, יוני 1947, ארכיון זלמן ליף, ירושלים, תיק הרכוש היהודי בארץ ישראל.

361 Arthur Ruppin, *Syria: An Economic Survey,* The Provisional Zionist Committee, New York, 1918, p. 16.

362 Ruppin, 1918, p. 41.

363 פליאה אלבק ורן פלישר, *דיני מקרקעין בישראל*, בהוצאת המחברים, ירושלים, 2005, עמ' 68-76; חבצלת יהל ורות קרק, "הבדואים בנגב במלחמת 1948: עזיבה וחזרה", *אופקים בגיאוגרפיה*, 88, 2016, עמ' 116-135; ע"א 218/74 הוואשלה ואחרים נ' מדינת ישראל, פ"ד 38(3)141, 2.8.1984.

364 Norman Bentwich (ed.), *Legislation of Palestine,* 1918-1925, Whitehead Morris Ltd., Alexandria, 1926, pp. 135-136.

365 William M. Thomson, *The Land and The Book, or Biblical illustrations drawn from the manners and customs, the scenes and scenery of The Holy Land*, Harper & Brothers, New York, 1859, Vol. II, pp. 347-348.

366 מכתב ד"ר ארתור רופין, ההנהלה הציונית, ירושלים להתאחדות הציונית בלונדון, 1 בדצמבר 1920, אצ"מ Z4/771/II.

367 General Report of the Commission to Enquire into the Conditions of Land Settlement in Palestine [Chair-Major Abramson] 29.9.1921, TNA, CO733/18, 174761 [hereinafter "Abramson Report"] 1922. Also reproduced in: Martin Bunton (ed.), *Land Legislation in Mandate Palestine,* Cambridge Archive Editions, Cambridge, 2010, Vol. 5, p. 50; דוכן, 1953, עמ' 336.

368 M. Kalvarisky, A. Abramson & Faidi el Alami, 31.5.1921, TNA, CO733/18, 174761.

369 "Abramson Report", 1922, p. 5.

370 "Abramson Report", 1922, p. 9.

371 "Abramson Report", 1922, p. 9-10.

372 "Abramson Report", 1922, p. 15.

373 "Abramson Report", 1922, p. 28-30. [עמ' 28 קרוע. ר.ק.]

374 "Abramson Report", 1922, p. 48.

375 אורן יפתחאל, סנדי קדר ואחמד אמארה, "עיון מחודש בהלכת 'הנגב המת': זכויות קניין במרחב הבדווי", *משפט וממשל* י"ד, 2012, עמ' 44.

376 Official Report, Deputation of Bedouin Sheikhs from Beersheba to the Secretary of State for the Colonies on March 29th 1921, at Government House, Jerusalem, The British Archive, CO 733/2/21698/folio 77.

377 יפתחאל, קדר ואמארה, 2012, עמ' 44.

378 Salman Abu Sitta, *Al-Araqib – All of Palestine*, JNF eBook, Volume 3, January 2011, p. 6.

379 אורן יפתחאל, נילי ברוך, סעיד אבו סמור ורונן בן אריה, "תכנית אב לכפרים הבדווים הלא-מוכרים בנגב: רקע, סקרים ודעות מומחים", המועצה האזורית לכפרים הבלתי מוכרים בנגב – קרן אל-עונה בע"מ, במקום – מתכננים למען זכויות תכנון, סידרה – עמותת נשים ערביות בדוויות בנגב, 2011, עמ' 31.

380 דו"ח חברת הכשרת היישוב, אצ"מ, L18/6289, עמ' 126 בתיק.

381 דו"ח לוי שניאורסון, ארכיון ההגנה, 18 / פ' 145 / 80 ; ארכיון שניאורסון במחלקה לכתבי היד, בית הספרים הלאומי, ARC.4*1504.3.50-53.

382 יעקב שביט, יעקב גולדשטיין וחיים באר, (עורכים), *לקסיקון האישים של ארץ-ישראל, 1799 -1948*, עם עובד, תל אביב, 1983, עמ' 500 ; https://he.wikipedia.org/wiki/לוי_יצחק_שניאורסון_(ניל%22י)

383 דו"ח חברת הכשרת היישוב,אצ"מ, L18/6289, עמ' 106, 108, 125 בתיק.

384 יפתחאל, קדר & אמארה, 2012, עמ' 81.

385 דו"ח חברת הכשרת היישוב, אצ"מ, L18/6289, עמ' 125-126 בתיק.

386 דו"ח לוי שניאורסון, ארכיון ההגנה, 18 / פ' 145 / 80.

387 דו"ח חברת הכשרת היישוב, אצ"מ, L18/6289, עמ' 106-108 בתיק.

388 דו"ח חברת הכשרת היישוב (סה"כ 126 עמודים באנגלית + עברית), 17.8.1920, אצ"מ, L18/6289, על התיאהא עמ' 27 – 46, 83, 106 – 123 בתיק (וראו גם גירסה נוספת של הדו"ח בתיק L18/127/2) ; דו"ח לוי שניאורסון (סה"כ 49 עמודים, עברית בלבד), ארכיון ההגנה, 18 / פ' 145 / 80, על התיאהא עמ' 3-21 בתיק.

389 שם.

390 דו"ח חברת הכשרת היישוב, אצ"מ, L18/6289, עמ' 110 בתיק.

391 Mills, 1933, Vol. I, p. 32.

392 שם.

393 Mills, 1933, Vol. 1, pp. 328-335.

394 Mills, 1933, Vol. 1, p. 335.

395 Mills, 1933, Vol. 1, pp. 328-335.

396 עארף אל עארף, 1933 ; עארף אל עארף, 1934.

397 עארף אל עארף, 1935, עמ' 164.

398 עארף אל עארף, 1935, עמ' 168.

399 עארף אל עארף, 1935, עמ' 165.

400 שם.

401 עארף אל עארף, 1935, עמ' 164, 168, 169.

402 עארף אל עארף, 1935, עמ' 160.

403 עארף אל עארף, 1974, עמ' 1018-1021.

404 Government of Palestine, 1945, p. 33.

405 Hadawi, 1970, p. 39.

406 6/9/1934, ISA RG23 /3559/7 In: M. Frantzman & Kark, 2011, pp. 16-17.

407 Kark & Frantzman, 2012, "The Negev".

408 Kressel et al., 1991, p. 10; Goadby & Doukhan, 1935, p. 44. In: Kark & Frantzman, 2012, "The Negev", p. 55.

409 16/4/1926, ISA RG23/3538/31. In: Kark & Frantzman, 2012, "The Negev", p. 59.

410 18/12/1926, ISA RG23/3395; M. Gavish, *Survey of Palestine under the British Mandate*, (London: Routledge, 2005) p. 266. In: Kark & Frantzman, 2012, "The Negev", p. 60.

411 12/4/1926, ISA RG23/3372/G180-10-7; March 1927, ISA RG23/3372/G180-10-7. In: Kark & Frantzman, 2012, "The Negev", p. 67.

412 Kark & Frantzman, 2012, "The Negev", p. 77.

413 Map 298, ISA, 1947. Compiled from 1946 census and aerial photos January–June 1945. In: Kark & Frantzman, Kark & Frantzman, 2012, "The Negev", p.75.

414 4/10/1932, ISA RG23/3604M/16. In: Kark & Frantzman, 2012, "The Negev", pp. 62-63.

415 יעקב טהון, ירושלים, לשיף, לונדון, 22 בפברואר 1933, אצ"מ, 9945 – S 25, בתוך: קרק, 2002, עמ' 78 – 80, 84.

416 Dr. A. Weinshall, Attorney for the heirs of the late Sultan Abdul Hamid, Haifa, to The High Commissioner for Palestine, 29 July 1934, ISA, RG 2 (C.S.O.), L/218/33, Vol. V, 36g in Kark Archive.

417 שם.

418 אצ"מ, 9945 – S 25 , בתוך: קרק, 2002, עמ' 78-80, 84.

419 אשכנזי, 1936, עמ' 199.

420 אשכנזי, 1960, עמ' 236 ; קלוד סקודמור ז'ארויס, *שבטי ערב*, עפר, ירושלים, תש"ו, עמ' 44.

421 אשכנזי, 1960, עמ' 40, 77, בהתבסס על מקורות נוספים משנת 1937 ועוד.

422 אשכנזי, 1960, עמ' 46, 230, בהתבסס על מקורות נוספים משנת 1937 ועוד; אשכנזי, 1959, עמ' 2-3.

423 אשכנזי, 1960, עמ' 100, בהתבסס על מקורות נוספים משנת 1937 ועוד.

424 שם.

425 Government of Palestine, *Palestine Royal Commission, Reference No. 38: State Domain*, Memorandum by Government of Palestine, 1938, p. 4.

426 Government of Palestine, *A Survey of Palestine 1945-1946*, Vol. 1, Chapter VIII, p. 267, in: Hadawi, 1970.

427 ראיון עם עשהאל צוקרמן, מראיינת רות קליינר-קרק, בביתו בגדרה, ב-5 במרץ 1967.

428 פרוטוקול ישיבה מס. 7 של הועדה לעניני פליטים מיום 19.10.49, ארכיון צה"ל, 721-843/1972.

429 שם.

430 מכתב זלמן ליף, יועץ לענייני קרקעות לאפוטרופוס לנכסי נפקדים, 11.12.49, *אמ"י*, 130/חצ/2402/20.

431 א. לובובסקי, מפקח חקלאי אל ראובן אלוני, מנהל המדור לאדמות מוברות, משרד החקלאות, "מפקד אדמות (נטושות) המדינה הנעבדות ע"י הבדוויים", נערך ביוני 1950, אמ"י, גל - 17102/37. המפקד מצורף גם לתכתובת שנשלחה על ידי ב. יקותיאלי, לשכת היועץ לענייני ערבים לח. דנין הלשכה הראשית של הקק"ל, 13.12.1953, אמ"י, גל - 17102/37.

432 א. לובובסקי, מפקח חקלאי אל ראובן אלוני, מנהל המדור לאדמות מוברות, משרד החקלאות, "מפקד אדמות (נטושות) המדינה הנעבדות ע"י הבדוויים", נערך ביוני 1950, אמ"י, גל - 17102/37.

433 זכרון דברים והחלטות מפגישת המושל הצבאי בנגב עם ראש הממשל הצבאי ביום ג' 27.12.49, ארכיון צה"ל, 45-95/2008.

434 יוסף ויץ, י.[יהושע] פלמון ובנימין פישמן לשר המשפטים, 20.10.52, אמ"י, חצ-2402/24.

435 עמיהוד גור, אגף מקרקעי המדינה, דין וחשבון לתקופת 1.4.51 – 31.3.53, אמ"י, ג- 5441/1584.

436 יצחק שפירא, משרד מבקר המדינה, אל מר בלומנטל, 28.12.52, אמ"י, גל – 12648/16.

437 אל"מ אהרון חרסינה, ראש ענף התישבות והגמ"ר אל דל"ש אש אג"מ ומטכ"ל אג"מ ממשל צבאי, 4.7.1966, בנושא העצומה שהוגשה לרה"מ ע"י הבדואים ב- 29.6.1966, ארכיון צה"ל, 72-187/1970.

438 דברי א. נאוי בתוך סיכום מס׳ 5 מישיבת ועדת המשנה לענין קרקעות הבדואים 9.2.76 [בטעות נרשם 9.2.75. ר.ק.], אמ״י, כ – 499/14.

439 חיים הלפרין, *התחיקה החקלאית בארץ-ישראל*, ספרית השדה, תל אביב, תש״ד (1944), עמ׳ 68.

440 מרקס, 1974, עמ׳ 17.

441 מרקס, 1974, הערה 39, עמ׳ 56.

442 Abraham Granott, *The land system in Palestine: History and structure*, translated from the Hebrew by M. Simon, Eyre & Spottiswoode, London, 1952, p. 42.

443 מרקס, 1974, עמ׳ 49-50.

444 גבריאל בר, *מבוא לתולדות היחסים האגראריים במזרח-התיכון*, הוצאת הקיבוץ-המאוחד, תל אביב, 1972, עמ׳ 70; Lewis French, *Report on Agricultural Development and Land Settlement in Palestine*, Printed for The Palestine Government by The Crown Agents for the Colonies, London, 1931.

445 בר, 1972, עמ׳ 97.

446 קרק, 2002, עמ׳ 44-49.

447 קרק, 2002, עמ׳ 58, 78-79.

448 קרק, 2003, נספח גבולות ; קרק, 2002, עמ׳ 151.

449 דו״ח חירם דנין לקק״ל 31 מרץ 1942, אצ״מ, קק״ל 5 קופסה 1432, תיק נגב, רכישת אדמה.

450 אריה אבנרי, *ההתיישבות היהודית וטענת הנישול 1878-1948*, הקיבוץ המאוחד, תל אביב, תש״ם (1980), עמ׳ 151, 188-192.

451 יוסף בן דוד, ״הבדווים בנגב, 1900-1960״, *עידן*, 6 (יישוב הנגב 1900-1960), תשמ״ו (1986), עמ׳ 81-99.

452 יוסף בן דוד, *הסכסוך על אדמות הבדואים בנגב*, צופית – המרכז לחקר החברה הערבית בישראל, רעננה, 1996.

453 יוסף בן דוד, *הבדווים בישראל: היבטים חברתיים וקרקעיים*, המכון לחקר מדיניות קרקעית ושימושי קרקע, ירושלים, 2004, עמ׳ 269.

454 Warwick P. N. Tyler, *State Lands and Rural Development in Mandatory Palestine 1920-1948*, Sussex Academic Press, Brighton & Portland, 2001, pp. 30-33.

455 Tyler, 2001, pp. 7, 22, 27-28.

456 Tyler, 2001, pp. 24, 34-35.

457 Alexandre Kedar, "The Legal Transformation of Ethnic Geography: Israeli Law and the Palestinian Landholder 1948-1967", *NYUJ Of International Law and Politics,* Vol. 33 (4), 2001, pp. 948-949.

458 Kedar, 2001, p. 959.

459 Supreme Court Decision in C.A. 518/61, *Badaran* and C.A. 274/62, *Ali Suead*. In: Kedar, 2001, p. 961 (footnote 118).

460 C.A. 55/63 *Kasem Suead v. The State of Israel*, 20(2) P.D. 3, 4. In: Kedar, 2001, pp. 955 (footnote 105), 963.

461 Kedar, 2001, pp. 43-44.

The Negev & The Bedouin
Nomadism, Living Areas,
and the Land Issue
1800-1967

Ruth Kark

2023